Inhaltsangabe

Kinderwagen- & Tragetouren
Tirol: Innsbruck und Umgebung

ISBN: 978-3-9502908-5-1

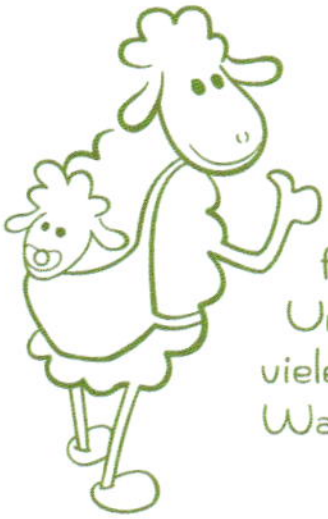

In unserem Buch für Innsbruck und Umgebung findet ihr viele weitere spannende Wanderungen ganz in der Nähe!

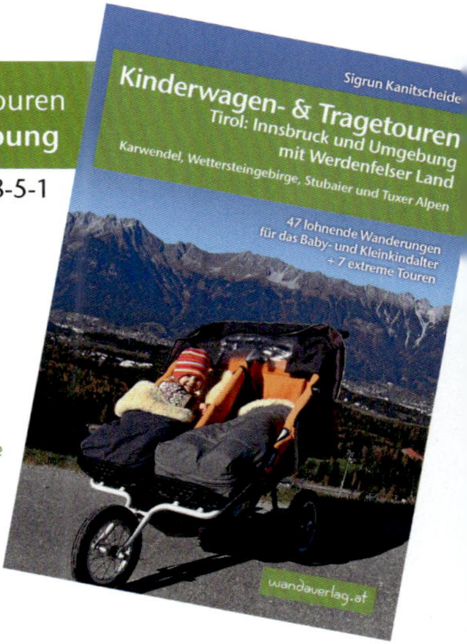

Liebe Leserinnen und Leser!

Über viele Jahre hatte ich das Glück, auch im Ausland mein Tirol bewerben zu dürfen. Durch die Geburt unserer Tochter wurde – wie alle anderen schon vorher gewusst haben – alles etwas anders. Ich verlor mich anfangs ein wenig in der Rolle der „Supermama", bis mir bewusst wurde: Ich muss auch auf mich selbst schauen, damit es unserem Kind gut geht. Es stellte sich heraus, dass Wandern für beide ein perfekter Ausgleich war und noch immer ist. Wir sind die schönsten und auch weniger schönen Wege gegangen, haben die idyllischsten Plätze besucht und die atemberaubendsten Aussichten genossen.

Die schönsten und geeignetsten Touren möchten wir gerne mit euch teilen, auf dass ihr viele unvergessliche Erlebnisse sammeln könnt. Es ist egal wo, mit wem und wie lange ihr unterwegs seid, das Wichtigste ist, dass ihr gemeinsam mit euren Kleinen Spaß habt.
Wir wünschen euch eine wunderschöne gemeinsame Zeit in der Natur, genießt es!

Eure Karin mit Hannah

Die Autorin

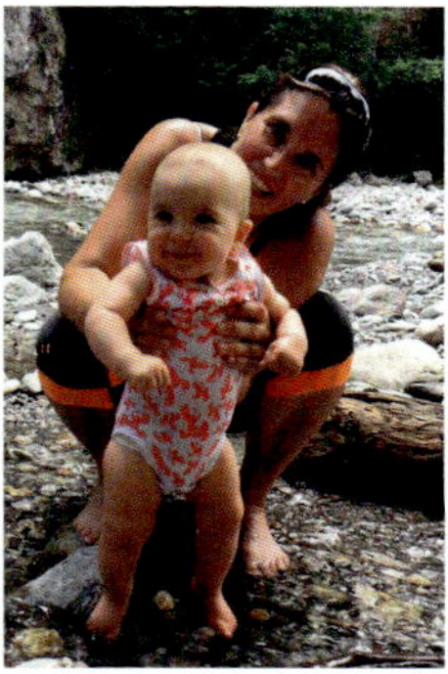

Karin Nederegger
ist seit vielen Jahren mit Leib und Seele im Bereich Marketing und internationales Tourismusmanagement im In- und Ausland tätig. Das Interesse der sportbegeisterten Natur- und Kulturliebhaberin gilt vor allem den Kräutern, die neben dem Weg wachsen. Wenn sie nicht in den Bergen unterwegs ist, beschäftigt sie sich mit der Herkunft und traditionellen Herstellung unserer Lebensmittel sowie der traditionellen europäischen Heilkunde (TEH) und einer ökologischen Kreislaufwirtschaft am Bauernhof ihres Partners.

Karin Nederegger

Kinderwagen- & Tragetouren Durchs Tiroler Unterland bis hinaus in den Chiemgau

Achensee, Zillertal, Inntal, Wilder Kaiser, Kitzbüheler Alpen

Über 50 herrliche Wanderungen
Sonderteil: Trainingstouren

Hrsg. Elisabeth Göllner-Kampel

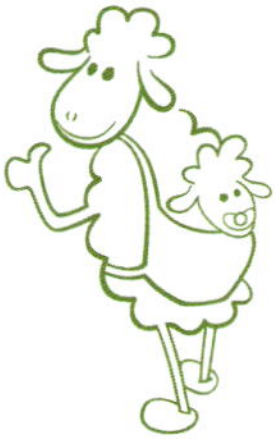

wandaverlag.at

Ich freue mich über Rückmeldungen, Eindrücke und Anregungen an:
office@wandaverlag.com.

Cover: Brigitte Haid
Satz: Alexandra Bründl
Layout: Julia Weinert, Manuel Thomasser, Melanie Eichhorn
Fotobearbeitung: Brigitte Haid
Kartografie: Dorota Konieczka
Illustrationen: Melanie Eichhorn, Sabine Köth
Lektorat: Johanna Weber, www.lektorat-weber.at

ISBN: 978-3-902939-09-8
Kinderwagen- & Tragetouren. Durchs Tiroler Unterland bis hinaus in den Chiemgau.
Achensee, Zillertal, Inntal, Wilder Kaiser, Kitzbüheler Alpen.
Über 50 herrliche Wanderungen. Sonderteil: Trainingstouren.
Wandaverlag, Römerstraße 16, A-5081 Anif b. Salzburg, www.wandaverlag.com
2020

Klimaneutral
Druckprodukt
ClimatePartner.com/53385-2006-1001

Umschlagfoto: Franz Dollinger, Kitzbüheler Alpen
Fotos: von der Autorin oder lt. Abbildungsverzeichnis im Anhang

Der leichteren Lesbarkeit halber wurde durchwegs die weibliche Form verwendet. Natürlich sind damit auch alle Männer gemeint.

Weitere Wanderbücher von uns gibt es u.a. für folgende Gebiete:

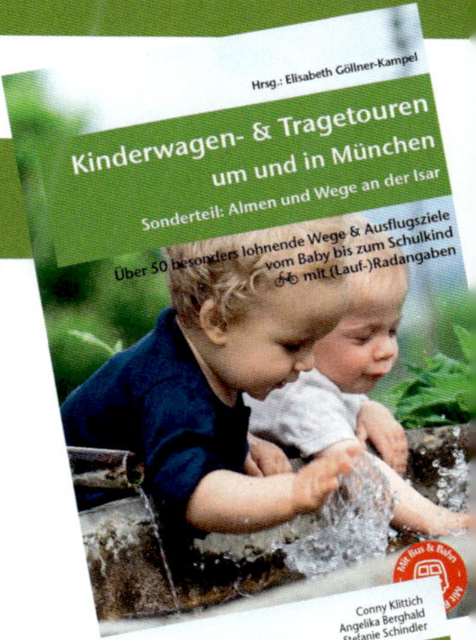

Kinderwagen- & Tragetouren **um und in München**

Über 50 besonders lohnende Wege & Ausflugsziele

ISBN: 978-3-9502908-6-8

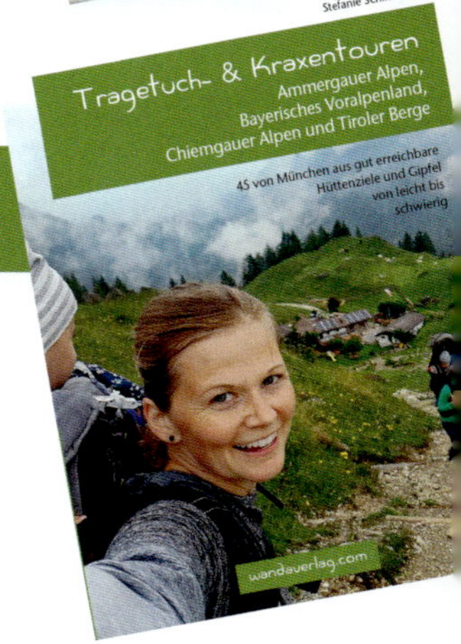

Tragetuch- & Kraxentouren **Bayerische Alpen und Tirol**

45 Hüttenziele und Gipfel von leicht bis schwierig

ISBN: 978-3-902939-08-1

Überblickstabelle der Wanderungen

I. Achensee & Zillertal	Char.	Dauer (1h 2h)	Anf.	Seite
1. Westliche Uferpromenade	⇄		●	16
2. Karwendeltäler	⇄		●	19
3. Rodlhütte Pertisau	⇄		●	22
4. Schlitterer See	↺		●	25
5. Putzi sucht die Wundernuss	↺		●	28
6. Zillerpromenade	↺		●	31
7. Fichtenschloss und -see	▯↺		●	34
8. Schwarzachalm	⇄		●	37
9. Hohenaualm	⇄		●	40
10. Sommerbergalm	▯↺		●	43

II. Inntal & Seitentäler	Char.	Dauer (1h 2h)	Anf.	Seite
11. Naturdenkmal Matzenpark	↺		●	48
12. Juppi Zauberwald	▯↺		●	51
13. Mittlerer Höhenweg	↺		●	54
14. Bischofer Joch	⇄		●	57
15. Rattenberg	↺		●	60
16. Berglsteiner See	↺		●	63

Höhen-meter	Länge	Schat-ten	Hoch-sommer/ Baden	Regen	Winter / Rodeln	Rad	Trage	Bus / Bahn
30/30	3,3	◔	-/X	X	X/-	X	-	🚌
60	3,3	◑	-	-	X/-	X	X	🚌
160	1,8	◕	X/-	X	X/X	-	-	🚌
10	5,0	◔	-/X	X	-	X	-	🚌
70	4,0	◑	X/-	X	-	-	X	🚌
10	6,3	◑	X/-	X	X/-	X	-	🚌
70/70	2,7	◔	X/X	-	-	-	-	🚌
150	2,5	◔	X/-	-	X/X	-	-	-
70/40	4,0	○	X/-	-	-	-	-	🚌
80/600	7,5	◕	X/-	-	-	-	X	🚌

Höhen-meter	Länge	Schat-ten	Hoch-sommer/ Baden	Regen	Winter / Rodeln	Rad	Trage	Bus / Bahn
30/20	1,9	◑	X/-	X	X/-	X	-	🚌
80	3	◑	X/-	X	-	-	X	🚌
150	6,4	◔	-	-	X/-	-	X	🚌
120/70	2,9	◑	X/-	-	-	-	X	-
60	2,0	◑	X/-	X	X/-	X	-	🚌
190	6,0	◑	X/X	-	X/-	-	X	🚌

	Höhen-meter	Länge	Schat-ten	Hoch-sommer/ Baden	Regen	Winter / Rodeln	Rad	Trage	Bus / Bahn
	60	5,3	◔	-/X	-	-	X	X	-
	110	3,0	◑	X/X	X	-	-	-	🚌
	200	3,2	◑	X/-	-	-	-	-	-
	150/30	2,5	◔	-/X	-	X/-	-	-	🚌
	110	5,7	◔	X/-	-	-	-	X	🚌
	10/10	1,5	○	-	X	X/-	X	-	-
	60	4,0	◔	-	X	X/-	X	-	🚌
	20	2,4	○	-/X	X	X/-	X	-	🚌
	20	2,7	◕	X/X	X	X/-	-	X	-
	310	3,1	◕	X/-	-	X/X	-	-	-
	330	3,5	◑	X/-	-	-	-	X	-
	220	2,0	◑	X/-	-	X/X	-	-	🚌
	250	2,6	◑	-	-	X/X	-	X	🚌

	Höhen-meter	Länge	Schat-ten	Hoch-sommer/ Baden	Regen	Winter / Rodeln	Rad	Trage	Bus / Bahn
	250	3,5	◑	X/X	-	-	-	X	🚌
	180	6,8	◔	X/-	-	-	-	-	🚌
	50	5,3	○	-	-	X/-	-	-	🚌
	80/10	1,2	◑	X/-	-	-	-	X	-

	Höhen-meter	Länge	Schat-ten	Hoch-sommer/ Baden	Regen	Winter / Rodeln	Rad	Trage	Bus / Bahn
	190	11,9	◔	-	-	-	X	-	🚌
	130	1,2	◑	-	-	X/X	-	X	🚌
	70	4,1	◑	X/-	X	-	-	X	-
	250/10	5,0	◑	X/X	-	X/-	-	-	-

	Höhen-meter	Länge	Schat-ten	Hoch-sommer/ Baden	Regen	Winter / Rodeln	Rad	Trage	Bus / Bahn
	290	5,6	◔	-/X	-	X/-	-	-	-
	150	7,4	◑	X/-	-	-	X	-	-
	220	2,5	◑	X/X	-	X/X	-	X	🚌
	120	3	◑	X/-	-	-	-	-	🚌
	10	2,5	◑	X/X	-	X/-	X	-	🚌
	140	7,3	◑	-/X	-	-	-	-	🚌
	50/50	3,5	◔	-	X	X/-	X	-	🚌
	100	3,5	◔	X/-	-	-	-	X	🚌
	220	4,4	○	X/-	-	-	-	-	-
	20	5,0	◔	-/X	-	X/-	X	-	🚌
	210	6,5	◑	X/X	-	X/X	-	X	🚌

Höhen-meter	Länge	Schat-ten	Hoch-sommer/ Baden	Regen	Winter / Rodeln	Rad	Trage	Bus / Bahn
70	5,5	◑	X/-	-	-	X	-	-
80	5,4	◔	-	-	-	-	-	🚌
10	2,5	◑	X/X	X	-	X	-	🚌
50	5,7	◕	X/X	-	-	X	-	🚌
20	4,7	◔	-/X	X	X/-	X	-	🚌
20	5,5	◑	-/X	X	X/-	X	-	🚌

Zeichenerklärung der Überblickstabelle:

Charakteristik (Char.):

↺ Rundweg (RW)

⇄ gleicher Rück- wie Hinweg

Gondelfahrt

Balken für Dauer:

Die Länge der Balken zeigt an, wie lange die Wanderung für eine Strecke dauert. Bei Rundwegen (RW) wird die Gehzeit für den gesamten Weg angezeichnet. Näheres in der jeweiligen Wegbeschreibung.

Anforderung (Anf.) bezieht sich auf das Gehen mit Kinderwagen:

- ● Leicht
- ● Mittel
- ● Schwer
- ● Extrem

Schatten: Die dunklen Kreise zeigen an, inwieweit der Weg schattig ist.

- ○ auf der ganzen Route kein Schatten
- ◔ der Weg liegt nur zu ¼ im Schatten
- ◑ die Hälfte der Wegstrecke ist schattig
- ◕ der Großteil der Strecke liegt im Schatten oder auch lichtem Wald
- ● der gesamte Weg liegt im Schatten

X/X, X/-, -/X geben an, ob man auf dieser Strecke im Sommer baden kann bzw. im Winter rodeln.

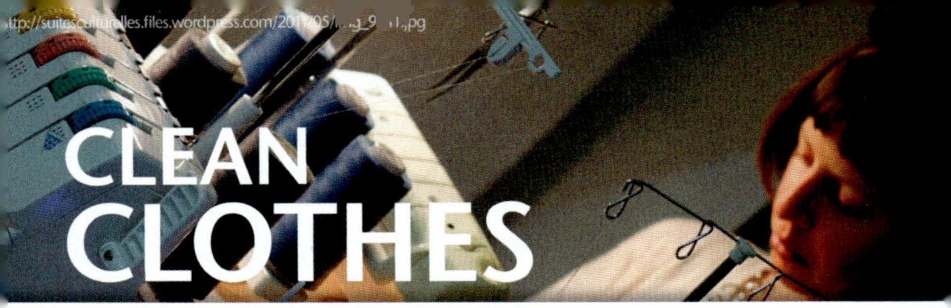

CLEAN CLOTHES

KAMPAGNE FÜR „SAUBERE“ KLEIDUNG WELTWEIT

Der Großteil unserer Kleidung wird in Lateinamerika, Asien und Afrika hergestellt. Die normale Arbeitszeit beträgt zwischen 14-17 Stunden täglich, 7 Tage die Woche! Die sklavenähnlichen Bedingungen der ArbeiterInnen erinnern an die Bedingungen in Europa im 19. Jahrhundert. Nur, dass diesmal Reich & Arm nicht mehr im selben Land, sondern 10.000 Kilometer entfernt voneinander leben. In den Fabriken hängen oft Markenhemden und Billighemden nebeneinander. Ein teures Markenhemd sagt keinesfalls aus, dass die Arbeitsbedingungen bei der Hestellung besser waren.

Die Clean Clothes - Kampagne, die von hunderten Organisationen und ArbeiterInnenvereinigungen rund um die Welt getragen wird, setzt sich für die Rechte der ArbeiterInnen und eine Verbesserung der Arbeitsbedingungen in der internationalen Bekleidungs- und Sportartikelindustrie ein.

Wer bekommt die 100,– Euro für meine Sportschuhe?

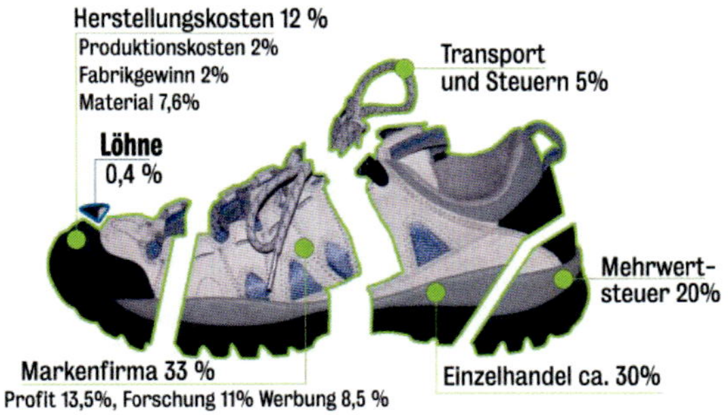

SCHREIBEN SIE UNS ODER RUFEN SIE UNS AN!

Abonnieren Sie kostenlos den Rundbrief der Clean Clothes Kampagne und informieren Sie sich über Herstellungsweisen - z.B. was hinter Markenartikel-Herstellern steckt:

CH: www.cleanclothes.ch D: www.sauberekleidung.de Ö: www.cleanclothes.at

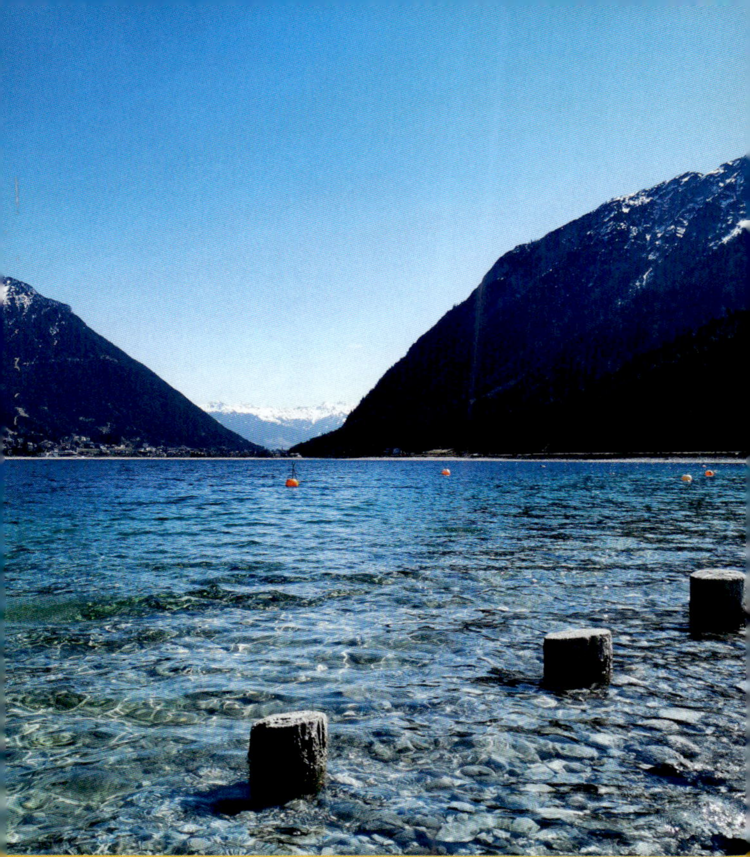

I. Achensee & Zillertal

1 Westliche Uferpromenade (925 m)

Achensee: am Tiroler Meer von Pertisau nach Seespitz

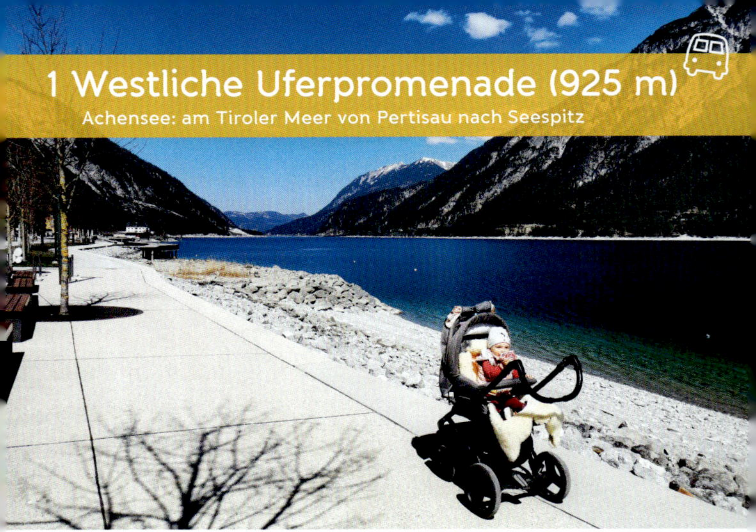

Bei dieser gemütlichen Seewanderung am türkisblauen Achensee kommt Urlaubsstimmung auf. Sie beginnt mit Flanieren auf der Seepromenade in Pertisau und führt dann am eigenen Wanderweg direkt am See entlang. Der Blick geht Richtung Süden ins Rofan und Karwendelgebirge. Entlang des Weges gibt es eine Aussichtsplattform, immer wieder Bademöglichkeiten (Achtung, sehr kalt) und wer möchte, kann die Rückfahrt mit dem Achenseedampfer antreten. Eine Verlängerung entlang des Sees ist mit Kinderwagen bis Achenkirch möglich, auch an dieser Strecke gibt es immer wieder Bootsanlegestellen, die eine Rückfahrt mit dem Schiff ermöglichen. Den Tag kann man perfekt mit Baden im kostenfreien Strandbad Pertisau mit Spielplatz ausklingen lassen, welches zu Fuß vom Parkplatz in wenigen Minuten erreichbar ist.

Wetter: Anforderung: Gesamtdauer: 1 ¾ h

Anforderung: Leicht; fast eben; Buggy-tauglich; großteils Asphalt bzw. fein geschotterter Weg.

Dauer:	Eine Strecke: 1 h; 3,3 km.
Wetter:	Schönes Badewetter bzw. Winterwetter; auch im Frühjahr bzw. Herbst sehr schön, allerdings um einiges frischer aufgrund des Seewindes und der Höhenlage. Je nach Tageszeit und Sonnenstand Schatten durch Berge im Westen, im Hochsommer kein Schatten. Im Winter bis Februar nur auf der Seepromenade Sonne und ein wenig Morgensonne Richtung Seespitz.

Wanderwert für (Geschwister) Kinder:

2–3 Jahre:	Enten, Dampfer und Segelschiffe am See, Spielplatz in Pertisau und am Weg, Bademöglichkeit, Highlight: Dampferfahrt.
4–6 Jahre:	Siehe u. 2–3 Jahre, zusätzlich Aussichtsplattform am Weg und Steinölerlebnisberg in der Nähe des Parkplatzes.
Kinderfahrrad:	Möglich, allerdings bei niedrigem Wasserstand abschüssig zum See hinunter.

Navi: 6213 Pertisau, Parkplatz Pertisau, Nähe Hotel Christina (Seepromenade 27).

Anfahrt: A12 Ausfahrt Wiesing bzw. Achenpass aus nördlicher Richtung, Richtung Achensee bis Maurach, nach Pertisau, gleich direkt am See durch den Ort und am Ende des Sees beim Tiroler Steinöl/Vitalberg rechts vorbei zum kostenpflichtigen Parkplatz Pertisau.

Bus/Bahn: Hst. Maurach/Achensee Seespitz (Landesstraße), die Tour in umgekehrter Richtung gehen und eventuell mit dem Dampfer retour zum Seespitz.

Ausgangspunkt/P: Kostenpflichtiger Parkplatz Pertisau, Richtpreis: € 3/4 h bzw. € 5/Tag.

Infos/Gaststätten: *Diverse Lokale an der Seepromenade in Pertisau. *Gasthof St. Hubertus, Tel. +43 5243 5233, www.hubertus-achensee.at, Mai bis Okt und Weihnachten bis März, durchgehend geöffnet. *Achenseeschifffahrt, www.tirolschiffahrt.com, Richtpreise: € 6/Erw., Kinder 50% Ermäßigung, Kinderfahrrad € 2, Ende Apr bis Ende Okt, stündlich bzw. 2-stündlich von 11 bis 18 Uhr täglich.

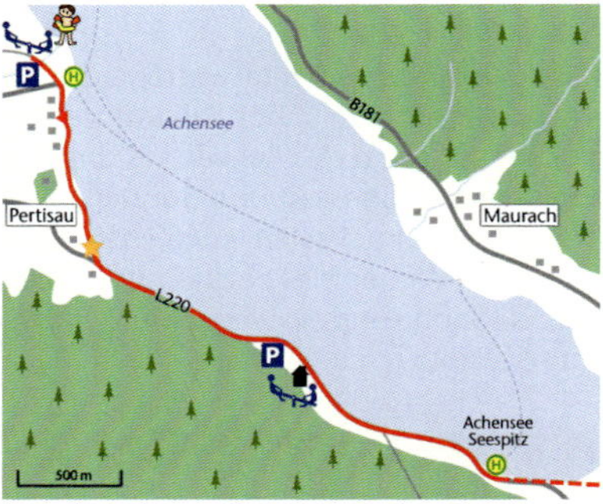

Wegbeschreibung: Vom Ausgangspunkt rechts am Fürstenhof vorbei zum See. Nun auf der Seepromenade weiter, immer den See auf der linken Seite, vorbei an der Dampferanlegestelle, an Gaststätten, Geschäften und mehreren Bademöglichkeiten. Die Aussichtsplattform markiert das Ende von Pertisau und nun geht's parallel zur Straße, aber auf einem eigenen Wanderweg, welcher durch den Radweg von der Straße getrennt ist, Richtung Süden. Nach zwei Drittel des Weges passiert man den Gasthof St. Hubertus mit Spielplatz und schöner Terrasse, bevor man über den Hundestrand die Dampferanlegestelle Seespitz erreicht. Gleicher Rück- wie Hinweg bzw. retour mit dem Dampfer oder Verlängerung nach Maurach oder in die Buchau (nächste Dampferanlegestelle).

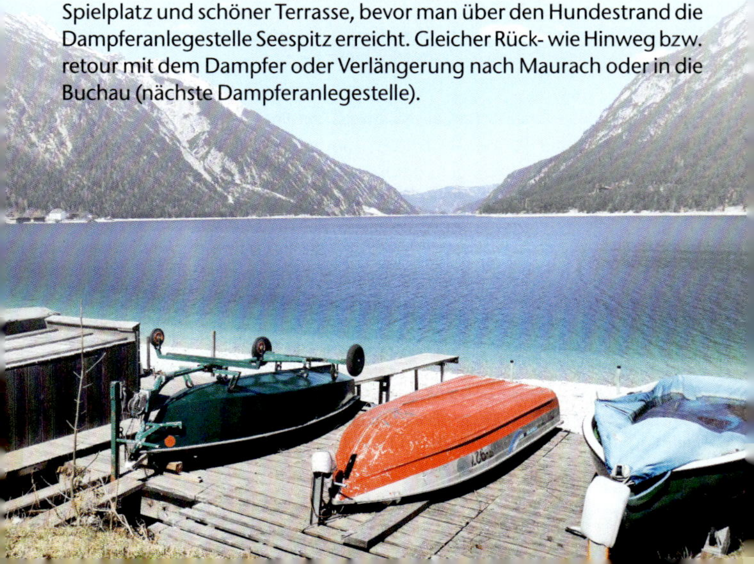

2 Karwendeltäler

Pertisau: Pletzach Alm (1040 m)/Gern Alm (1172 m)

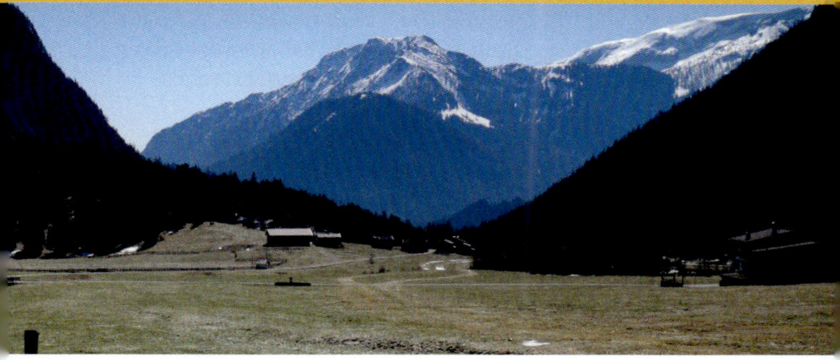

Die Karwendeltäler sind das ganze Jahr beliebte Ausflugsziele. Hier tummeln sich Sportlerinnen, Einheimische und Touristen gleichermaßen. Wenn möglich daher lieber außerhalb der Ferien und Wochenenden hierher kommen. Mit dem Kinderwagen bietet sich zum Ersten eine kurze Tour bis zur Pletzach Alm an. Hier geht's gemütlich über Weiden, durch den Wald und durch schottrige Bachbette zu einem idyllischen Almplateau. Konditionsstarke können bis zur Gern Alm oder Feilalm, mit herrlichem Ausblick auf den Achensee, verlängern. Im Winter führen präparierte Winterwanderwege zu beiden Almen und im Sommer kann über die separate Mautstraße auch direkt zugefahren bzw. abgekürzt werden.

Wetter: Anforderung: Gesamtdauer: 1 ¾ h

Anforderung: Mittel; 60 Hm; eine kurze Steigung vor den Almen; großteils Schotterweg, teils sehr holprig – geländegängiger Kinderwagen nötig (speziell für die Verlängerung). Alternativroute/Winterroute parallel zur Mautstraße mit Buggy möglich.

Dauer: Hinweg: 1 h; 3,3 km. Verlängerung Gern Alm: eine Strecke: 1 h; 2,3 km; 120 Hm.

Wetter:	Bergwetter bzw. Winterwanderung mit Rodel; im Frühjahr sowie Herbst können Teile des Weges noch oder bereits schneebedeckt sein.

Wanderwert für (Geschwister) Kinder:

2–3 Jahre:	Aufgrund der Länge nur mit Kinderwagen oder Trage. Immer wieder gibt es die Möglichkeit, im Bach zu plantschen oder Steinmännchen zu bauen. Weidetiere in der Almsaison. Abenteuerspielplatz und Wildgehege bei der Verlängerung Gern Alm.
4–6 Jahre:	Siehe u. 2–3 Jahre, zusätzlich gibt es ab der Feilalm einen nicht kinderwagengeeigneten Wandersteig retour zum Parkplatz.
Kinderfahrrad:	Nicht empfehlenswert. Besser Falzthurnalm (siehe Buch Kinderwagen-Wanderungen Tirol: Innsbruck und Umgebung).

Navi: 6213 Pertisau, Mautstation, Nähe Pertisau 38g.

Anfahrt: A12 Ausfahrt Wiesing, Richtung Achensee, in Maurach Richtung Pertisau, hier den Schildern „Karwendeltäler“ folgen, vor dem Mauthäuschen kostenpflichtiger Parkplatz.

Bus/Bahn: Möglich, aber kompliziert: Hst. Pertisau Karwendeltäler, direkt vor dem AP.

Ausgangspunkt/P: Kostenpflichtiger Parkplatz beim Eingang Karwendeltäler/Mauthäuschen, Richtpreis: € 3/4 h, € 5/Tag.

Infos/Gaststätten: *Sennhütte Pletzach Alm, geöffnet während der Weidezeit. *Alpengasthaus Pletzach Alm, Tel. +43 5243 5573, www.pletzach-alm.jimdosite.com, Mai bis Ende Okt und Weihnachten bis März, durchgängig geöffnet. *Alpen-Gasthof Gern Alm, Abenteuerspielplatz „Gimp'l-Park“ und Wildgehege, Tel. +43 5243 5579, www.gernalm.at, Mitte Mai bis Mitte/Ende Okt und Weihnachten bis Mitte März, durchgehend geöffnet.

Wegbeschreibung: Vom Parkplatz an der Mautstelle entlang der Fahrstraße taleinwärts gehen und bei der Kreuzung rechts ins Pletzachtal. Hier geht ein separater Wanderweg entlang der Mautstraße. Achtung: Auf Höhe der beschilderten Abzweigung zur „Feilalm“ führt rechts auf

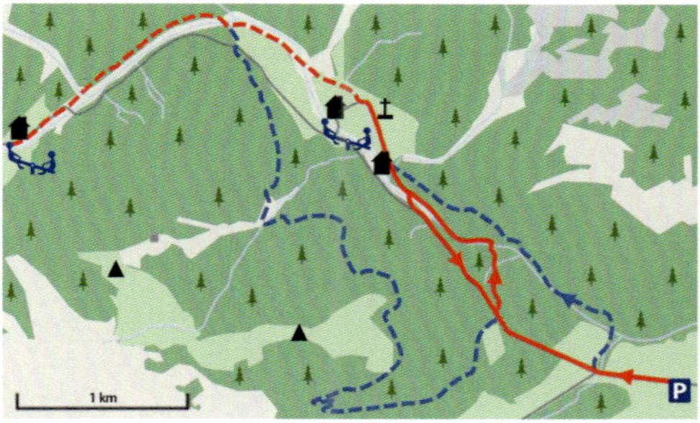

der gegenüberliegenden Straßenseite eine Forststraße mit Schranken durch den Wald. Am Bachbett angelangt dieses überqueren und danach links. Beim nächsten schottrigen Bachbett rechts halten, es folgt noch eine kurze Steigung und schon sind die Almhütten der Pletzach Alm erreicht. Es zahlt sich aus, noch weiter bis zum Talboden zu gehen, dort befinden sich eine Kapelle und weitere Almhütten. In Sichtweite liegt links das Alpengasthaus Pletzach Alm. Gleicher Rück- wie Hinweg.

Verlängerung: Zur Gern- oder Feilalm geht's nach dem Bach gleich rechts taleinwärts weiter. Beim nächsten Parkplatz führt links die Forststraße Richtung Feilalm hinauf. Zur Gern Alm geht es rechts durch das Bachbett und dann diesem links entlang Richtung Talschluss folgen. Beides ist sehr gut beschildert. Gleicher Rück- wie Hinweg. Hinweis: Eine schöne Tragetour mit Gipfelerlebnis zum Feilkopf ist in unserem Tragetourenbuch München beschrieben.

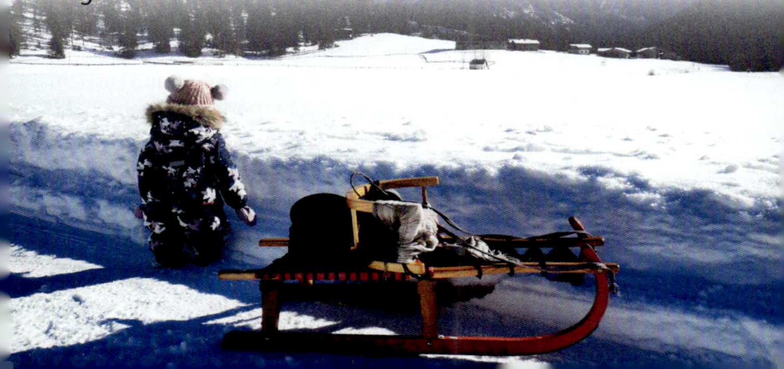

3 Rodlhütte Pertisau (1130 m)

Pertisau: auch im Sommer perfekt für Familien

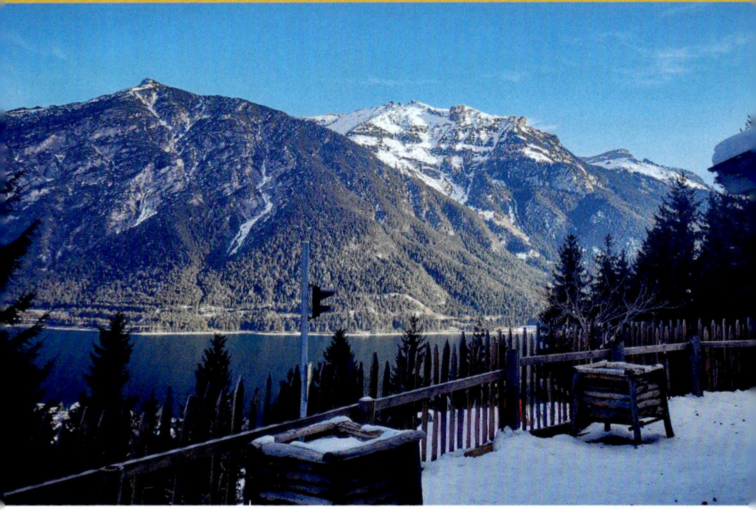

Diese Tour ist nicht nur im Winter ein lohnendes Ziel mit einer Megaaussicht auf den Achensee und die umliegende Bergwelt. Die kontinuierliche sanfte Steigung macht diese Tour durch den Wald auch im Sommer sehr angenehm und im Winter zu einer optimalen Familienrodelbahn. Oma & Opa können auch gerne das Rodeltaxi in Anspruch nehmen und Rodeln können direkt auf der Hütte gegen Gebühr ausgeliehen werden. Aufgrund des Rodeltaxis bitte rechts hinaufgehen und vor dem Start oben die Rodelampel beachten. Einkehr- und Rodelpreise siehe unter Infos.

Wetter: Anforderung: Gesamtdauer: 1 ¼ h

Anforderung:	Mittel; 160 Hm; ab Abzweigung kontinuierliche angenehme Steigung; großteils gut geschotterte Forststraße.
Dauer:	Aufstieg: ¾ h; 1,8 km; Abstieg schneller.
Wetter:	Für jedes Wetter geeignet, Schneelage beachten für die Rodelbahn.

Wanderwert für (Geschwister) Kinder:

2–3 Jahre:	Strecke aufgrund der Länge gut für diese Altersgruppe geeignet, allerdings Achtung vor entgegenkommenden Rodlerinnen und dem Rodelexpress im Winter. Informationsbaumstämme zur Natur und den Tieren in der Umgebung sowie Tafeln mit den verbleibenden Schritten zum Ziel.
4–6 Jahre:	Siehe u. 2–3 Jahre.
Kinderfahrrad:	Nicht geeignet.

Navi: 6213 Pertisau, Naturparkstraße 31

Anfahrt: A12 Ausfahrt Wiesing, Richtung Achensee bis Maurach, links abbiegen nach Pertisau, Ortseingang Schildern „Karwendel Bergbahn" folgen.

Bus/Bahn: Möglich, aber umständlich: Hst. Pertisau Karwendellift.

Ausgangspunkt/P: Kostenpflichtiger Parkplatz Karwendel Bergbahn Pertisau, oberhalb der Talstation, Richtpreis € 4/4 h oder € 5/Tag.

Infos/Gaststätten: *Rodlhütte Pertisau, nur Barzahlung, Tel. +43 5243 5871, www.sportwoell.at/achensee/rodlhuette, Anfang/Mitte Mai bis Anfang/Mitte Okt und Anfang/Mitte Dez bis Anfang/Mitte März (je nach Schneelage), durchgehend geöffnet, eher hochpreisig; Rodelverleih Richtpreis € 3. *Rodlexpress, Start beim Ende der Rodelbahn, stündlich 10 bis 20 Uhr, ca. zu jeder vollen Stunde Auffahrt, Richtpreis € 6/Erwachsene, € 4/Kinder bis 10 Jahre.

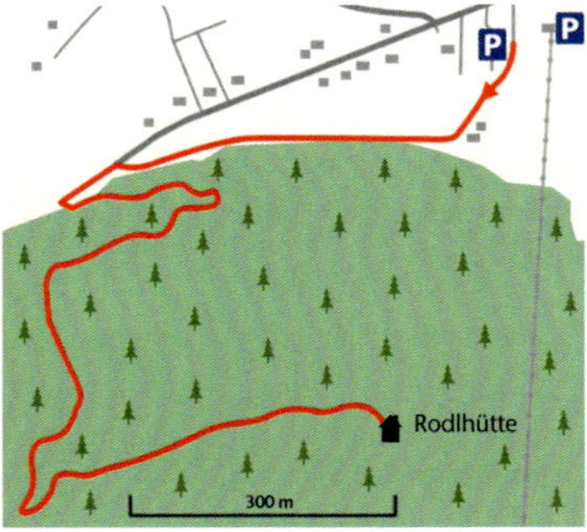

Wegbeschreibung: Vom Ausgangspunkt dem Berg zuwenden und den Weg gerade Richtung Berg nehmen. Diesem rechts entlang folgen. Wenn man im Frühjahr unterwegs ist, großteils noch Schnee direkt beim Berg entlang, dann einfach den Schildern oberhalb der Talstation und der Straße folgen. Beim Schild der Alm bzw. Ende der Rodelbahn linker Hand beginnt der moderat ansteigende Weg. Durch den Wald geht's in einigen langgezogenen Serpentinen zur Rodlhütte. Gleicher Rück- wie Hinweg bzw. hinunterrodeln.

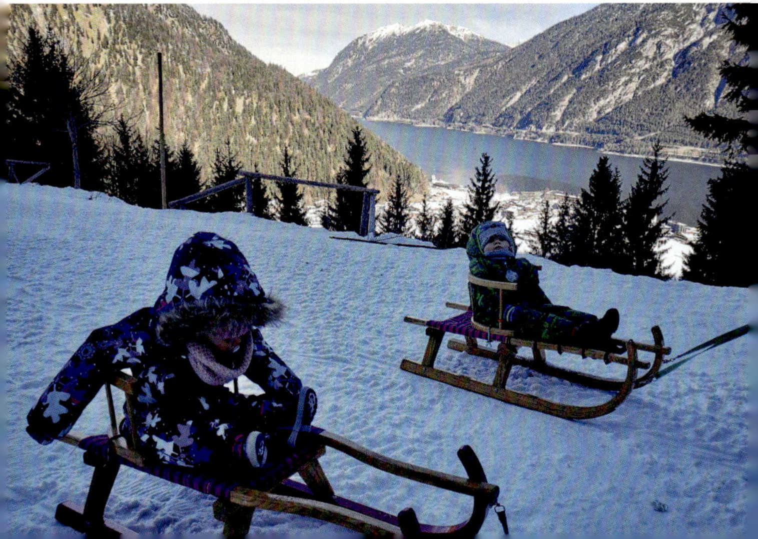

4 Schlitterer See

Schlitters: Ausflugsziel am Beginn des Zillertals

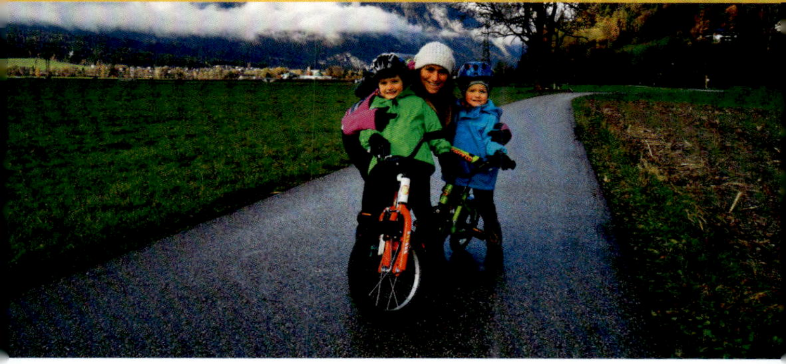

Am Eingang des Zillertals befindet sich das Ausflugsziel Schlitterer See, ein Naturbadeteich mit Abenteuerspielplatz und Seecafé. Der fast ebene Weg auf wenig befahrenen Straßen geht über Wiesen und Felder zuerst talauswärts mit Blick aufs Rofangebirge. Hier folgt die Strecke dem Zillertal-Radweg, was optimal für Kinder zum Radeln ist. Allerdings ist im Sommer viel los, daher ist die Wanderung außerhalb der Hauptsaison empfehlenswerter oder man weicht auf die unten angeführte Verlängerungsstrecke bzw. den parallel verlaufenden Feldweg aus. Retour geht's direkt an der Ziller entlang.

Wetter: Anforderung: Gesamtdauer: 1 ½ h

Anforderung:	Leicht; fast eben; großteils asphaltiert bzw. fein geschottert.
Dauer:	RW: 1 ½ h; 5 km.
Wetter:	Wenig Schatten, am besten im Frühling oder Herbst; auch bei Nieselwetter, da guter Untergrund und im Hochsommer morgens bzw. abends, wenn es nicht zu heiß ist, evtl. anschließend baden.

Wanderwert für (Geschwister) Kinder:	
2–3 Jahre:	Hängebrücke, Marterl und Tiere am Weg bzw. neben dem Abenteuerspielplatz Stall einer Tuxerrindzucht. Nichtschwimmerbereich für die ersten Schwimmübungen und Plantschversuche im See, überdachter Sandspielbereich und naturnaher Erlebnisspielplatz.
4–6 Jahre:	Siehe u. 2–3 Jahre.
Kinderfahrrad:	Schöne Runde, da ruhige Feldstraßen, großteils asphaltiert bzw. fest geschotterter Weg, eine Steigung. Achtung freitags und samstags: Öffnungszeiten der Kompostierung und daher auf diesem Teil Anrainerverkehr.

Navi: 6262 Schlitters, Schlitters 300, Parkplatz vorher rechte Seite.

Anfahrt: A12, Ausfahrt Wiesing, B169 Zillertal Str. bis Schlitters/Zillertal Info, hier rechts abbiegen, nach der Zillertal Info gleich links unter der Unterführung durch, rechts halten bis zum Parkplatz Schlitterer See.

Bus/Bahn: Bhf. Schlitters: Ausgang Richtung Zillertaler Trachtenwelt, rechts an Trachtenwelt vorbei, vor Unterführung rechts abbiegen und 2. Straße gleich wieder rechts abbiegen dem Bach entlang. Bei der ersten Überquerungsmöglichkeit links überqueren und nun links der Runde folgen.

Ausgangspunkt/P: Kostenloser Parkplatz Schlitterer See.

Infos/Gaststätten: *Restaurant Café Schlitterer See, Tel. +43 650 9429265, www.seecafe-schlitters.at, Dez bis Okt, Ruhetag: Mo (ausgenommen Mai bis Sep: durchgehend geöffnet). *Badesee Schlitters, Tel. +43 5288 72363, www.badesee-schlitters.at, Mai bis Sep, Richtpreise: € 4/Erw., € 2/Kinder, ermäßigte Preise für Jugendliche und ab 16 Uhr.

Wegbeschreibung: Zwischen See und Spielplatz die Straße geradeaus in die Felder nehmen. Diesem Weg zur Ziller folgen und hier entlang des Radweges bis zur Überführung. Die Ziller rechts überqueren und gleich wieder rechts der Ziller entlang retour bis zur Fußgängerbrücke. Über die Brücke, am Damm entlang und dann links hinunter zu einem Kräutergarten. Der Straße folgen, bevor es rechts wieder hinauf zum Damm und gleich wieder links direkt zurück zum Schlitterer See geht.

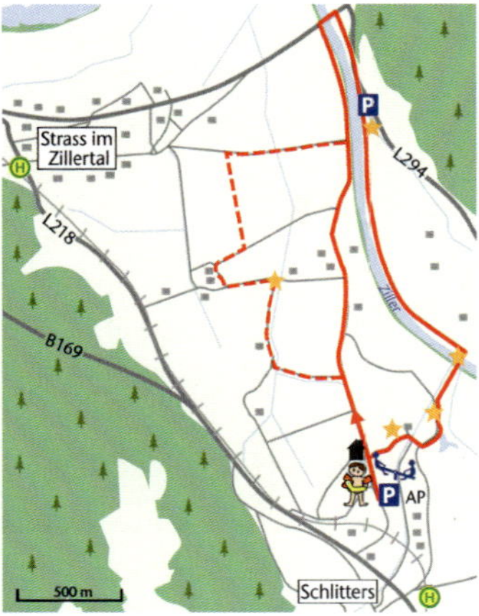

Verlängerung: An der Straße über die Felder, die 2. links nach „Strass" nehmen. Nach dem Bach diesem gleich rechts entlang folgen und dann links zum Bauernhof hinüber. Vor dem Bauernhof rechts zum Stall und gleich wieder rechts über die Felder zurück zur Ziller.

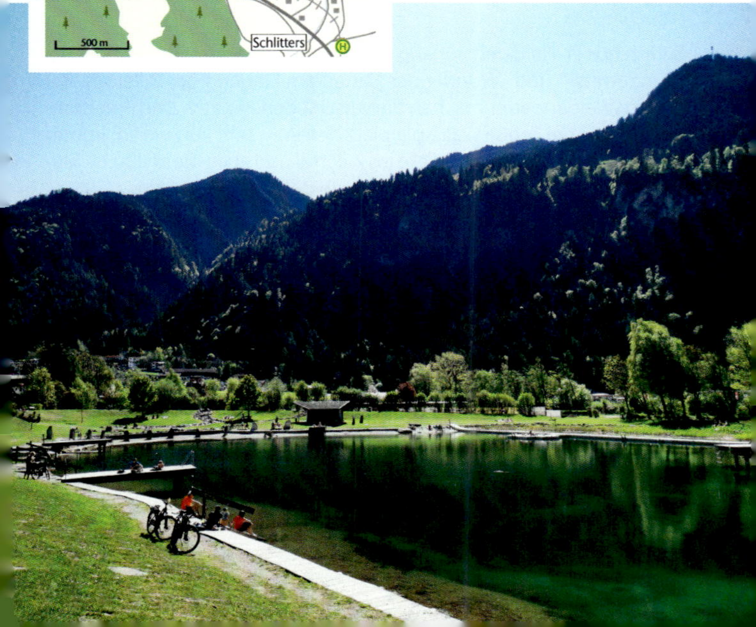

5 Putzi sucht die Wundernuss

Fügen: All-Wetter-Themenwege im Wald

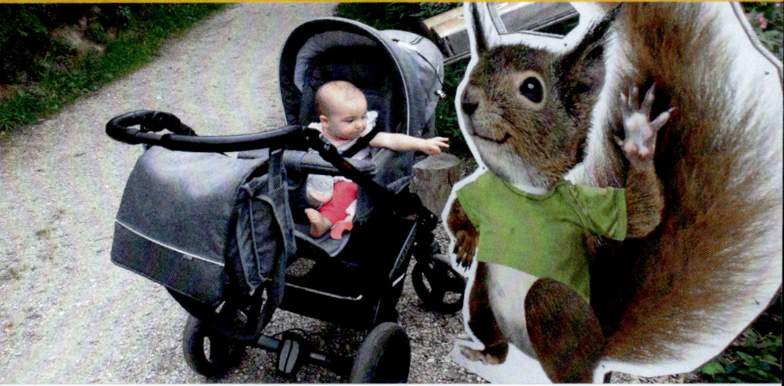

Sehr schöner Waldweg entlang zweier Themenwege: „Putzi sucht die Wundernuss“ und „Wunder der Natur“ am Eingang des Zillertals. Bei jedem Wanderwetter machen die verschiedenen Aktiv- und Spielstationen sowie der große Waldspielplatz den Weg sehr kurzweilig. Immer wieder gibt es schöne Ausblicke ins Zillertal und auch die idyllische Marienkirche lädt zum Verweilen unterhalb des Spielplatzes ein.

Wetter: ◑ Anforderung: ● Gesamtdauer: 1 ½ h

Anforderung:	Mittel; 70 Hm; leichtes Auf und Ab, eine sportliche Steigung vom Waldspielplatz zu den ersten Stationen des Themenweges „Wunder der Natur“; großteils dichter Wald- bzw. geschotterter, breiter Wanderweg, Asphalt am Zuweg.
Dauer:	RW: 1 ½ h, Verweildauer einplanen; 4 km.
Wetter:	Bei jedem Wanderwetter, auch bei leichtem Regen oder sehr heißem Wetter, da großteils im Wald.

Wanderwert für (Geschwister) Kinder:	
2–3 Jahre:	Stationen der beiden Themenwege sowie Waldspielplatz.
4–6 Jahre:	Siehe u. 2–3 Jahre.
Kinderfahrrad:	Nicht empfehlenswert, da Straßenpassagen ohne Gehsteig und Steigungen.

Navi: 6263 Fügen, Hochfügener Straße 77 – kostenloser Parkplatz Spieljochbahn.

Anfahrt: A12, Ausfahrt Wiesing, B169 Zillertal Str. bis Fügen/Ausfahrt Spieljochbahn, Schildern folgen bzw. im Kreisverkehr 1. Abfahrt, die Parkplätze sind rechts bzw. oberhalb der Talstation.

Bus/Bahn: Möglich, aber umständlich: Hst. Fügen-Hart i. Z. Bahnhof, Fußweg zur Talstation ca. 1,3 km.

Ausgangspunkt/P: Talstation Spieljochbahn Fügen.

Infos/Gaststätten: *Einkehrmöglichkeiten rund um die Talstation der Spieljochbahn.

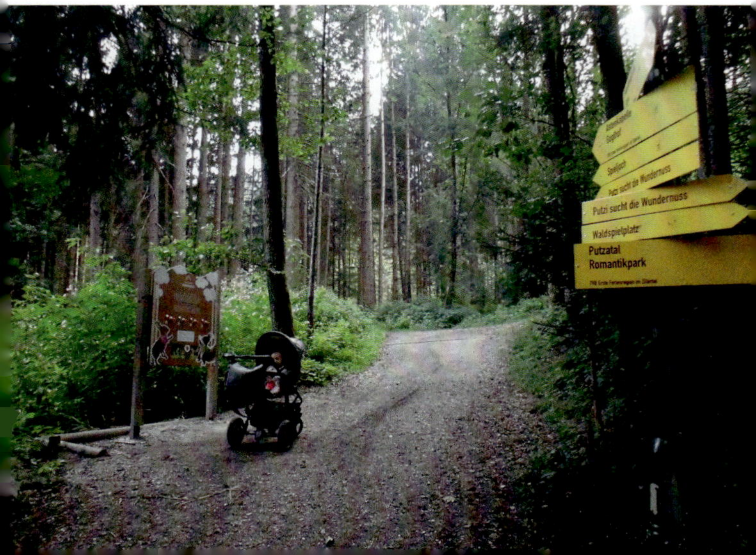

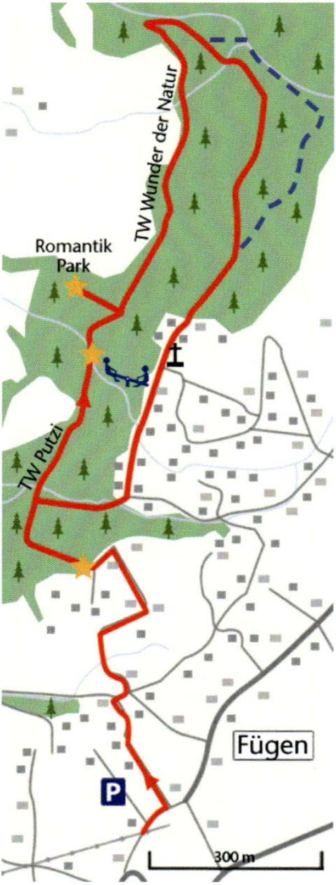

Wegbeschreibung: Wenn man auf die Talstation schaut, rechts oberhalb des Hotels Kohlerhof den gelben Schildern: Themenwege (TW) „Putzi sucht die Wundernuss“ und „Wunder der Natur“ durch die Häuser folgen. Am Themenweg geht's leicht auf und ab entlang der Stationen durch den Wald bis zum Waldspielplatz. Hier gerade weiter auf den Themenweg „Wunder der Natur“ mit Abstecher links hinauf zum Romantikgarten. Sobald es wieder hinunter geht, Achtung: Nicht mehr den Schildern folgen, sondern immer am Forstweg bleiben. Einige Stationen (6–8) können aufgrund eines Steiges mit dem Kinderwagen nicht gemacht werden, nur mit Trage. Kurz vor Station 9 treffen beide Wege wieder zusammen. Bei der Kirche hat man rechts noch einmal die Möglichkeit, auf den Waldspielplatz zu kommen. Sonst geht's ziemlich gerade zwischen den Häusern weiter. Am Ende der Straße den Weg rechts am Bach entlang hinauf nehmen, bis man wieder auf den Ursprungsweg trifft und diesem retour zur Talstation folgen.

6 Zillerpromenade

Von Zell am Ziller bis Ramsau

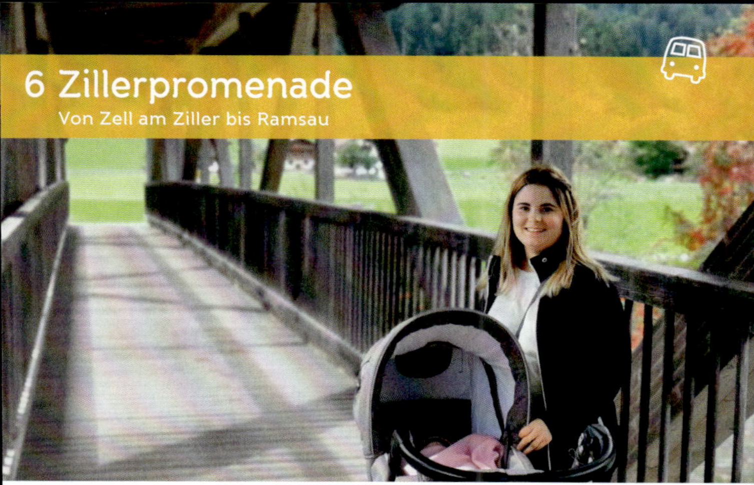

Im Zillertal bietet es sich an, von Strass bis Mayrhofen beidseitig der Ziller entlang zu wandern. Je nach Kondition bzw. gewünschter Distanz kann man die Strecke mit der Zillertalbahn abkürzen. Ein sehr schöner Rundweg findet sich mittig im Tal von Zell am Ziller nach Ramsau, wobei alle 1,5 km mit Brücken abgekürzt bzw. die Zillerseite gewechselt werden kann. Zell als Start- und Endpunkt bietet diverse Einkehrmöglichkeiten und mit dem Freizeitpark Aktivitäten für jede Altersgruppe und jedes Wetter. Am Weg kann man das Regionalmuseum besuchen, den Themenwegtafeln folgen oder einfach nur die Ausblicke auf die Berge talein- und -auswärts genießen.

Wetter: Anforderung: Gesamtdauer: 1 ¾ h

Anforderung:	Leicht; fast eben; großteils asphaltiert bzw. gut geschotterter Weg.
Dauer:	RW: 1 ¾ h; 6,3 km.
Wetter:	Bei trockenem bis leicht regnerischem Wetter. An heißen Sommertagen kühlt die Ziller und es gibt jederzeit die Möglichkeit, die Bachseite zu wechseln und dadurch Schatten durch die Bäume zu haben.

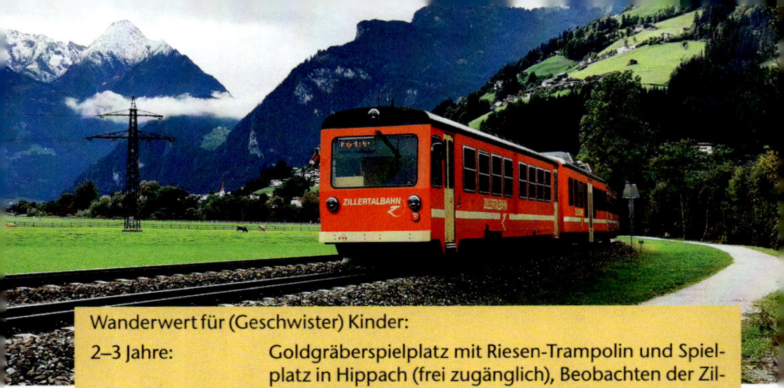

Wanderwert für (Geschwister) Kinder:

2–3 Jahre:	Goldgräberspielplatz mit Riesen-Trampolin und Spielplatz in Hippach (frei zugänglich), Beobachten der Zillertalbahn und der Weidetiere im Frühjahr und Herbst sowie auch gut zum „Selbergehen", da Distanz jederzeit abkürzbar.
4–6 Jahre:	Siehe u. 2–3 Jahre, zusätzlich Sportmöglichkeiten beim Freizeitpark von Erlebnis-Minigolf über Beachvolleyball bis zu Kegelbahn und Tennisplätzen. Empfehlung: Runde in umgekehrter Richtung gehen, sodass am Ende der Freizeitpark winkt.
Kinderfahrrad:	Ebener, verkehrsfreier Weg mit durchgehend gutem Untergrund und keinen Steigungen. Achtung: Eine Zillerseite ist Teil des Zillertaler Radweges und speziell am Wochenende gut besucht.

Navi: 6280 Zell am Ziller, Unterdorf 1 – gegenüber Parkplatz P1.

Anfahrt: A12 Ausfahrt Wiesing, Richtung Zillertal auf B169 bis Zell am Ziller, 1. Ausfahrt Zell am Ziller/Zillertal Arena, rechts ins Zentrum und den Schildern P1 folgen, nach scharfer Rechtskurve gerade auf dieser Straße bleiben und links zum Bezirksgericht. Der Parkplatz befindet sich rechter Hand.

Bus/Bahn: Bhf. Zell am Ziller: links kurz taleinwärts gehen, gleich nächste Straße rechts Richtung Freizeitpark, hier bis zur Ziller, wo man auf die beschriebene Runde taleinwärts trifft.

Ausgangspunkt/P: Kostenloser P1 Parkplatz Zentrum, Zillerpromenade.

Infos/Gaststätten: *Diverse Einkehrmöglichkeiten in Zell am Ziller. *Freizeitpark Zell am Ziller, Informationen und Preise der Sportmöglichkeiten: www.freizeitparkzell.at. *Café im Park, Tel. +43 5282 4946-11, www.freizeitparkzell.at, ganzjährig geöffnet (Betriebsurlaub 2 Wochen Mitte Aug/Mitte Sep), kein Ruhetag. *Zillertalbahn, Fahrplan und Preise: www.zillertalbahn.at.

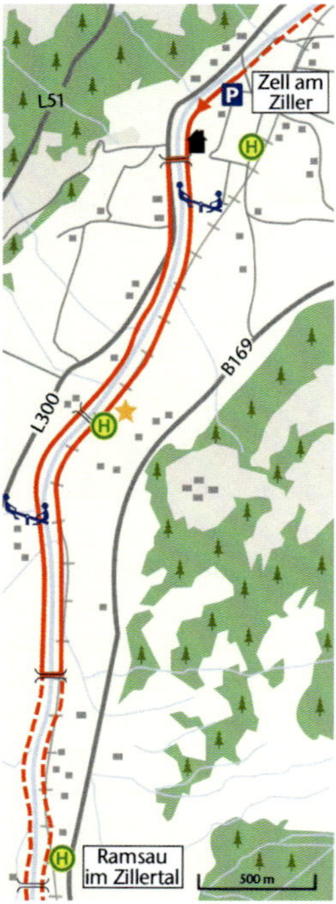

Wegbeschreibung: Direkt vom Ausgangspunkt an den Cafés und am Musikpavillon vorbei zur Zillerpromenade, welcher man links taleinwärts folgt. Es geht vorbei an den Schulkomplexen und Sportstätten, dem Minigolfplatz „Schätze des Zillertals“ mit Abenteuerspielplatz und nettem kleinen Freischwimmbad. Weiter der Zillertalbahn entlang, vorbei an Informationstafeln und dem Regionalmuseum Zillertal nun auf festem Schotteruntergrund bis zur 3. Brücke am Ortsanfang von Ramsau. Diese überqueren und auf der anderen Zillerseite retour. Hier ist der Weg schmaler, aber auch fester Schotteruntergrund. Entlang von Feldern, Kuhweiden und dem Spielplatz in Hippach geht's wieder Richtung Zell. Die 3. Brücke führt wieder direkt zurück zu den Beachvolleyballplätzen, dem Trampolin und dem Goldgräberspielplatz. Retour zum Parkplatz wieder links der Zillerpromenade entlang.

7 Fichtenschloss und -see (1744 m)

Zell am Ziller: Erlebniswelten auf der Rosenalm

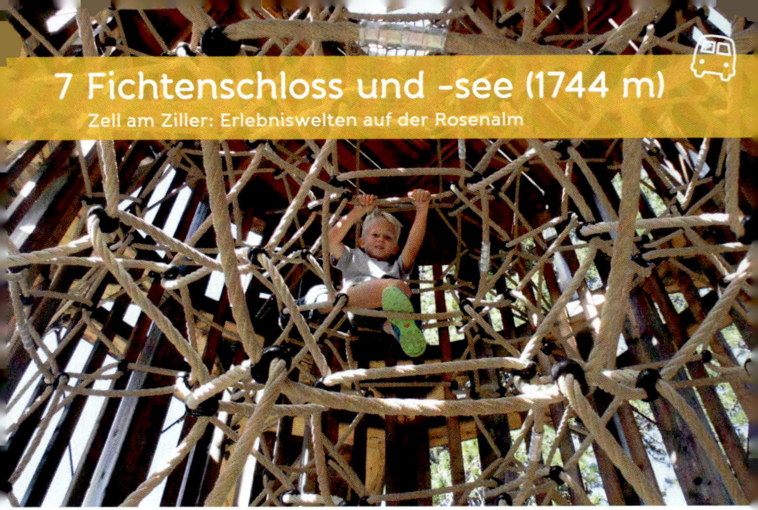

Ein Tag auf der Bergstation belastet das Familienbudget und Erlebniswelten sind ein bisschen Disney am Berg. Aber ab und zu möchte man vielleicht trotzdem in diese Erlebniswelten eintauchen, sie sind einfach gut gemacht und bieten super Aussichten auf die Berge. Schon vor Ankunft in der Bergstation sieht man von der Gondel aus links das Fichtenschloss. Ab hier können es die Kleinen meist gar nicht mehr erwarten in der Erlebniswelt aus Fichte zu kraxeln, rutschen und zu werkeln. Seit 2020 lädt zusätzlich ein „Fichtensee" zum Bootfahren und Plantschen ein. Beide Erlebniswelten am Berg lassen sich mit dieser Wanderung angenehm verbinden. Für eine weitere Runde, auch mit größeren gehenden Kindern, bietet sich als Verlängerung der Schmankerlweg zur Kreuzwiesenalm an.

Wetter: Anforderung: Gesamtdauer: 1 h

Anforderung: Leicht; 70 Hm; vom Fichtensee retour zur Bergbahn gemütlich ansteigend; großteils geschotterter Wanderweg.

Dauer:	RW: 1 h, Verweildauer einplanen; 2,7 km. Verlängerung: 1 ¾ h; 180 Hm; 3,7 km pro Strecke.
Wetter:	Schönes, trockenes Wanderwetter.

Wanderwert für (Geschwister) Kinder:

2–3 Jahre:	Fichtenschloss mit verschiedenen Aktivtürmen und Spielbereichen. Fichtensee: Niedrigwasserbereich für die Kleinsten, Bootsverleih. Bei den Kassen an der Talstation die Fichtenwichtel-Krone zum Stanzen an den Stationen im Schloss nicht vergessen. Wechsel- und Badesachen mitnehmen.
4–6 Jahre:	Siehe u. 2–3 Jahre.
Kinderfahrrad:	Nicht empfehlenswert.

Navi: 6280 Rohrberg, Rohr 23 – kostenloser Parkplatz Zillertal Arena.

Anfahrt: A12, Ausfahrt Wiesing, B169 Zillertal Str. bis Zell am Ziller/Ausfahrt Zillertal Arena, nach Ausfahrt gleich links abbiegen, dann fährt man direkt auf die Zillertal Arena mit den Parkplätzen zu.

Bus/Bahn: Hst. Zell am Ziller Rosenalmbahn bzw. zu Fuß 1,8 km vom Bahnhof Zell am Ziller entfernt.

Ausgangspunkt/P: Bergstation Rosenalmbahn.

Infos/Gaststätten: *Zillertal Arena/Rosenalmbahn, Richtpreis Berg- & Talfahrt: € 23,50/Erw. und € 11,80/Kinder (6–14 Jahre), spezielle Familienvergünstigungen, Tel. +43 5282 7165, www.zillertalarena.com, Ende Mai bis Mitte Okt. *Restaurant beim Fichtensee ab Sommer 2020, www.zillertalarena.com. *Schmankerlhütte Kreuzwiesenalm (Verlängerung), Abenteuerspielplatz & eigenes kostenloses Zirbenwichtelbuch für Kinder, Tel. +43 5282 21976, www.kreuzwiesenalm.at, Öffnungszeiten wie Bergbahn, Ruhetag: Do.

Wegbeschreibung: Von der Bergstation geht's direkt hinunter zum Fichtenschloss, gut beschildert. Am besten geht man links herum eine Runde durch die verschiedenen Attraktionen, sodass man an allen Stationen gemütlich vorbeikommt. Hinter dem Schloss, unterhalb der

Holzkegelbahn, führt der Weg weiter leicht ansteigend zum Fichtensee. Dort ist eine Umrundung oberhalb oder direkt am See möglich. Zurück zur Bergstation geht's zuerst links moderat ansteigend hinauf und dann rechts durch den Wald. Für die Verlängerung nicht retour zur Bergstation, sondern ab dem Wald dem Weg „Nr. 11 Kreuzwiesenalm" leicht links im Wald hinauf folgen. Wenn man wieder auf den Forstweg trifft, diesem rechts entlang folgen. Anfangs recht eben, steigt dieser in der zweiten Hälfte recht sportlich an. Die Tafeln des Schmankerlweges (Rezeptbuch auf der Hütte erhältlich) und im letzten Drittel die Waldwichtel in den Bäumen motivieren nicht nur die kleinen Geherinnen. Wenn man die Verlängerung fix machen möchte, am besten vorher zur Alm und dann in die Erlebniswelten. Gleicher Rück- wie Hinweg oder Abstieg zur Mittelstation (2 h, 530 Hm nach unten, 5,3 km).

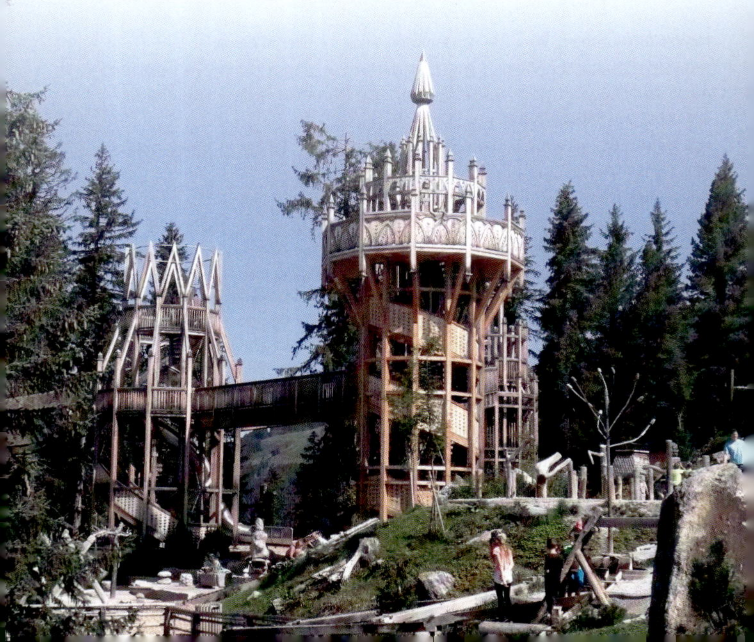

8 Schwarzachalm (1400 m)

Gerlos: Wandern im Sommer, Rodeln im Winter

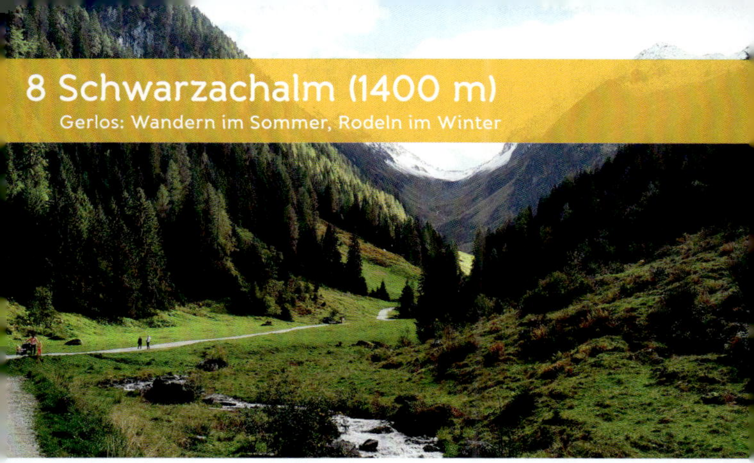

Das Schwarzachtal ist eines der vielen Seitentäler von Gerlos. Sehr verträumt und leicht aufwärts schlängelt sich der Bach dem Talschluss entgegen. Aufgrund der geringen und angenehmen Steigung ist diese Tour auch für weniger Geübte ein Genuss. Am Ziel wartet eine urige Almhütte mit außergewöhnlichem Abenteuerspielplatz und einem schönen Panorama auf die umliegenden Bergspitzen und den Talschluss. Wenn man Glück hat, mit musikalischer Begleitung, denn Seniorchef Hans musiziert, wenn er Lust und Laune hat. Im Sommer gibt's ein fixes Musikprogramm (meist sonntags). Im Winter eignet sich das tiefverschneite Tal für eine romantische Rodelpartie mit Einkehrschwung.

Wetter: Anforderung: Gesamtdauer: 1 ¾ h

Anforderung:	Mittel; 150 Hm; kontinuierliche Steigung mit einem sportlichen Teil im letzten Drittel, geschotterter Forstweg.
Dauer:	Hinweg: 1 h; 2,5 km.
Wetter:	Trockenes Wanderwetter, aber auch im Winter zum Rodeln. Schatten durch umliegende Berge je nach Tages- und Jahreszeit.

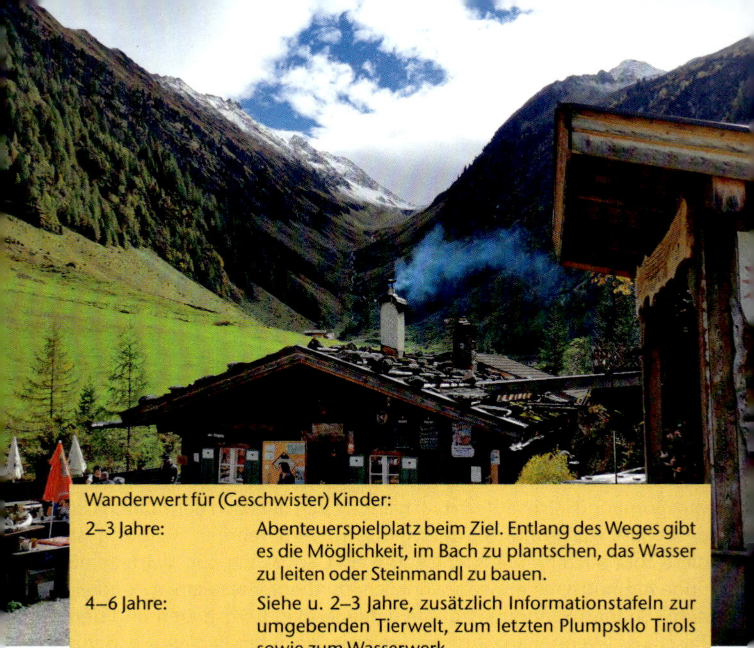

Wanderwert für (Geschwister) Kinder:	
2–3 Jahre:	Abenteuerspielplatz beim Ziel. Entlang des Weges gibt es die Möglichkeit, im Bach zu plantschen, das Wasser zu leiten oder Steinmandl zu bauen.
4–6 Jahre:	Siehe u. 2–3 Jahre, zusätzlich Informationstafeln zur umgebenden Tierwelt, zum letzten Plumpsklo Tirols sowie zum Wasserwerk.
Kinderfahrrad:	Nicht geeignet.

Navi: 6281 Gerlos, Gerlos 1 – Parkplatz nach Gasthof Kühle Rast

Anfahrt: A12, Ausfahrt Wiesing, B169 Zillertal Str. bis Zell am Ziller/Ausfahrt Gerlos, der Straße aufwärts folgen, bis es wieder eben wird, beim Gasthof Kühle Rast rechts in den Wald zum Parkplatz.

Bus/Bahn: Nicht empfehlenswert.

Ausgangspunkt/P: Kostenloser Parkplatz Kühle Rast.

Infos/Gaststätten: *Gasthof Kühle Rast mit Damwildgehege, Tel. +43 5284 5201, www.kuehle-rast.at, durchgehend geöffnet (an ganz schönen Sommertagen eventuell geschlossen aufgrund von Heuarbeit). *Schwarzachalm, Abenteuerspielplatz, Tel. +43 676 3354954, www.schwarzachtal.at, Mitte Mai bis Ende Okt sowie Weihnachten bis Ostern, Ruhetag: Do bzw. laut Aushang am Parkplatz.

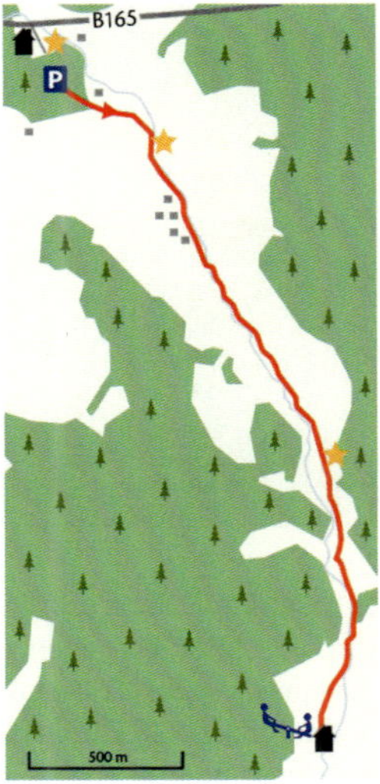

Wegbeschreibung: Am Ende des Parkplatzes, wenn sich der Wald lichtet, beginnt die Forststraße zur Schwarzachalm. Am Beginn leicht ansteigend führt sie am Wasserwerk und den ersten Gebäuden vorbei. Dann über eine Brücke und weiter bachaufwärts. Nach einem etwas steileren Stück gibt es freie Sicht auf den Talschluss und nach einem wieder flacheren Stück kommt man zum letzten Plumpsklo Tirols. Die letzte Steigung ist nach dem großen Felsen geschafft. Links geht's weiter zum Talschluss und der rechte Weg führt über die Brücke in 300 m zur Alm. Gleicher Rück- wie Hinweg.

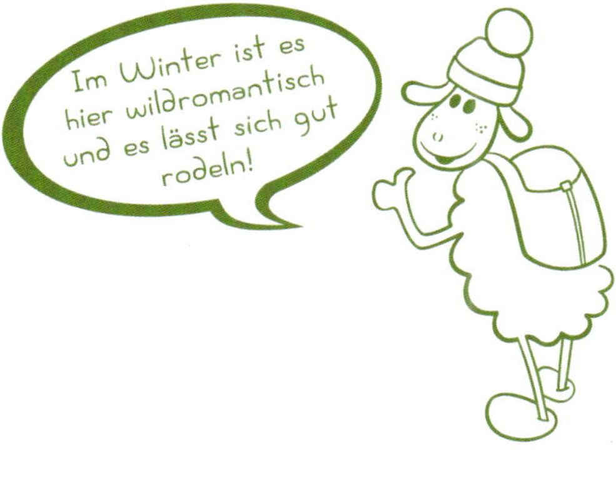

9 Hohenaualm (1863 m)

Zillergründl: „Klein Tibet" des Zillertals

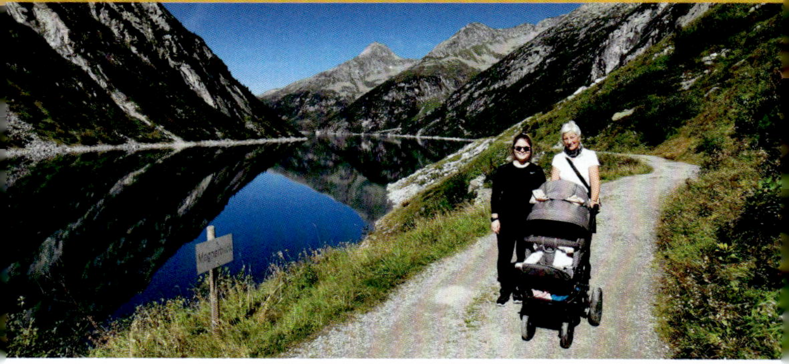

Sehr ruhige Wanderung im besten Wandergrund des Hochgebirgs-Naturparks Zillertaler Alpen, dem Zillergrund. Hier liegt der Ursprung der Ziller, welche dem Zillertal seinen Namen gibt, und zugleich die höchste Staumauer (186 m) der fünf Zillertaler Stauseen. Der PKW-Verkehr auf der Mautstraße bis Bärenbad ist auf 100 PKW pro Tag beschränkt (danach nur mehr Linienbusverkehr möglich). Am Rande des Stausees entlang geht's mit atemberaubenden Aussichten Richtung Talschluss. Dort wartet das wunderbare Kleinod „Klein Tibet": Jausnen mitten in den Gesteinsbrocken rund um die Hütte mit Blick in die umliegenden Berge und auf den funkelnden Stausee. Am Retourweg arbeitet man bei zwei knackigen Steigungen die Jause schnell wieder ab. Motivationstafeln, Rastbankerl und tibetische Gebetsfahnen erleichtern den Weg.

Wetter: Anforderung: Gesamtdauer: 2 ¾ h

Anforderung: Mittel; Hinweg 70 Hm aufwärts, 40 Hm abwärts, am Rückweg umgekehrt; drei ordentliche Steigungen, die gute Kondition erfordern bzw. eine zweite Person, breiter Schotterweg mit Wasserpassagen.

Dauer:	Hinweg: 1 ½ h; 4 km pro Strecke.
Wetter:	Schönwetterwanderung, auch an heißen Tagen geeignet aufgrund der Höhe – am Beginn des Sommers und im Herbst Schneelage berücksichtigen!

Wanderwert für (Geschwister) Kinder:

2–3 Jahre:	Staumauer, Wasserfälle, Stausee und Tiere auf der Alm (Kühe, Schweine). Bacherl zum Plantschen bei der Alm. Nur mit Kinderwagen, um Konditionseinbrüche aufzufangen.
4–6 Jahre:	Siehe u. 2–3 Jahre, zusätzlich Haltestelle am Fuße der Staumauer: Steinbockwelten. Trittsicherheit notwendig und Kinder an der Hand führen, da Weg nicht gesichert und oft sehr hoch über dem Stausee.
Kinderfahrrad:	Nicht geeignet.

Navi: 6290 Brandberg, Zillergrund 78 – Parkplatz Bärenbad/Zillergrund.

Anfahrt: A12 Ausfahrt Wiesing, Zillertaler Bundesstraße, vor Mayrhofen links nach Brandberg/Zillergrund abbiegen und gleich nach dem Tunnel links auf die Mautstraße Zillergrund, Richtpreis: € 8 pro PKW, ca. 15 km bis Bärenbad. Achtung: teilweise einspurig, es sind auch Radfahrerinnen und der Linienbus unterwegs.

Bus/Bahn: Bhf. Mayrhofen und von dort mit dem Linienbus 8328 bis zur Hst. Zillergrund Staumauer.

Ausgangspunkt/P: Vom Parkplatz Bärenbad mit dem Pendel- bzw. Linienbus alle 30 Min. zur Staumauer Zillergrund; Richtpreis pro Strecke: € 2,50 Erw./1,30 Kinder. Start der Wanderung von der Bushaltestelle auf der Staumauer (hier ist auch eine Toilette).

Infos/Gaststätten: *Einkehr zum Adlerblick, Tel. +43 5285 62308, Mitte Mai bis Ende Okt (je nach Schneelage), täglich geöffnet, am AP. *Hohenaualm/Klein Tibet, nur kalte Speisen großteils aus eigener Produktion (Tipp: saurer Graukäse!), sehr schöne alte Almküche, Tel. +43 664 5342739, www.landhaus-gartner.at, Anfang/Mitte Jun bis Mitte Okt, täglich geöffnet. *Bärenbadalm, Spielplatz und Tiere, Tel. +43 664 2327009, www.baerenbad-alm.at, Mai bis Okt, täglich geöffnet, am P.

Wegbeschreibung:

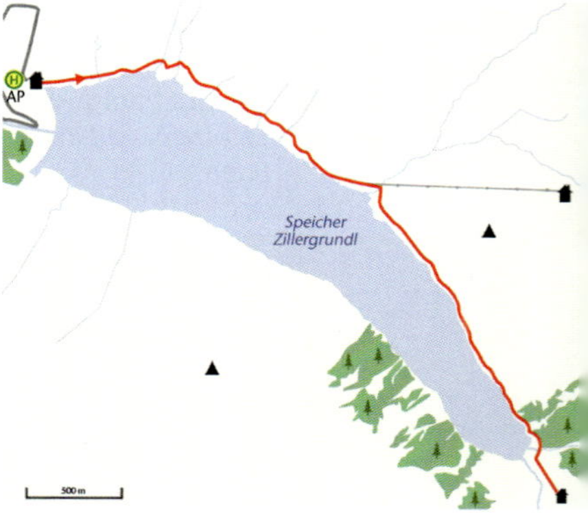

Zur Hohenaualm/Klein Tibet führt der Weg immer links am Stausee entlang. Gleich am Anfang geht's durch einen relativ langen, kühlen Tunnel, der dann den Blick auf den Stausee und die umliegende Bergwelt freigibt. Über eine leichte Steigung erreicht man zwei Wasserfälle. Danach geht's abfallend und dann mehr oder weniger eben dem Talschluss entgegen. Am Ende des Stausees am linken Hang sieht man schon von Weitem die bunten Fähnchen und das Ziel. Kurz vor der Alm ist noch eine tiefere Wasserpassage zu durchqueren – wenn nicht zu breiter Kinderwagen auch über Steinbrücke links möglich, sonst durch Bach, unbedingt Räder feststellen und am besten rückwärts ziehen bzw. zu zweit. Da die Sitzmöglichkeiten (direkt in den Steinen um die Hütte verteilt, aber auch innen) nur über Treppen erreichbar sind, den Kinderwagen unten stehen lassen. Gleicher Rück- wie Hinweg.

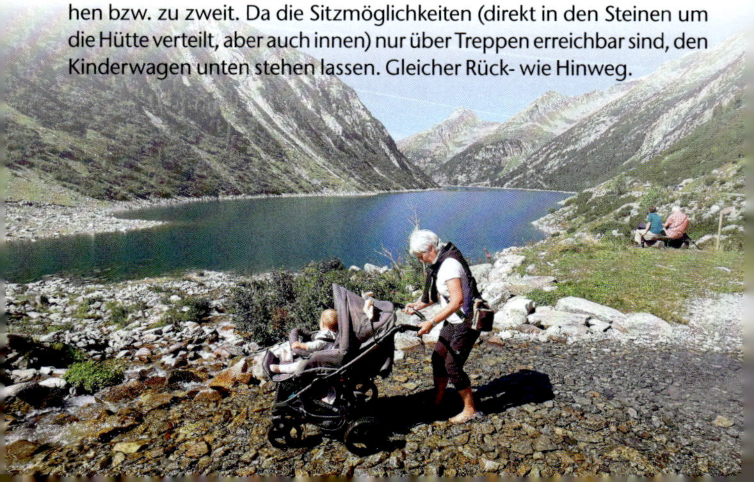

10 Sommerbergalm (2100 m)

Almenwanderung unterhalb des Hintertuxer Gletschers

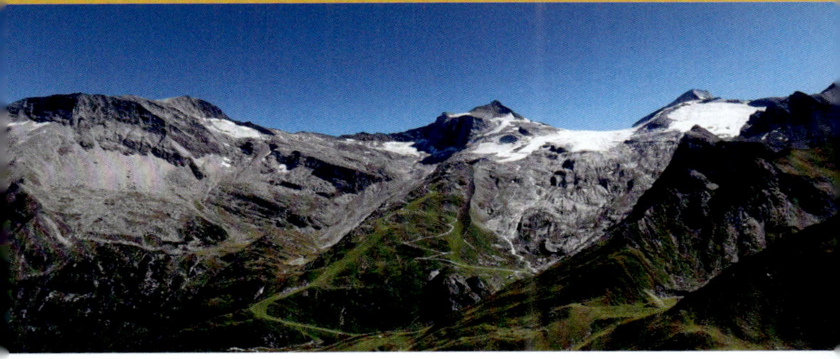

Am Hintertuxer Gletscher befindet sich das einzige Ganzjahresschigebiet Österreichs und so teilt man sich die Gondel immer mit etlichen Schifahrerinnen. Der Aufstieg zur Gletscherwelt erfolgt mit zwei aufeinanderfolgenden Bahnen, die hier beschriebene Tour beginnt bei der Bergstation der 1. Bahn (Sommerbergalm). Hier wartet ein spektakulärer Blick auf den Gletscher. Entlang des Themenweges „Gletscherflohsafari“ gibt es Spielstationen wie Kugelbahnen oder Bacherl zum Umleiten. Nach dem Themenweg rund ums ewige Eis geht's über die Bichlalm mit weiteren herrlichen Ausblicken ins Tal und zurück zum Ausgangspunkt. Mit der Trage bietet sich die Runde übers Tuxerjoch Haus und durch das malerische Weitental mit Wasserfall an.

Wetter: Anforderung: Gesamtdauer: 2 ½ h

Anforderung:	Mittel; 80 Hm aufwärts, 600 Hm abwärts ins Tal; mäßige Steigungen während des gesamten Weges; größtenteils gute Schotterwege, kurzes Stück guter Wiesenweg.
Dauer:	RW: 2 ½ h; 7,5 km.
Wetter:	Schönes, trockenes Bergwetter, auch im Hochsommer geeignet aufgrund der Höhe, Sonnenschutz!

Wanderwert für (Geschwister) Kinder:	
2–3 Jahre:	Stationen der „Gletscherflohsafari" auf der Sommerbergalm (Schatzkarte fürs Rätseln an der Kasse der Talstation nicht vergessen), Bacherl und Tiere entlang des Weges, Spielplatz und Streicheltiere auf der Alm, Abstieg ins Tal nur mit unterstützendem Kinderwagen oder Trage.
4–6 Jahre:	Siehe u. 2–3 Jahre.
Kinderfahrrad:	Nicht geeignet.

Navi: 6294 Hintertux, Hintertux 794 – Parkplatz Hintertuxer Gletscher.

Anfahrt: A12, Ausfahrt Wiesing, B169 Zillertal Str. bis hinter Mayrhofen, L6 Richtung „Finkenberg/Hintertux" und bis zu den Parkplätzen Hintertuxer Gletscher fahren.

Bus/Bahn: Hst. Hintertuxer Gletscherbahn.

Ausgangspunkt/P: Sommerbergalm.

Infos/Gaststätten: *Hintertuxer Gletscherbahn, www.hintertuxergletscher.at, ganzjährig geöffnet, für diese Tour genügt ein Ticket bis zur 1. Station: geöff. Mitte Jun bis Ende Sep, Richtpreise Bergfahrt Sommerbergalm: € 13/Erw. und € 8/Kinder. Hinweis: Andere Preise und Öffnungszeiten für die gesamte Fahrt bis zum Gletscher. Oben gibt es eine weitere Kindererlebniswelt und Eishöhlen. *Panorama-Restaurant Sommerbergalm, wie Bergbahn, täglich geöffnet. *Bichlalm, Streichelzoo und Spielplatz, Tel. +43 5287 87776, www.jagdhof-tux.at/de/bichlalm-hintertux, Mitte Mai bis Nov, täglich geöffnet.

Wegbeschreibung: Der Weg besteht aus dem Themenweg „Gletscherflohsafari" und zurück beim Ausgangspunkt dem Abstieg über die Bichlalm zurück ins Tal.

Teil 1 Gletscherflohsafari: Am Vorplatz der Bergstation, Sommerbergalm, sieht man bereits „Luis, den blauen Gletscherfloh" und ab hier den Schildern „Gletscherflohsafari" hinauf folgen. Nach der Station „Landschaftsformen" führt der Weg quer durch die Almwiesen und wenn man Glück hat, sieht man hier Murmeltiere (aufs Pfeifen hören). Die Aussichtsplattform „Kegelkopf" ist die letzte Station des Themenweges und befindet sich neben der Bergstation.

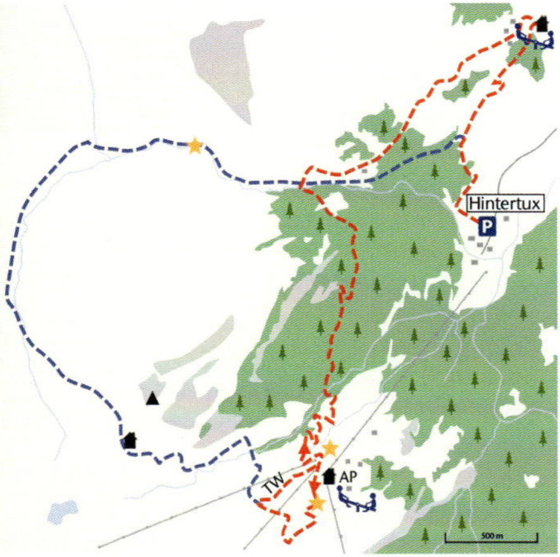

Teil 2 Abstieg ins Tal: Von der Aussichtsplattform führt eine Forststraße talwärts, beschildert mit „Bichlalm“. Der Weg geht unterhalb der Gondel und dann gemütlich durch den Wald, später über offenes Almgebiet direkt zur Bichlalm. Vor der Alm direkt den Weg Nr. 15 durch Wald und über Wiesen zur Talstation nehmen.

Alternative Tragetour: Gleicher Start, bei der Station „Gletscherwasser“ geht's geradeaus weiter und wenn man auf die Forststraße trifft, dieser links hinauf zum Tuxerjoch Haus folgen. Hier kann man noch einen Abstecher zum Gipfel machen, bevor es auf der hinteren Seite durch das malerische Weitental mit Wasserfall Richtung Tal geht. Unterhalb des Wasserfalls trifft man

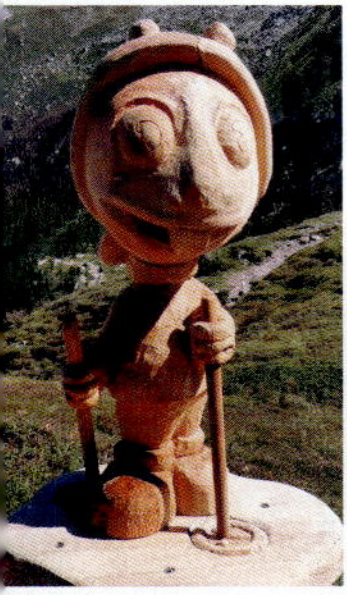

auf die Forststraße von der Sommerbergalm und kann entweder links zur Bichlalm oder gleich geradeaus am Steig direkt zur Talstation gehen (Dauer RW: 3 ½ h; 280 Hm aufwärts, 800 Hm abwärts ins Tal; 8 km).

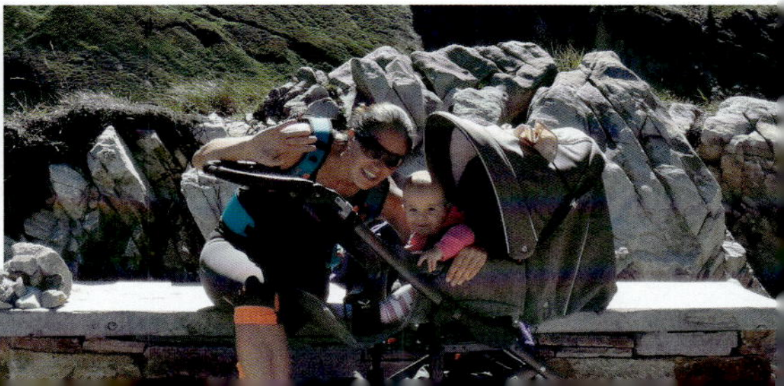

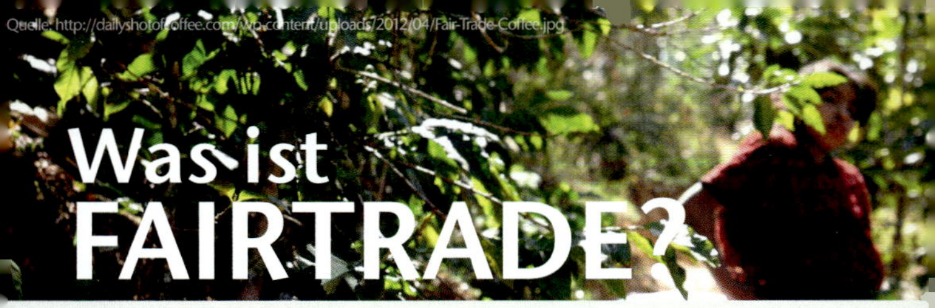

Quelle: http://dailyshotofcoffee.com/wp-content/uploads/2012/04/Fair-Trade-Coffee.jpg

Was ist FAIRTRADE?

FAIRTRADE ist ein Verein zur Förderung des FAIREN Handels mit dem Süden. Nur wer sich an die strengen Auflagen hält, darf das FAIRTRADE-Siegel verwenden. Mitglieder des Vereins sind u.a.: Caritas, Katholische Jugendschaft, Evangelische Jugend, Grüne Bildungswerkstatt, Österr. Hochschülerschaft, PfadfinderInnen Österreichs, WWF-World Wide Fund for Nature und viele mehr.

WOFÜR STEHT DIESES FAIRTRADE-SIEGEL?

- Direkter Handel mit den ProduzentInnen und KleinbäuerInnen unter Ausschaltung der lokalen Zwischenhändler
- Dadurch FAIRE Preise für die ProduzentInnen & kontrollierter Warenfluss nach Europa
- Prämie für soziale & ökologische Entwicklung
- Gesetzliche Mindestlöhne & arbeitsrechtliche Mindeststandards
- Verbot von Kinderarbeit und sklavenähnlicher Zwangsarbeit
- Naturnahe & nachhaltige Anbaumethoden sowie Schutz des Regenwaldes
- Schutz natürlicher Gewässer & des Trinkwassers

FAIRTRADE
TRANSFAIR

Fairtrade
W.: www.fairtrade.net
W.: www.fairtrade.de
W.: www.fairtrade.at

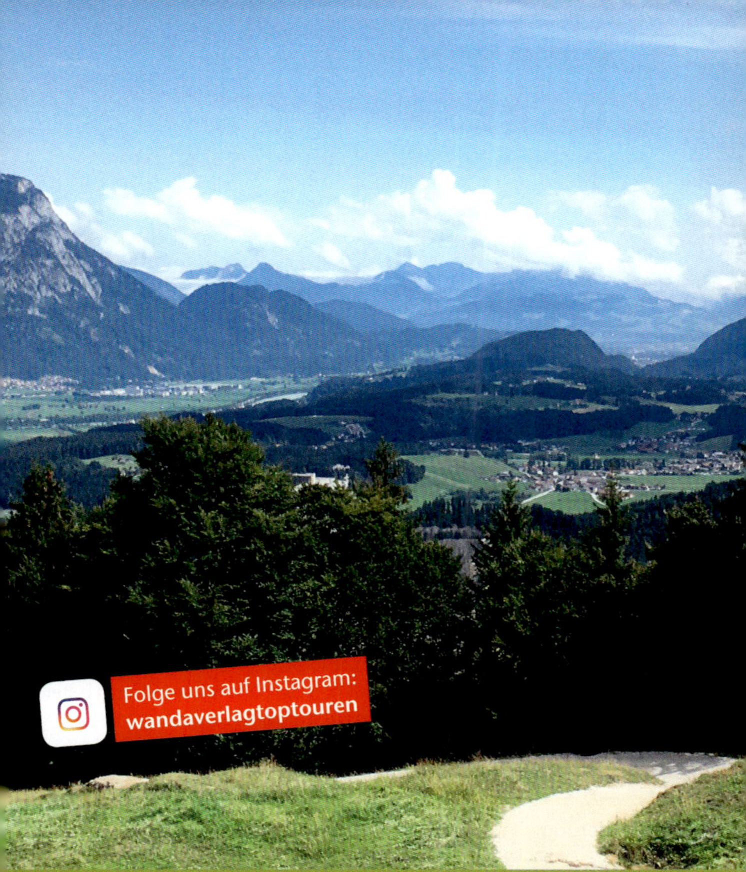

II. Inntal & Seitentäler

11 Naturdenkmal Matzenpark

Reith im Alpbachtal: herrliche Parkanlage mit Schloss

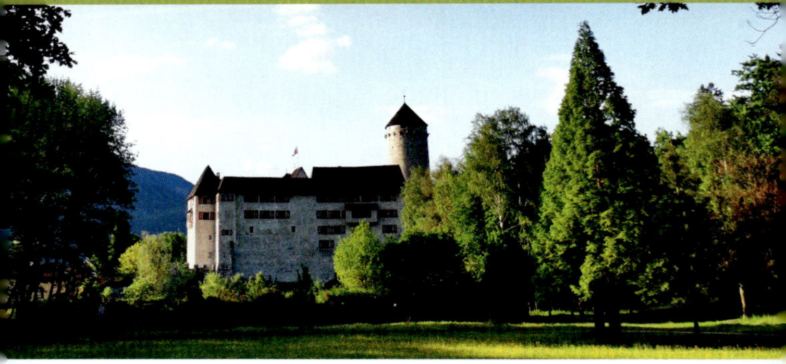

Zu jeder Jahreszeit lohnt sich ein Spaziergang durch den malerischen Matzenpark. Er wurde nach englischem Vorbild geschaffen und mit Statuen, Büsten und Brunnen sowie vielen exotischen Bäumen und Pflanzen verschönert. Mit den Teichen – belebt von Enten und Fischen – und dem sogenannten Nympheum ist der Park ein sehr beliebtes Ausflugsziel. Der Rundgang kann beim Spielplatz im Wald abgeschlossen werden. Weitere Burgen und Ruinen hält die nähere Umgebung bereit und wer möchte, kann diese Runde zur Burgentour verlängern.

Wetter: Anforderung: Gesamtdauer: ¾ h

Anforderung:	Mittel; 30 Hm; eine moderate Steigung zum Spielplatz hinauf; großteils Kies- und geschotterter Forstweg.
Dauer:	RW: ¾ h; 1,9 km. Verlängerung: RW: ¾ h, 2 km, eben.
Wetter:	Bei jedem trockenen bzw. leichtem Nieselwetter und bei geringer Schneelage (kein Winterdienst).

Wanderwert für (Geschwister) Kinder:	
2–3 Jahre:	Enten und Fische im Park, Spielplatz.
4–6 Jahre:	Siehe u. 2–3 Jahre, zusätzlich Burgen und Ruinen sowie Waldwege beim Spielplatz.
Kinderfahrrad:	Auf den flachen Teilstücken des Parks bzw. auf der Verlängerungsstrecke geeignet (Achtung bei Straßenüberquerungen und auf andere Radfahrerinnen, da Teil des Innradweges), gesamte Runde aufgrund der Steigung nicht geeignet.

Navi: 6235 Reith im Alpbachtal, Gut Matzen.

Anfahrt: A12, Ausfahrt Kramsach bzw. Ausfahrt Wiesing (von Innsbruck kommend), B171 bis Gut Matzen.

Bus/Bahn: Bhf. Brixlegg, 3 km Fußweg am Inn entlang.

Ausgangspunkt/P: Kostenloser Parkplatz Matzenpark/Gut Matzen.

Infos/Gaststätten: *Gut Matzen, Terrasse mit Teich direkt Richtung Park, Tel. +43 5337 65407, www.gutmatzen.at, Ruhetag: Mo.

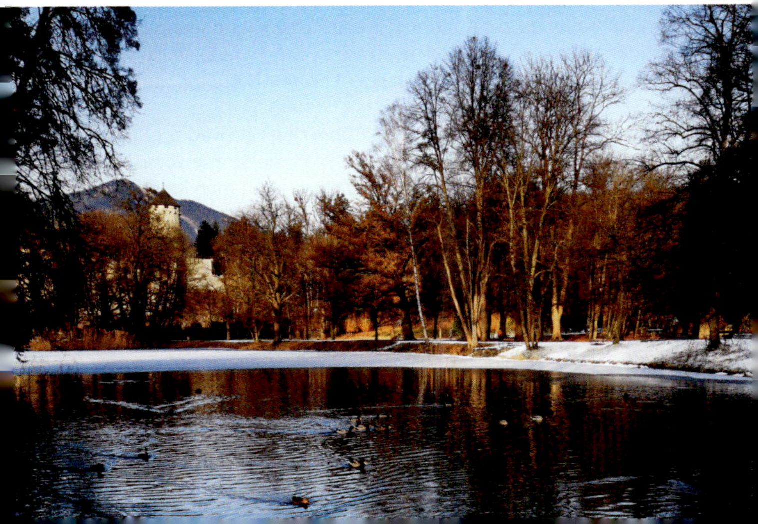

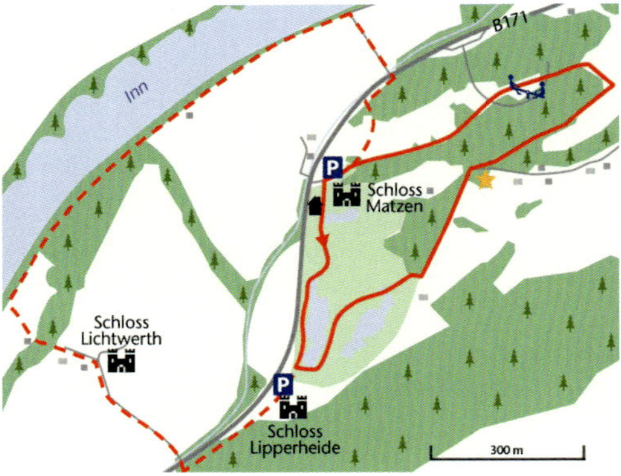

Wegbeschreibung: Vom Parkplatz geht's durchs oder am Gut Matzen vorbei in den Park. Geradeaus und einmal rechts um den Löwenteich herum. Am anderen Ende des Teichs ist ein weiterer Eingang zum Park, der Hugo-Wolf-Brunnen und Schloss Lipperheide. Durch die beiden Teiche geht's am Nympheum (Brunnen vorm Karpfenteich) vorbei und rechts hinaus auf die Forststraße. Dieser entlang der Parkmauer bis zur Anhöhe folgen. Dort weiter entlang der Schilder „Kinderspielplatz" zuerst leicht abwärts, dann wieder links hinauf zum Spielplatz gehen. Vom Spielplatz geht's direkt hinunter zum Parkplatz.

Verlängerung: Vom Parkplatz links über den Feldweg zur Bundesstraße, dieser kurz rechts entlang, bevor man die Straße vorsichtig überquert und links zum Innweg geht. Diesem kann man links entlang bis zum Schild „Reith/Matzenpark" folgen. Hier geht's übers Feld am Bauernhof und Schloss Lichtwerth vorbei zur Bundesstraße. Dieser kurz links entlang, vorsichtig überqueren und beim Schloss Lipperheide in den Matzenpark. Hier der Tour ab dem Löwenteich weiter folgen bzw. direkt links zwischen den Teichen zum Gut Matzen und dem Parkplatz.

12 Juppi Zauberwald (~1200 m)

Reith im Alpbachtal: Erlebniswelt mit Gipfelmöglichkeit

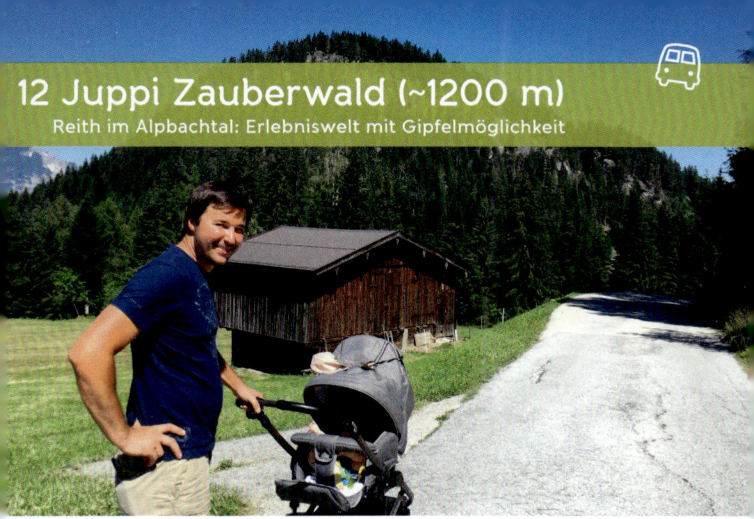

Von der Bergstation der Gondel führt ein breiter Panoramaweg großteils durch den Wald entlang verschiedener Waldaktivstationen und zum Zauberdorf. Die Fahrt ist im Vergleich zu den anderen Bahnen günstiger. Den Höhepunkt bildet ein Waldabenteuerspielplatz und die Größeren können an den Waldrätselstationen ihr Wissen testen. Mehrere Aussichtspunkte erklären die umliegenden Berge des Alpbach-, Ziller- und Inntales. Für Bergenthusiasten und kleine Gipfelsiegerinnen bietet sich eine Art „stroll & hike"-Verlängerung auf den Reither Kogel mit Trage/Kraxe an. Wer überschüssige Energie hat, kann dem Panoramaweg bis ins Tal folgen, das ist allerdings ein ziemlich langer Hatscher.

Wetter: Anforderung: Gesamtdauer: 1 h

Anforderung: Mittel; 80 Hm; moderate Steigungen, großteils guter, breiter Waldweg.

Dauer: RW: 1 h reine Gehzeit, Verweildauer einplanen; 3 km. Verlängerung pro Strecke: ¾ h; 1 km; 110 Hm.

Wetter: Schönes Bergwetter.

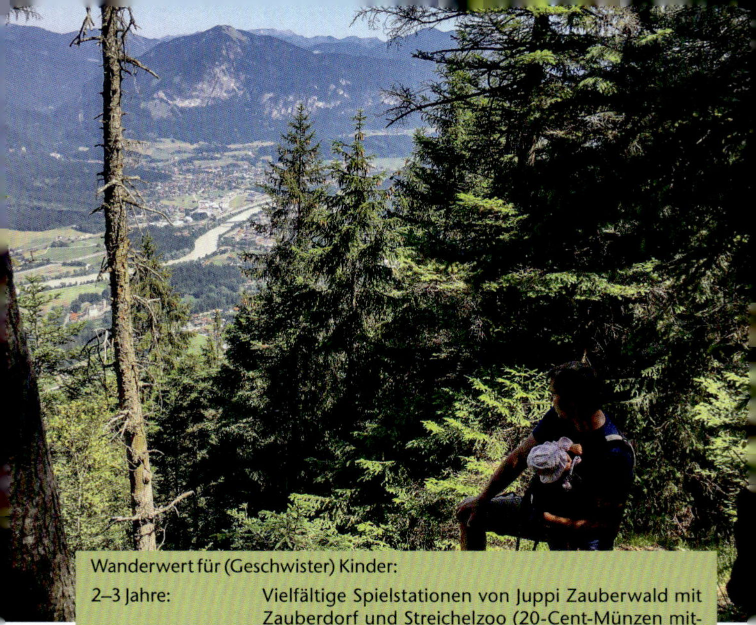

Wanderwert für (Geschwister) Kinder:	
2–3 Jahre:	Vielfältige Spielstationen von Juppi Zauberwald mit Zauberdorf und Streichelzoo (20-Cent-Münzen mitnehmen für Futterautomat), großer Waldspielplatz und kleiner Spielplatz um die Bergstation; Weidetiere.
4–6 Jahre:	Siehe u. 2–3 Jahre, zusätzlich Waldrätsel entlang des Rundweges.
Kinderfahrrad:	Nicht geeignet.

Navi: 6235 Reith im Alpbachtal, Dorf 34 – kostenloser Parkplatz Reitherkogelbahn

Anfahrt: A12, Ausfahrt Kramsach, links Richtung Brixlegg/Alpbachtal, Schildern „Reith im Alpbachtal" bzw. „Parkplatz Reitherkogelbahn" folgen.

Bus/Bahn: Hst. Reith im Alpbachtal Reitherkogelbahn Talstation.

Ausgangspunkt/P: Bergstation Reitherkogelbahn.

Infos/Gaststätten: *Reitherkogelbahn, Richtpreise Berg- und Talfahrt € 15/Erw. bzw. € 6,50/Kind, www.skijuwel.com/de/sommer/lifte/reitherkogelbahn, Mai bis Sep, Ruhetag: Mi. *Kiosk bei der Bergstation Reitherkogelbahn, Öffnungszeiten wie Bergbahn. *Liftcafé Heisn, Spielplatz, Tel. +43 5337 63518, www.heisnhof-appartements.at , Mai bis Anfang Nov, täglich geöffnet.

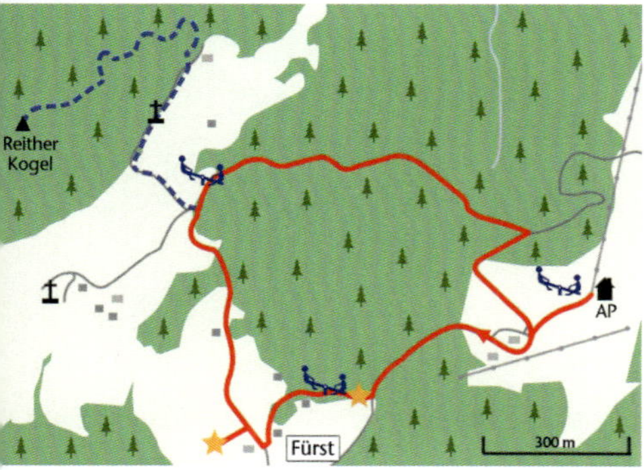

Wegbeschreibung: Bei der Bergstation zuerst einen Abstecher links hinunter zum Bilderrahmen mit Alpbachtalpanorama machen. Dann geht's immer den Zauberwald-Schildern entlang, zuerst über die Wiese zu den Bauernhäusern und dann weiter der Straße folgend in den Wald. Am Ende des Waldes geht's rechts in den Zauberwald mit verschiedenen Stationen. Rechts an den Häusern wieder zur Straße hinunter und dieser wieder rechts entlang folgen. Links wartet die nächste Station mit wunderbarem Blick ins Zillertal. Leicht abwärts geht's der Straße entlang hinunter zum Waldspielplatz, hierzu in der Kurve rechts den Forstweg nehmen. Dieser führt durch den Wald hinauf und über Wiesen zurück zur Bergstation.

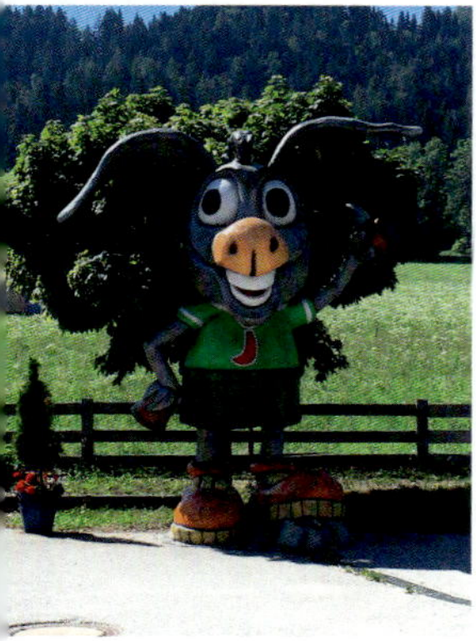

Trageverlängerung: Vor dem Waldspielplatz nimmt man den Feldweg geradeaus und folgt diesem am Waldrand entlang. Vorbei an der Schwabl-Kapelle führt danach links der Waldsteig zum Reither Kogel. Der Kinderwagen kann neben dem Feldweg in der Nähe des Steiges geparkt werden. Gleicher Rück- wie Hinweg.

13 Mittlerer Höhenweg (~1000 m)

Alpbach: auf der Sonnenseite des schönsten Dorfs Österreichs

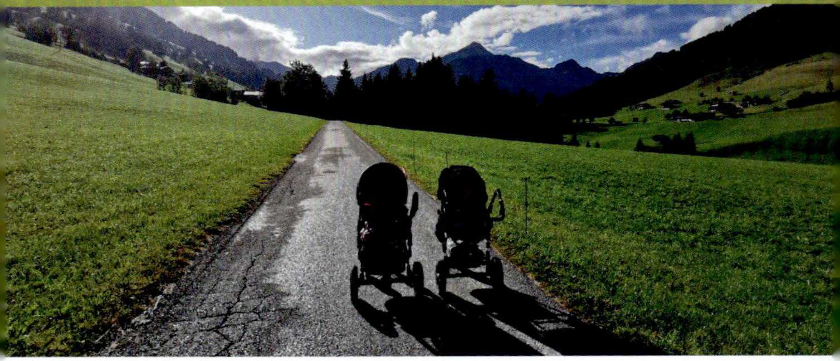

Alpbach, ein Ort auf ca. 1000 m, ist ein Bilderbuchdorf. So gut wie alle Häuser sind in traditioneller, bäuerlicher Holzbauweise erbaut. Berühmt ist Alpbach durch das moderne Kongresszentrum und das Europäische Forum. Diese Wanderung folgt dem mittleren Höhenweg, einer wenig befahrenen Straße vom Dorf Richtung Inneralpbach. Es geht vorbei an typischen Tiroler Häusern, immer im Hintergrund die atemberaubende Bergwelt mit großem Galtenberg, Wiedersberger Horn und Gratlspitz. Mit Trage ist eine Rundtour retour über den oberen Höhenweg möglich.

Wetter: Anforderung: Gesamtdauer: 2 ¼ h

Anforderung: Mittel; 150 Hm; kontinuierlich ansteigend; Asphaltstraße/Gehsteig und breiter Waldweg am Mühlbachweg.

Dauer: RW: 2 ¼ h, Verweildauer einplanen; 6,4 km. Tragetour RW: 2 ½ h; 210 Hm; 6,9 km.

Wetter: Trockenes bis leicht feuchtes Wetter, da Asphaltstraße, auch sehr mystisch im Frühjahr oder Herbst, wenn im Tal schon alles grün ist und die Gipfel schneebedeckt sind.

Wanderwert für (Geschwister) Kinder:	
2–3 Jahre:	Spielplatz am Rückweg. Mit Kinderwagen für alle Kinder möglich, jedoch weniger interessant.
4–6 Jahre:	Siehe u. 2–3 Jahre, in diesem Alter am besten gleich in den Mühlbachweg lt. Wegbeschreibung und dann am gleichen Weg retour gehen. Dort gibt es Sinn-Stationen mit Bacherl zum Plantschen.
Kinderfahrrad:	Nicht geeignet.

Navi: 6236 Alpbach, Alpbach 785 – gegenüber Parkplätze vor der Feuerwehr.

Anfahrt: A12, Ausfahrt Kramsach, links Richtung Alpbach, im Dorf gleich gegenüber dem Supermarkt sind rechts direkt an der Straße Kurz-Parkmöglichkeiten.

Bus/Bahn: Hst. Alpbach Raika.

Ausgangspunkt/P: Kostenlose Kurzparkzone (180 min) vor der Feuerwehr Alpbach.

Infos/Gaststätten: *Café Genuss, Shabby Chic frühstücken & Deko unterhalb des Parkplatzes, Tel. +43 699 10403773, www.cafe-genuss.at, Betriebsurlaub im Mai und Ende Okt/Anfang Nov, Ruhetage So bis Mi. *Messners, Brot-Pizza-Café, Tel. +43 5336 5171, www.alpbach-erleben.at/Messner, Betriebsurlaub im Nov, täglich geöffnet.

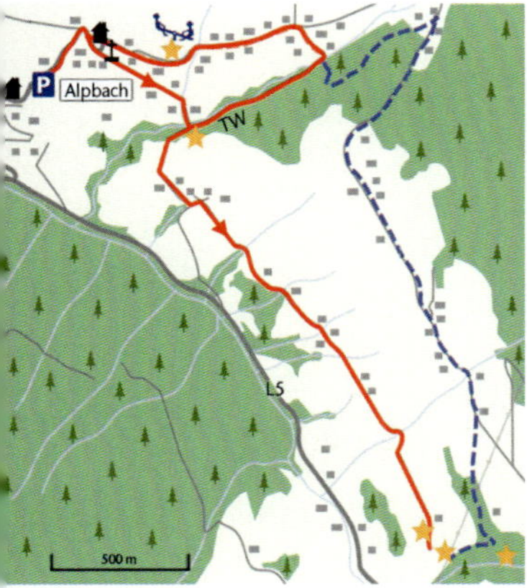

Wegbeschreibung: Zuerst der Dorfstraße bis zur Kirche folgen und an dieser rechts vorbei. An einigen Hotels und Gasthöfen vorbei geht's leicht abwärts über zwei Brücken. Dem Straßenverlauf bis zur Kreuzung und dort mittig links den Schildern „Getreidemühle/Brechelstube" folgen. Nun geht's ein wenig auf und ab bis vor die Brechelstube. Hier ist ein Minutenabstecher zur Getreidemühle mit der Trage möglich.

Gleicher Rückweg bis zur Brücke, hier vor der Brücke rechts dem Themenweg Mühlbachweg bachaufwärts folgen. Am Ende der Stationen links halten, den Bach überqueren und links hinauf zur Dorfstraße gehen. Zurück ins Dorf geht es dieser Straße links entlang, vorbei am Spielplatz und dem Kongresszentrum.

Bei der **Tragevariante** geht's bei der Brechelstube zuerst Richtung Getreidemühle und dann links den Steig Richtung Oberer Höhenweg/ Wurmhof hinauf. Von dort links der Straße folgen bis zum Schild „Mühlbachweg" links. Diesem links in den Wald folgen, rechts hinunter zum Bach und hier weiter der Kinderwagentour retour ins Dorf folgen.

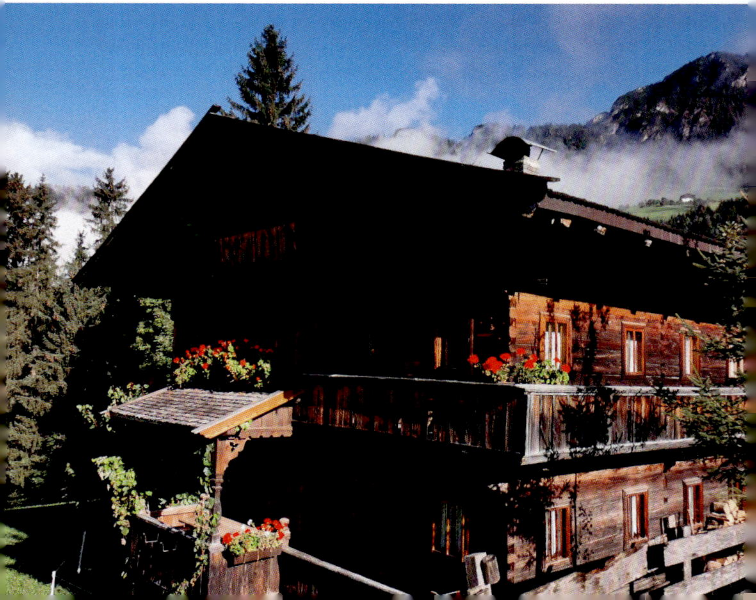

14 Bischofer Joch (1504 m)

Brixlegg: Gipfeltour von der Holzalm/Zimmermoos

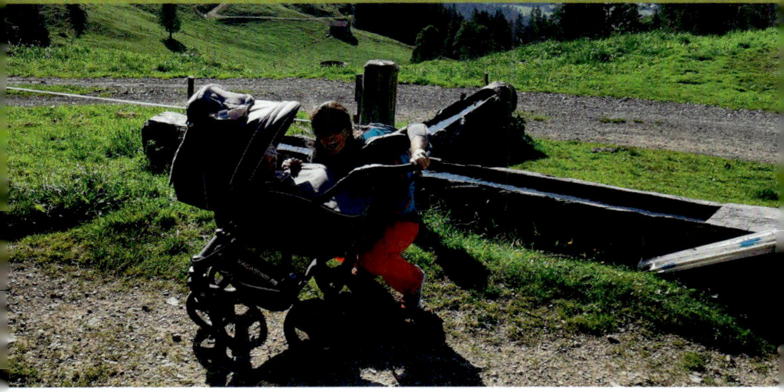

Bei dieser ganz besonderen Tour geht's mit dem Kinderwagen zum Gipfelkreuz mit Panoramablick ins Inntal, Rofangebirge und Alpbachtal. Die Anfahrt führt über eine schmale Bergstraße zum urigen Berggasthof Holzalm auf 1450 m. Entlang eines etwas holprigen Almweges geht es durch den Wald und über offenes Almgebiet, bevor der Anstieg zum Gipfelkreuz mit einer wunderbaren Aussicht belohnt wird. Für den 180-Grad-Blick lohnt es sich, noch ein wenig weiter zur Aussichtshütte Bischofer Joch zu gehen. Für Bergfexe mit Trage bietet sich eine Bergtour auf den Gratlspitz an, mit dem wahrscheinlich schönsten Rundumblick im Inntal. Hier ist Trittsicherheit erforderlich und Stöcke sind empfehlenswert. Tipp: Sonnenauf- und -untergänge sind hier besonders schön.

Wetter: Anforderung: Gesamtdauer: 2 h

Anforderung: Mittel; Hinweg: 120 Hm aufwärts, 70 Hm abwärts, d.h. auch am Rückweg Steigung; zwei sehr sportliche Anstiege, eher unwegsames Gelände, geländegängiger Kinderwagen notwendig.

Dauer:	Aufstieg: 1 ¼ h; 2,9 km. Abstieg etwas kürzer.
Wetter:	Trockenes, schönes Bergwetter, um auch die Aussicht genießen zu können.

Wanderwert für (Geschwister) Kinder:

2–3 Jahre:	Weidetiere zur Almzeit, Brunnen vor Aufstieg.
4–6 Jahre:	Siehe u. 2–3 Jahre.
Kinderfahrrad:	Nicht geeignet.

Navi: 6230 Brixlegg, vor Zimmermoos 42 – Parkplatz Holzalm.

Anfahrt: A12, Ausfahrt Kramsach, links Richtung Brixlegg, in Brixlegg vor der Tankstelle links in den Ort bis Ortszentrum, links Richtung Schulzentrum, hier vorbei und der Straße nach Zimmermoos bzw. Schildern „Holzalm" folgen – letzter Teil auf einspuriger Schotterstraße bis zum Parkplatz vor dem Schranken.

Bus/Bahn: Nicht möglich.

Ausgangspunkt/P: Kostenloser Parkplatz Holzalm.

Infos/Gaststätten: *Berggasthof Holzalm, Tel. +43 676 4206103, Pfingsten bis Ende Okt, täglich geöffnet.

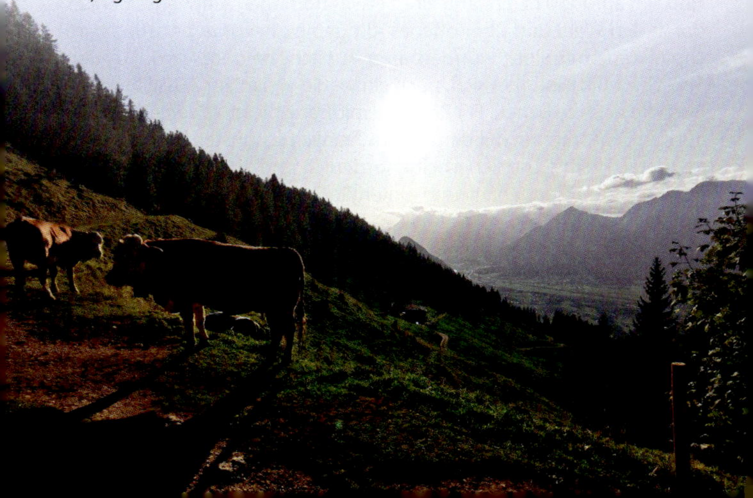

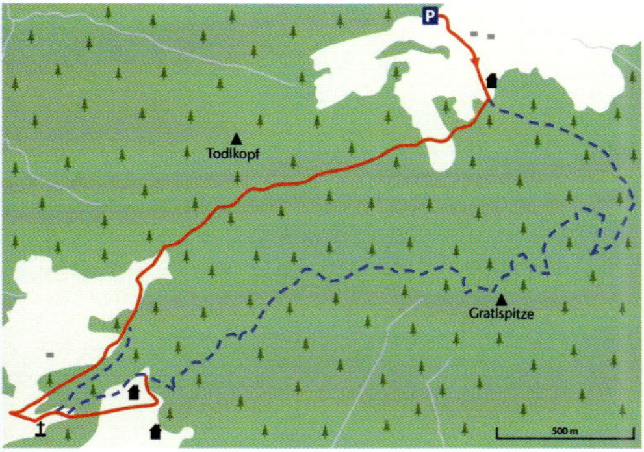

Wegbeschreibung: Vom Parkplatz startet der Forstweg beim Schranken gerade hinauf zur Holzalm. Nach der Holzalm rechts dem Forstweg entlang des Feldes und durch den Wald folgen. Ziemlich eben und dann abwärts führt der Weg zum offenen Almgebiet. Hier geht's links vor dem Brunnen sehr sportlich hinauf. Immer links haltend erreicht man die hügeligen Grasgipfel mit dem Kreuz, welches sich beim Gatterl rechts befindet. Für einen freien Blick zuerst ins Alpbachtal und dann ins Inntal lohnt es sich, noch ein wenig weiter den Weg bis zur Aussichtshütte Bischofer Joch zu gehen. Gleicher Rück- wie Hinweg.

Die alternative **Tragetour** startet hinter der Holzalm (1 ¼ Std. Aufstieg). Ca. 50 Meter hinter der Hütte teilt sich der Weg. Hier dem Steig zum Gratlspitz folgen. Für den Abstieg entweder den gleichen Weg retour oder als Rundtour von oben den Gratweg zum Bischofer Joch und wie bei der Kinderwagentour retour zur Holzalm.

15 Rattenberg

Stadtspaziergang durch die kleinste Stadt Österreichs

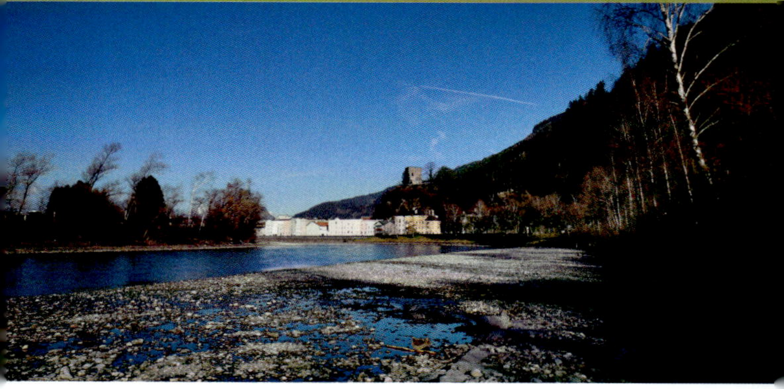

Diese Stadt am Inn hat sich durch die Schifffahrt und die frühere Grenzlage zwischen Tirol und Bayern einen Namen gemacht. Museen, Informationstafeln (Audioguide downloadbar) und die denkmalgeschützten Fassaden erinnern an frühere Zeiten. Heute ist Stadl, wie es von Einheimischen liebevoll genannt wird, DAS Glaszentrum, es gibt eine Freilichtbühne am Schlossberg und zur Weihnachtszeit verwandelt sich Rattenberg in eine kleine Weihnachtsstadt. Die Runde führt auch auf den Schlossberg mit Ausblicken über die Stadt, auf die Berge rundherum und ins Inntal.

Wetter: Anforderung: Gesamtdauer: ¾ h

Anforderung: Mittel; 60 Hm; sehr steil auf den Schlossberg; Kopfsteinpflaster in der Stadt, Zuwege & Innweg Asphalt.

Dauer: RW: ¾ h, zusätzlich Verweildauer einplanen; 2 km.

Wetter: Bei jedem Wetter und zu jeder Jahreszeit, im Winter sehr schattig.

Wanderwert für (Geschwister) Kinder:	
2–3 Jahre:	Brunnen und Spielplatz (Durchgang bei Brauhaus Richtung kostenpflichtigem Parkplatz nutzen).
4–6 Jahre:	Siehe u. 2–3 Jahre, für Kinder in diesem Alter nicht sehr interessant, jedoch mit Rad attraktiv, siehe Kinderfahrrad.
Kinderfahrrad:	Möglich, ohne Schlossberg (zu steil!) und eher unter der Woche außerhalb der Ferienzeiten. In Rattenberg kann es teilweise speziell auf der Hauptstraße ziemlich überfüllt sein. Skillpark und Pumptrack am Westende.

Navi: 6230 Brixlegg, Südtiroler Straße – Parkplatz Rattenberg P3.

Anfahrt: A12, Ausfahrt Kramsach, links Richtung Rattenberg, nach Skaterpark rechts Parkplatz P3.

Bus/Bahn: Bhf. Rattenberg (Achtung: Der Bahnhof Rattenberg hat nur Richtung Wörgl/Kufstein einen barrierefreien Zugang), Einstieg entlang der Route.

Ausgangspunkt/P: Kostenloser Parkplatz P3.

Infos/Gaststätten: *Diverse Einkehrmöglichkeiten in der Stadt Rattenberg. *Rattenberger Advent, an allen 4 Adventwochenenden und am 8. Dezember, freitags bis sonntags, Richtpreis Eintritt in Adventmarkt am Sa, er heißt Kulturbeitrag: € 5/Erw., Kinder bis 14 Jahre kostenlos.

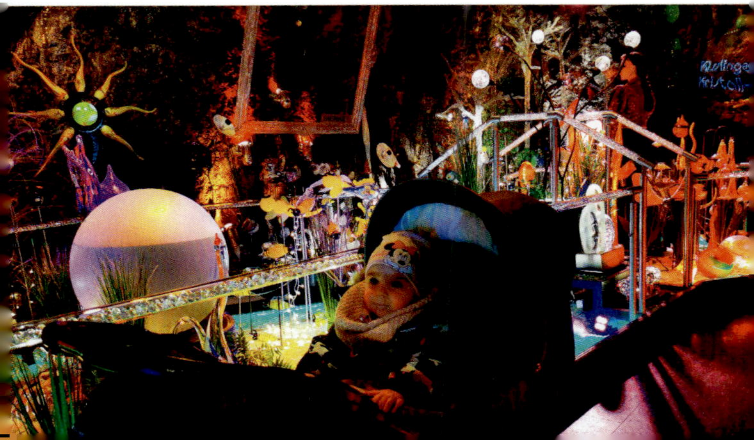

Wegbeschreibung: Vom Parkplatz geht's über die Bundesstraßen-Überführung nach Rattenberg. Dann der Hauptstraße immer geradeaus folgen, vorbei an den Nagelschmiedhäusern, dem Rathaus, lauschigen Innenhöfen und vielen Glasgeschäften.
Beim Schlosskeller rechts Richtung Malerwinkel einbiegen und dann noch einmal rechts an der Kirchenmauer entlang. Nach der Bahnunterführung beginnt rechts der steile Stich auf den Schlossberg hinauf, Achtung: gleicher Weg retour.

Am Rückweg der Bienerstraße geradeaus bis zum Stadtbrunnen folgen, hier links in die Hauptstraße und gleich beim Geburtshaus der Hl. Notburga rechts durch bis auf die Innpromenade. Dieser entlang geht's zum Westende Rattenbergs und wieder retour zum Parkplatz.

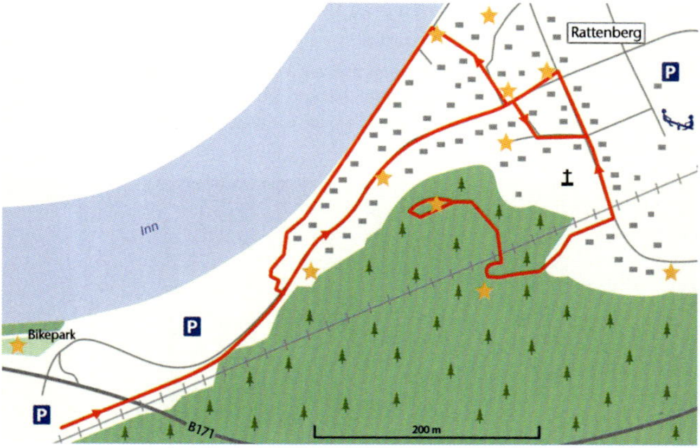

16 Berglsteiner See (713 m)

Kramsach: Leichter-Lernen-Wanderweg zum Naturdenkmal

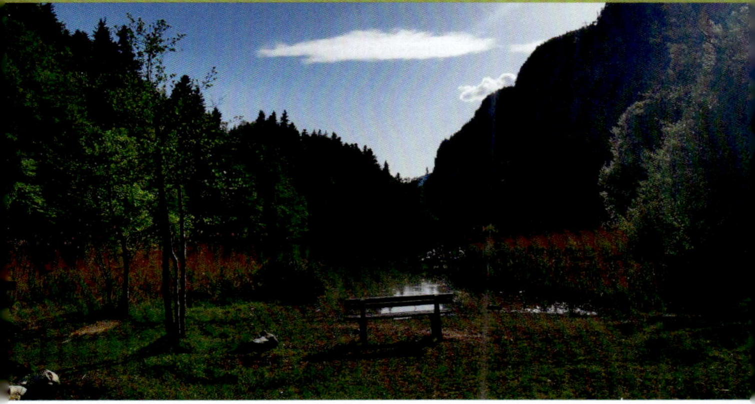

Die Wanderung zu diesem schön gelegenen Bergsee kann schon fast als romantisch eingestuft werden. Wen der moorige Untergrund und die großen Fische nicht stören, der kann auch zum Baden hineinhüpfen. Der Aufstieg erfolgt über einen lichten Wald, oben öffnet sich die Landschaft. Die Stationen des Leichter-Lernen-Wegs sind vor allem für Kindergarten- und Schulkinder interessant. Das Hochplateau liegt sehr sonnig und am höchsten Punkt wartet ein herrlicher Ausblick ins Inntal und zum Wilden Kaiser. Hinunter geht's an schönen Höfen mit Hofläden vorbei über Felder und durch den Wald. Im Hochsommer ist der Reintaler See (gleicher Ausgangspunkt) ein beliebter Badesee, siehe Infos.

Wetter: Anforderung: Gesamtdauer: 2 h

Anforderung: Mittel; 190 Hm; zwei steile Abschnitte, ca. zur Hälfte Schotterweg, Abstieg teilweise holpriger Wiesen- und Waldweg, daher geländegängiger Kinderwagen unbedingt notwendig; kurze Asphaltpassagen.

Dauer:	RW: 2 h, jedoch Verweildauer einplanen; 6 km.
Wetter:	Trockenes Wanderwetter; im Winter nicht geräumt, aber mit der Trage möglich.

Wanderwert für (Geschwister) Kinder:

2–3 Jahre:	Plantschen im Berglsteiner See, Tiere entlang des Weges; Möglichkeit zum Füttern der Ziegen (Futterautomat, 50-Cent-Münzen mitnehmen).
4–6 Jahre:	Siehe u. 2–3 Jahre. In diesem Alter empfehlen wir, den See zu umrunden und am gleichen Weg wieder retour zu gehen. Durch die Stationen mit den kinesiologischen Bewegungsübungen, einem Brunnen am Weg und vielen Bankerln ist der Weg recht kurzweilig.
Kinderfahrrad:	Nicht geeignet.

Navi: 6233 Kramsach, Reintaler See Parkplatz Ost.

Anfahrt: Autobahn A12, Ausfahrt Kramsach, Beschilderung „Zu den Seen" folgen, Parkplatz Reintaler See Ost – 2. Parkplatz links nach den Seen.

Bus/Bahn: Hst. Kramsach Parkplatz Halbinsel; der Straße 100 m folgen bis zum Parkplatz Reintaler See Ost.

Ausgangspunkt/P: Kostenpflichtiger Parkplatz Reintaler See Ost. Richtpreis: € 1/Std. (Achtung: Münzen mitnehmen), wir empfehlen für die Wanderung ohne baden 3 Stunden einzuplanen.

Infos/Gaststätten: *Gasthaus Berglsteiner See, zur Drucklegung geschlossen, daher zur Sicherheit Proviant mitnehmen. *Hofladen Kruckenhaus, Eier, Liköre & manchmal frisches Bauernbrot. *Haflingerhof, Pferdehof mit Kinderspielplatz, hausgemachtes Bauernhofeis, Tel. +43 5337 66200, www.am-haflingerhof.com, Ostern bis Okt, kein Ruhetag. *Baderichtpreise Reintaler See pro Tag: Familie (2 Erw. + bis 5 Kinder) € 8, Erw. € 3,50, Kinder (6-14 J.) € 2; vergünstigte Preise ab 14 Uhr.

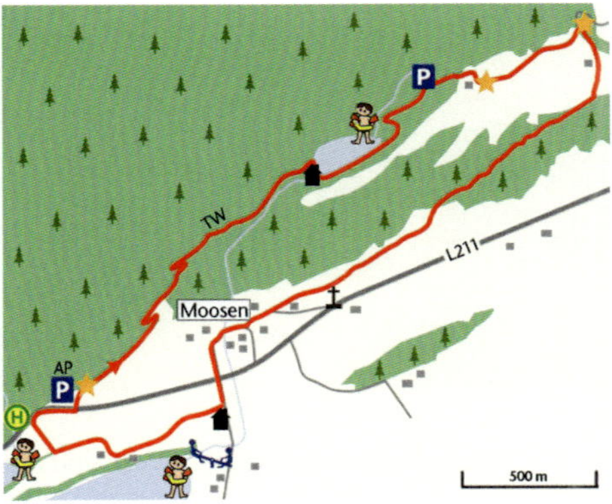

Wegbeschreibung: Am Parkplatz beginnt der Rundweg bergblickend rechts hinten bei der Schotterforststraße mit Schranken und großer Übersichtstafel, dem Weg bis zum See folgen.

Mit Kinderwagen muss der Weg auf der rechten Seeseite gewählt werden, da der linke Weg verwurzelt und holprig ist.

Auf der gegenüberliegenden Seite, oberhalb der Liegewiese mit Badesteg, folgt ein kurzer Anstieg zum See-Parkplatz und danach auf der Asphaltstraße nochmals steil, aber in wenigen Minuten zum Bauernhof Salberg hinauf. Entlang der Asphaltstraße geht's wieder bergab. Beim Hofladen des Bauernhofs Kruckenhaus rechts in die Sackgasse abbiegen, direkt den Bauernhof ansteuern, links daran vorbei und dem Schild „Reintaler See/Moosen" folgen. Dieser Fahr-Wiesenweg führt unterhalb des Bauernhauses übers Feld, später durch den Wald und danach wieder übers Feld in den Ortsteil Moosen.

Geradeaus auf einer Asphaltstraße mitten zwischen den schönen Bauernhöfen durch, an zwei Brunnen vorbei und am Ende des Weilers der Linkskurve zur Landesstraße hinaus folgen.

Um nicht auf der Landesstraße retour zum Parkplatz gehen zu müssen, diese überqueren und rechts vor dem Haflingerhof in den Wiesenweg der Beschilderung „Reintaler See" folgen. Beim Kiosk kurz vor dem See den letzten Anstieg gerade hinauf zum Schranken und der Landesstraße nehmen. Abschließend rechts retour zum Ausgangspunkt.

17 Erzherzog-Johann-Klause (814 m)

Brandenberg: Geheimtipp entlang der Brandenberger Ache

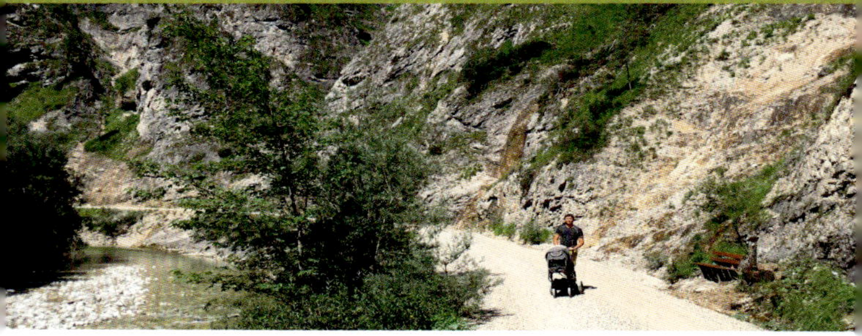

Seit der Schließung des Gasthauses Erzherzog-Johann-Klause sind nur mehr ein paar Radfahrerinnen und Almingerinnen unterwegs. Früher wurde die Ache für die Holztrift genutzt, heute erinnert nur noch die große Triftbrücke sowie die breitere Klause an diese Zeit. Im sogenannten Tal der Schmetterlinge windet sich die Brandenberger Ache sehr gemächlich durch die Landschaft. Großteils liegt der Weg oberhalb, aber an einigen Stellen ist ein Zugang zu schönen Schwimmgumpen gut möglich. Beim Hineinwandern kann man sich ja schon seinen Badeplatz für den Rückweg aussuchen. Das ist allerdings nur an sehr heißen Tagen im Hochsommer zu empfehlen, da das Wasser sehr frisch ist. Wer das Wasser etwas spektakulärer durch die Felsen rauschen sehen möchte, sollte die Kaiserklamm beim Kaiserhaus nicht versäumen!

Wetter: Anforderung: Gesamtdauer: 3 h

Anforderung: Mittel; 60 Hm; eine kleinere Steigung zur Klause; fein geschotterte Forststraße mit sehr wenigen Auswaschungen.

Dauer: Eine Strecke: 1 ¾ h; 5,3 km.

Wetter: Trockenes bis leicht feuchtes Wanderwetter oder im Hochsommer Badewetter.

Wanderwert für (Geschwister) Kinder:	
2–3 Jahre:	Da der unten beschriebene Weg lang ist, entweder einen kurzen Ausschnitt bis zur nächsten Plantschmöglichkeit an der Ache wählen (Wechselkleidung und Badesachen nicht vergessen) oder Kinderwagen für alle Kinder mitnehmen. Entlang des Weges sind manchmal kleine Wasserfälle. Als Alternative direkt zur Klamm fahren, siehe u. Wegbeschreibung.
4–6 Jahre:	Siehe u. 2–3 Jahre. In diesem Alter ist es empfehlenswert, mit den Kindern direkt in die Kaiserklamm zu gehen, siehe unter Wegbeschreibung.
Kinderfahrrad:	Möglich für sichere Radlerinnen, breite feine Schotterstraße, aber oft ungesichert zur Ache hinunter sowie Almverkehr.

Navi: 6234 Aschau/Brandenberg – Parkplatz Almopa.

Anfahrt: A12, Ausfahrt Kramsach, rechts Richtung Kramsach/Brandenberg, Kreisverkehr rechts und gleich links Schildern nach Aschau folgen, vor Aschau Schildern Pinegg und Kaiserhaus folgen, vor dem Kaiserhaus am Schotterweg links halten bis zum Parkplatz Almopa vor dem Schranken Trauersteg. Bei mehr Betrieb auch im Dreieck bzw. links entlang der Forststraße parken.

Bus/Bahn: Nicht empfehlenswert, als Alternative: Hst. Brandenberg in Tirol Kaiserhaus und hier Tragetour durch die Kaiserklamm bzw. mit dem Kinderwagen der Forststraße entlang Richtung Ellbach.

Ausgangspunkt/P: Kostenloser Parkplatz Almopa.

Infos/Gaststätten: *Erzherzog-Johann-Klause, im Moment geschlossen. *Kaiserhaus, Nähe Parkplatz beim Einstieg Kaiserklamm, Abenteuerspielplatz, Tel. +43 5331 5271, www.kaiserhaus.eu, Mai bis Okt, Ruhetag: Di (sowie bei Dauerregen geschlossen).

Wegbeschreibung: Beim Schranken geht's der Forststraße entlang. Nach der ersten Brücke, dem Trauersteg, links dem Weg und von hier bis zum Ziel immer rechts der Ache flussaufwärts folgen. Ungefähr auf halber Strecke ist rechts ein Brunnen mit Getränken (Kleingeld nicht vergessen!). Wenn man die Weggabelung mit Forsthaus erreicht hat, ist es nur mehr ein kleiner Stich links hinauf und schon ist die Triftbrücke mit der darüberliegenden Kapelle und dem Forsthaus Erzherzog-Jo-

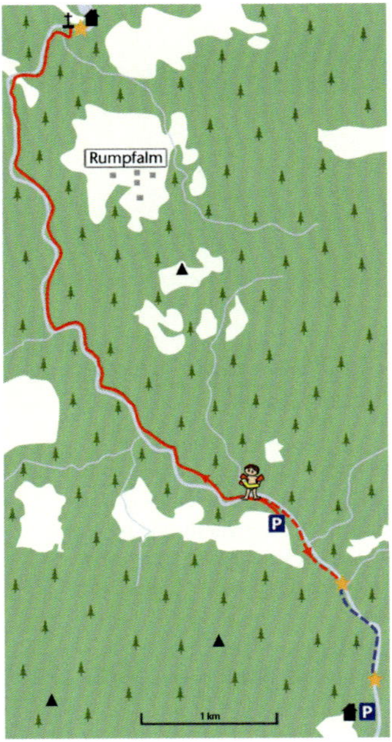

hann-Klause erreicht. Gleicher Rück- wie Hinweg.

Alternative Tragetour in die Kaiserklamm: Vom Parkplatz den Forstweg wie bei der Kinderwagentour starten und vor der ersten Brücke rechts in den Steig zur Kaiserklamm abbiegen. Die eigentliche Klamm ist nach einem Kilometer erreicht, sie ist 800 Meter lang und nur mit Trage oder zu Fuß begehbar. Kinder auf jeden Fall sichern, der Steig kann sehr rutschig sein! Gleicher Rück- wie Hinweg.
Alternativ fährt man zum kostenpflichtigen Parkplatz Kaiserhaus und geht von dort direkt zur Klamm.

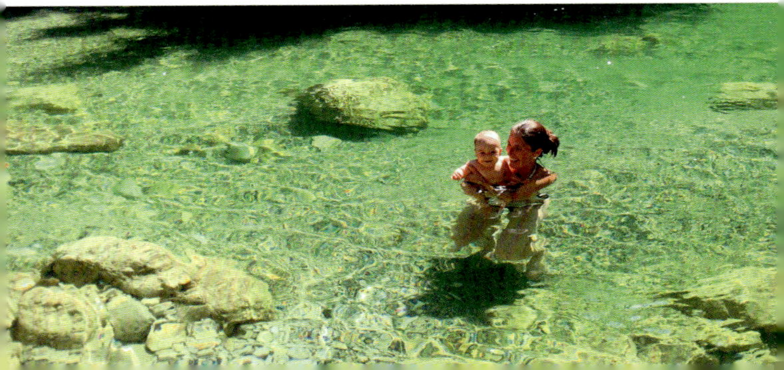

18 Kundler Klamm (550–625 m)

Kundl: barrierefreie Naturschlucht

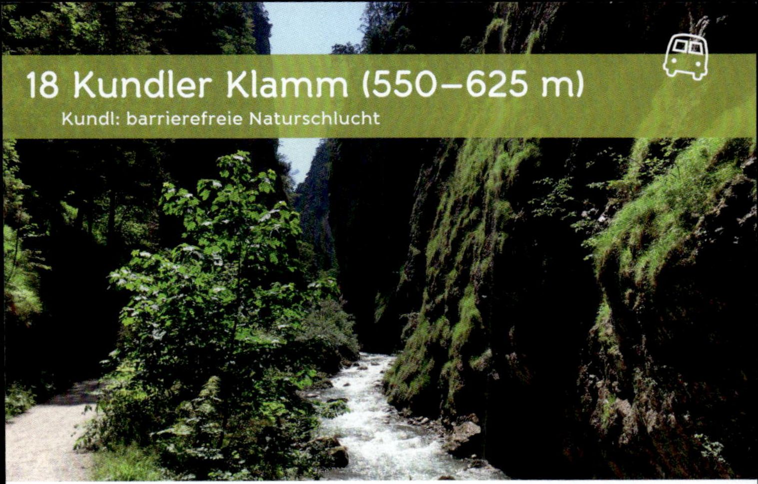

Zu Beginn konnte in der Klamm nur im Wasser Holz transportiert werden, erst viele Jahre später wurde eine Fahrstraße gebaut. Als kürzeste Verbindung zwischen der Wildschönau und Kundl wurde sie auch für den Viehauf- und Almabtrieb genutzt. Heute ist die Kundler Klamm eine leicht erreichbare, leicht wanderbare Naturschlucht für jedes Alter. Im Frühjahr beeindrucken während der Schneeschmelze die Wassermassen, im Sommer bietet die frische Ache Abkühlung und ein Farbenspiel der Steine.

Wetter: ◑ Anforderung: ● Gesamtdauer: 1 ¾ h

Anforderung: Leicht; 110 Hm; leicht ansteigende Forststraße, anfangs mit Autoverkehr bis Gasthaus Kundler Klamm, abschnittsweise grobe Schotterung und Durchquerung kleiner Seitenrinnsale, Wassertiefe je nach Wetter einige Zentimeter, geländegängiger Kinderwagen wird empfohlen.

Dauer: Hinweg: 1 h; 3 km pro Strecke. Verlängerung: ¾ h, 3 km; 150 Hm.

Wetter:	Schönwetterwanderung bis bei leichtem Regen, bei starkem Regen und im Winter von 15.11. bis 31.03. ist die Klamm aus Sicherheitsgründen gesperrt, Sonneneinfall je nach Tageszeit unterschiedlich (Nord-nach-Süd-Ausrichtung der Klamm).

Wanderwert für (Geschwister) Kinder:

2–3 Jahre:	Leichte Abstiege zum Wasser nur zu Beginn und am Ende der Wanderung. Bei abschüssigen Stellen bitte Kinder gut beaufsichtigen. Wer mit dem Bummelzug fahren möchte, startet am besten in Mühltal/Wildschönau, siehe Infos.
4–6 Jahre:	Siehe u. 2–3 Jahre.
Kinderfahrrad:	Nicht möglich: Fahrverbot für Fahrräder.

Navi: 6250 Kundl, Klammstraße 34, Parkplatz Kundler Klamm.

Anfahrt: A12 Wörgl West (von Kufstein kommend) bzw. Kramsach (von Innsbruck kommend), weiter auf der B171 nach Kundl, direkt von der Bundesstraße Abzweigung „Kundler Klamm/Saulueg“ nehmen, gleich wieder rechts abbiegen und ca. 300 m bis zum Parkplatz Kundler Klamm fahren.

Bus/Bahn: Bhf. Kundl, zu Fuß ca. 2 km, beim Bahnhofsausgang links halten bis zum Bach und dann stetig der Wildschönauer Ache aufwärts folgen, anfangs rechts des Baches und nach Überquerung der Dorfstraße linksseitig.

Ausgangspunkt/P: Kostenloser Parkplatz Kundler Klamm.

Infos/Gaststätten: Am Hauptweg: *Gasthaus Kundler Klamm, Tel. +43 5338 20620, www.kundlerklamm.at, ganzjährig geöffnet, Betriebsurlaub: Apr, Ruhetag: Mo. Auf der Verlängerung: *Jausenstation Waidmannsruh, Tel. +43 5339 8591, www.waidmannsruh.eu, Mitte Mai bis Anfang Okt, Ruhetag: Do. *Hotel Restaurant Schweizerhof, Tel. +43 5339 8902, www.schweizerhof.co.at, Saisonöffnungszeiten beachten. *Bummelzug, Richtpreis Hin- & Retourfahrt: € 8,50/Erw., € 5/Kind, € 19/Familie, Mitte Mai bis Mitte Okt, stündlich zwischen 10 und 16 Uhr Abfahrt Mühltal, www.bummelzug.com.

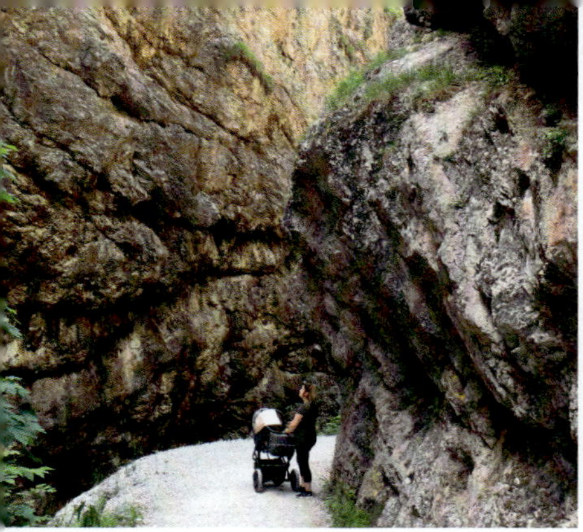

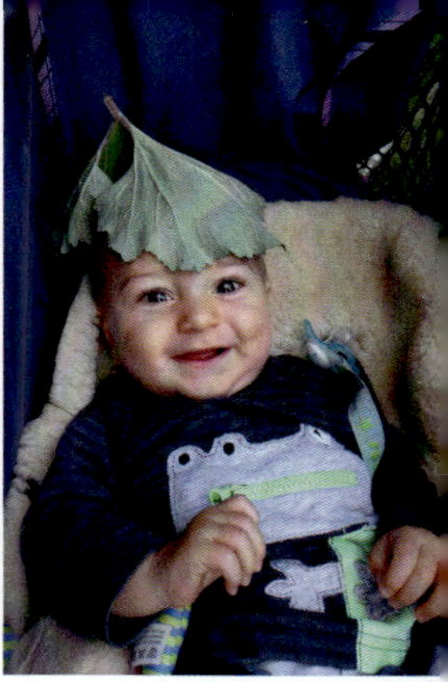

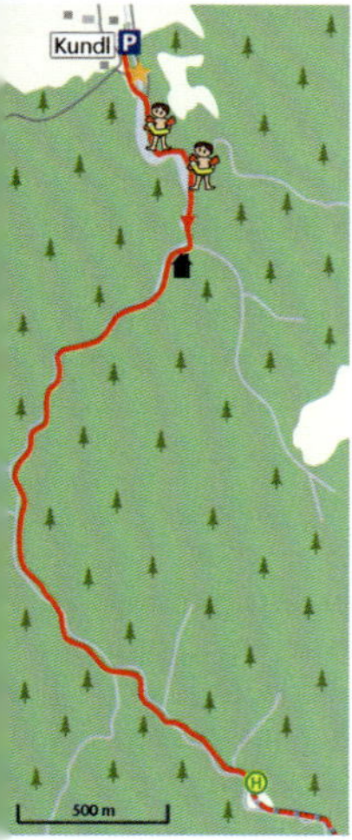

Wegbeschreibung: Am Haus der Steine rechter Hand vorbei, startet man über eine alte Holzbrücke mit vorgelagertem Wasserfall. Durch einen Felsentunnel hindurch und schon beginnen beiderseits die bis zu 200 Meter hohen Felswände. Nach 10 Minuten erreicht man das Gasthaus Kundler Klamm. Jetzt betritt man die eigentliche Schlucht, ab hier ist Fahrverbot. Der Weg steigt sanft an, verlässt das Bachniveau und führt etwas oberhalb weiter. Über Brücken und einen weiteren Tunnel windet sich die Schotterstraße durch die Schlucht und erreicht nach ca. 1 Stunde das Ende der Klamm und die Bummelzughaltestelle. Zur Rundwanderung geht's auf dem gleichen, aber durch den veränderten Blick auf das Wasser und die Felsen erneut spannenden Weg retour zum Ausgangspunkt.

Verlängerung: Wer an der Bummelzughaltestelle noch Energie hat, kann mehr oder weniger direkt am Bach, entlang von Wiesen und Bachauen, allerdings großteils auf Asphalt und ohne Schatten bis nach Mühltal wandern. Gemütlicher geht's gegen eine Gebühr (siehe Info) mit dem Bummelzug nach Mühltal und retour.

19 Thierbacher Koglweg (1150 m)

Wildschönau: beschaulicher Familienerlebnisweg

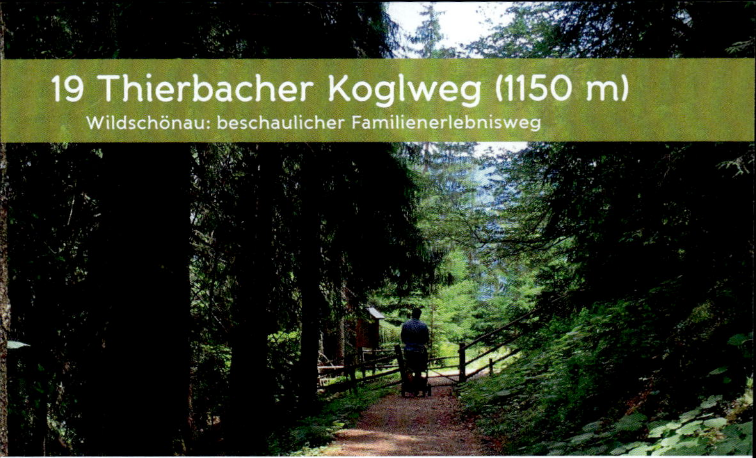

Der Themenweg schlängelt sich beschaulich durch Wald und Flur, ganz nach dem Motto WANAKU – WaldNaturKultur. Interaktive Stationen und ein Waldspielplatz lockern den Weg auf. Das Gebiet zeichnet sich eher durch seine liebliche Landschaftsform und weniger durch schroffe Bergspitzen aus. Die Ausblicke auf die umliegenden Berge wie Schatzberg, Gratlspitz und ins Inntal sind trotzdem wunderschön. Konditionsstarke können eine nette Verlängerung anhängen.

Wetter: Anforderung: Gesamtdauer: 1 ½ h

Anforderung: Mittel; 200 Hm; mäßige Steigungen, großteils gut geschotterter Weg, kurze Passagen holprig, Rest Asphaltstraße. Panoramaweg nur bis Hörbighof kinderwagentauglich, ⅓ Wiesenweg – nur mit geländegängigem Kinderwagen.

Dauer: RW: 1 ½ h; 3,2 km. Variante und Verlängerung bis Hörbighof zusätzlich ¾ h; 2,5 km.

Wetter: Schönes Wanderwetter, auch im Hochsommer geeignet.

Wanderwert für (Geschwister) Kinder:	
2–3 Jahre:	Waldspielplatz mit Picknickplatz und Ruheliegen, auch gut zum teilweise Selbst-Spazieren.
4–6 Jahre:	Interaktive Stationen mit Informationen zur Tier- und Pflanzenwelt. Gehfreudige Kinder finden bei der Verlängerung noch ein Labyrinth, eine Waldschulklasse und ein Baumhaus vor.
Kinderfahrrad:	Nicht geeignet.

Navi: 6311 Thierbach/Wildschönau, Dorf 23, Parkplatz bei der Pfarrkirche.

Anfahrt: Autobahn A12 Ausfahrt Wörgl, Bundesstraße B171 durch Wörgl bis Abzweigung Wildschönau, durch Niederau und Oberau, in Mühltal direkt in der scharfen Linkskurve rechts nach Thierbach abbiegen. Nach ca. 5 km direkt an der Kirche mitten in Thierbach parken.

Bus/Bahn: Nicht geeignet.

Ausgangspunkt/P: Kostenloser Parkplatz bei der Kirche in Thierbach.

Infos/Gaststätten: *Traditionsgasthof Sollererwirt, Gerichte aus eigenen und regionalen Zutaten, Speckbacher Bauernstube, Spielplatz, Tel. +43 5339 8913, www.wildschoenau-sollererwirt.com, Pfingsten bis Mitte Okt, Ruhetag: Mo. *Gasthof Gradlspitz, Spielecke innen und Trampolin außen, Tel. +43 5339 8805, www.gradlspitz.at, Juni bis Sep, Ruhetag: Mi. *Hörbighof, Stammhaus der Schauspielerfamilie Hörbiger aus dem 16. Jhdt., Tel. +43 5339 8809, Mai bis Sep, Ruhetage: Mi & Do.

Wegbeschreibung: Am Parkplatz mit Blick zur Kirche findet man links die Übersichtstafel des Erlebnisweges (auch kleine Panoramakarten zum Mitnehmen). Direkt links daneben die Straße aufwärts bis zum Sollererwirt nehmen, auf der asphaltierten, leicht abfallenden Straße links zeigt das "WANAKU"-Schild den Beginn der „Koglrunde“.
Über Felder mit Blick links zum Schatzberg und gerade zum Gratlspitz findet man schon die 1. Station, den Heustadl mit Heuliegen. Nach einer kleinen Walddurchquerung steigt der Weg leicht an, nun rechts halten und wieder rechts am Bauernhof vorbei. Schon eröffnet sich das erste Mal ein Blick ins Inntal. Bei der nächsten Gabelung geht der Weg in einen ansteigenden Schotterweg durch den Wald über.

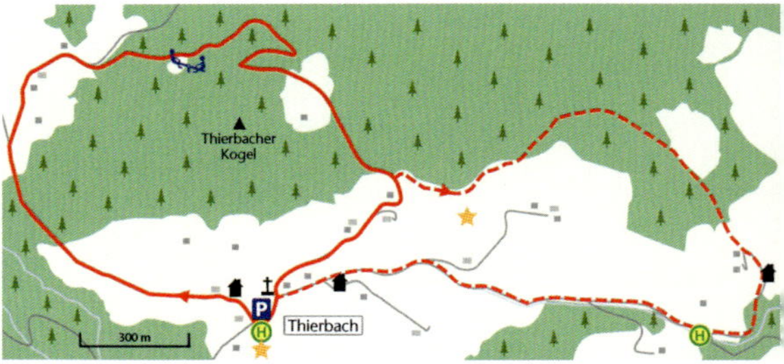

Der Anstieg wird nach dem Energiebaum rechts mit dem Waldspielplatz belohnt.
Weiter durch den Wald am Wildschönauer Drachen vorbei und geradeaus zum Steinkreis.
Achtung: Mit Kinderwagen hier bitte auf dem Schotterweg bleiben, nicht den Schildern folgen. Vorbei am Insektenhotel links über eine Lichtung wieder in den Wald zum letzten Anstieg. Hier ist teilweise der Schotter etwas gröber und feststellbare Räder sind von Vorteil. Wer nicht zum Hörbighof verlängern möchte, bleibt bei der Abzweigung „Koglrunde" links, gerade am Schotterweg, welcher im späteren Verlauf auf einer asphaltierten Straße zurück nach Thierbach führt.

Verlängerung Hörbighof: Bei der o.a. Abzweigung der Beschilderung zur Koglrunde links hinunter folgen. Für schöne Ausblicke unbedingt zum Aussichtspunkt mit Labyrinth hinauf gehen. Großteils im Wald geht's an weiteren Stationen wie der Waldschulklasse, dem Mutter-Gottes-Baum oder einem Bienenschaubaum vorbei. Vom Hörbighof zur Dorfstraße hinunter und dieser entlang retour zum Ausgangspunkt.

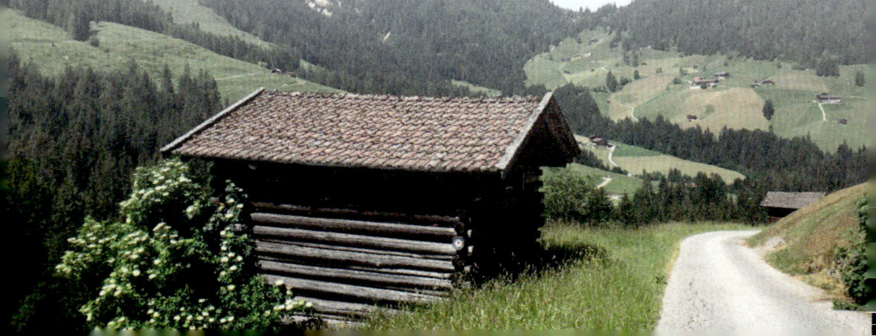

20 Kundler Almen (1230 m)

Auffach/Wildschönau: vom Schönanger in den Talschluss

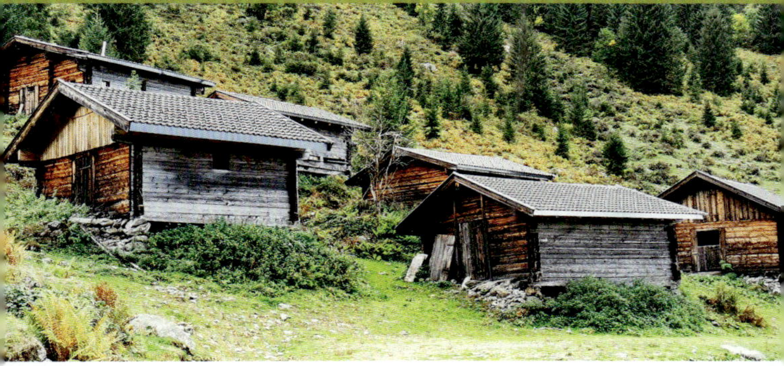

Der Talschluss der Wildschönau bietet etwas für die ganze Familie. Bereits beim Start befindet sich das kinderfreundliche Ausflugsziel Schönangeralm, siehe Infos, und die Wanderung zu den nicht bewirtschafteten Kundler Almen ist auch im Winter sehr schön. Kurz vor den Almen kann man direkt zum Bach mit den schönen, roten Steinen – ideal zum Steinmännchenbauen und zum Plantschen. Für die Konditionsstärkeren bietet sich der eher steilere Retourweg über einen Berghang an. Im Hochsommer gibt es hier Moosbeeren, Preiselbeeren und Brombeeren.

Wetter: Anforderung: Gesamtdauer: 1 ¾ h

Anforderung: Mittel; 150 Hm; anfangs und kurz vor den Almen jeweils eine moderate Steigung; Schotterweg.

Dauer: Eine Strecke: 1 h, 2,5 km. Rundwegverlängerung: zusätzlich 150 Hm, Retourweg um 1 km und ca. 1 h länger.

Wetter: Schönes bis bedecktes Bergwetter. Winterwanderweg am besten mit Rodel. ⅕ im Wald, aber Schatten durch Berge je nach Tageszeit.

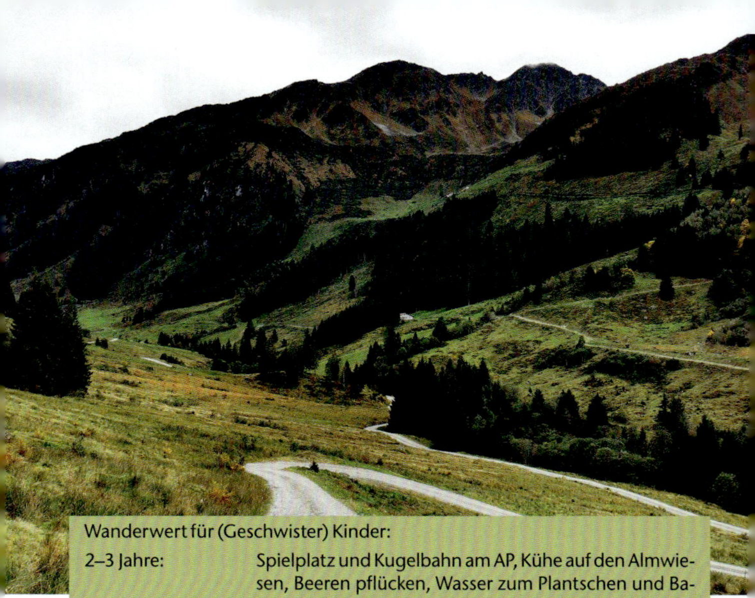

Wanderwert für (Geschwister) Kinder:

2–3 Jahre:	Spielplatz und Kugelbahn am AP, Kühe auf den Almwiesen, Beeren pflücken, Wasser zum Plantschen und Bacherl leiten sowie Steinmandl bauen. Bummelbahnfahrt aus der Wildschönau hin & retour möglich.
4–6 Jahre:	Siehe u. 2–3 Jahre.
Kinderfahrrad:	Nicht geeignet.

Navi: 6313 Wildschönau, Schönanger 205.

Anfahrt: A12 Ausfahrt Wörgl, Bundesstraße B171 durch Wörgl bis Abzweigung Wildschönau, durch Niederau, Oberau und Mühltal, in Auffach der Straße noch ca. 6 km weiter folgen bis zur Schönangeralm.

Bus/Bahn: Möglich, aber umständlich: Hst. Auffach in Wildschönau Schatzbergbahn Talstation, von hier weiter mit der Bummelbahn bis Alpengasthof Schönangeralm.

Ausgangspunkt/P: Kostenfreier Parkplatz beim Alpengasthof Schönangeralm.

Infos/Gaststätten: *Alpengasthof Schönangeralm, Ausflugsziel mit Spielplatz, Kugelbahn und Tieren sowie Schaukäserei mit Führungen, Tel. +43 664 3267616, www.schoenangeralm.at, Mai bis Okt und Dez bis März, Ruhetag: Di. *Bummelbahn, Richtpreis: € 7/Strecke bzw. € 10 retour, Kinder halber Preis, Tel. +43 5339 20152, www.bummelbahn.com, Mai bis Okt, 3x täglich.

Wegbeschreibung: Direkt am Parkplatz taleinwärts den ersten Anstieg auf der Forststraße zur Almkapelle aufwärts nehmen und dann fast eben rechter Hand dem Schild „Rundgang Schönanger" folgen. Nach einer halben Stunde kreuzt man die Wildschönauer Ache und es gibt ab hier die Möglichkeit zu plantschen, Wasser zu leiten oder Steinmännchen mit roten Steinen zu bauen. Nun gehts 10 Min. steiler bergauf am Bach entlang, bevor man rechts zu den Kundler Almen (nicht bewirtschaftet) abbiegen kann. Herrlicher Blick talauswärts und über den Almboden mit den Tieren. Gleicher Rück- wie Hinweg.

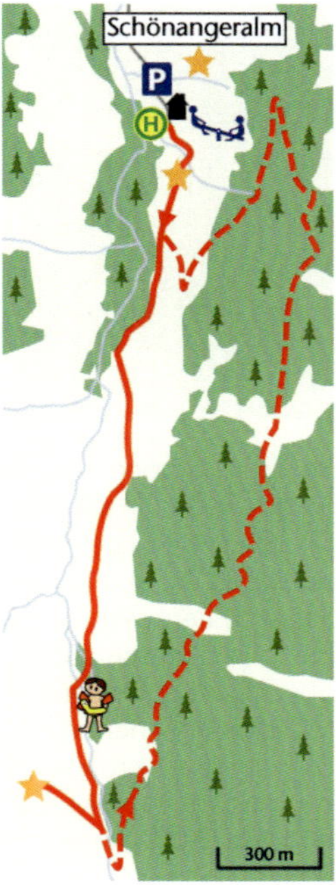

Wer noch Energie hat und zur Erntezeit auf Beerensuche gehen möchte, folgt dem Rundweg weiter taleinwärts, welcher dann links halbhoch, gesäumt von Beeren und schönen Ausblicken, großteils durch den Wald talauswärts führt. Hoch über der Schönangeralm geht's in Serpentinen wieder retour ins Tal und an der Kapelle retour zum Ausgangspunkt.

21 Markbachjoch (1496 m) – Holzalm (1438 m)

Niederau/Wildschönau: Gipfelsiege mit Kinderwagen und Kasalm

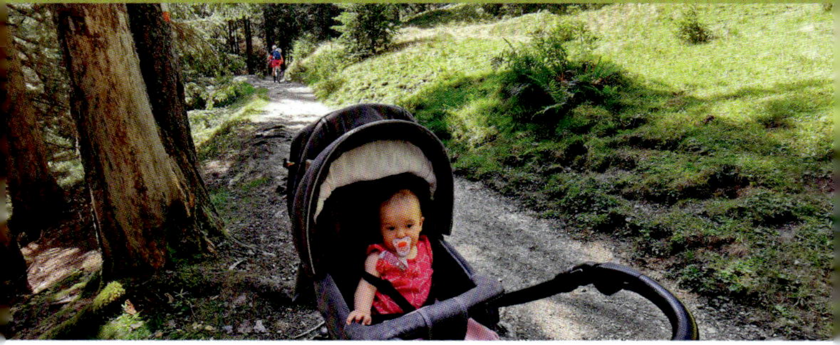

Bei dieser besonderen Tour kommt selbst mit Kinderwagen richtiges Bergsteig-Gefühl auf. Schon bei der Talstation wird die Bergtauglichkeit mit zehn Stufen getestet. Oben angelangt eröffnet sich ein weiches, hügeliges Wald- und Wiesengebiet mit traumhaftem Blick in die umliegende Bergwelt. Wer sich's gemütlich machen möchte, bezwingt das erste Gipfelkreuz direkt neben der Bergstation und geht dann nach oben über Kuhweiden zur Kapelle und dem Gipfel des Markbachjochs mit Rundumpanorama. Als Einstiegs- bzw. Kinderwagen-Bergtour vom Feinsten zeigt sich der breite Wandersteig durch Wald und über Wiesen zur Holzalm. Am Ziel wartet eine Almkäserei mit Abenteuerspielplatz und Ausschank. Trageoption über weitere Gipfel möglich.

Wetter: Anforderung: Gesamtdauer: 2 h

Anforderung: Mittel bis schwer; 110 Hm; unbedingt geländegängiger Kinderwagen, großteils breiter Waldweg, Wurzeln, einige größere Steine, zur Holzalm ein Stück sehr steil und unwegsam, am besten zu zweit bzw. rückwärts überwinden, retour kontinuierliche Steigung.

Dauer: Hinweg: 1 ½ h plus Verweildauer, retour ½ h; gesamt: 5,7 km.

Wetter:	Schönes Bergwetter (auch für's Panorama), trockener Untergrund ist wichtig, ⅓ des Weges im Wald.

Wanderwert für (Geschwister) Kinder:

2–3 Jahre:	Tiere, wie Ziegen (Futterautomat, 50-Cent-Münzen mitnehmen) und Kühe sowie Spielplätze am Weg und am Ziel. Bunte Paragleiter starten neben der Bergstation.
4–6 Jahre:	Siehe u. 2–3 Jahre.
Kinderfahrrad:	Nicht möglich.

Navi: 6314 Niederau/Wildschönau, Dorfst. 91; Parkplatz Markbachjoch Gondelbahn.

Anfahrt: A12 Ausfahrt Wörgl, B171 Richtung Wörgl, Abzweigung Wildschönau, dieser folgen bis Niederau, in scharfer Rechtskurve links zur Markbachjochbahn abbiegen und gleich nach der Kirche rechts zum Parkplatz Markbachjochbahn – vom Parkplatz zur Talstation unbedingt rechts der Station hinauf, dann sind es nur mehr wenige (10) Stufen zum Gondeleinstieg.

Bus/Bahn: Hst. Niederau in Wildschönau Lanerköpfllift – auf der Straße, auf der man gekommen ist, retour, bei der scharfen Kurve geradeaus, nach ca. 250 m nach der Kirche rechts zur Talstation der Gondelbahn hinauf.

Ausgangspunkt/P: Bergstation Markbachjochbahn.

Infos/Gaststätten: *Markbachjochbahn, Richtpreis: € 14,50/8 Berg- & Talfahrt Erw./Kinder – Achtung: max. Breite Kinderwagen: 60cm, da Bänke nicht klappbar und somit nicht für Doppelkinderwägen geeignet!, Tel. +43 5339 8310, www.skijuwel.com, Mai bis Mitte Okt. *Markbachjochalm mit Almladen, Spielplatz und Ziegen am Start, Tel. +43 5339 8324, Öffnungszeiten wie Bergbahn, Ruhetag: Di. *Holzalm/Kasalm, Käserei mit Führungen (Dienstag 13:30 Uhr), nur eigene Produkte, auch zum Mitnehmen, Tipp: Brettljause! Spielplatz und Streichelzoo mit Ziegen und Kälbchen am Ziel, Tel. +43 680 3079862, www.holzalm.at, Ende Mai bis Anfang Okt, täglich geöffnet.

Wegbeschreibung: Bei der Bergstation wartet gleich links das erste Gipfelkreuz mit Aussicht auf die Niederau und ins Inntal. Weiter links über Almwiesen geht es hinauf zur Kapelle und zum Gipfelkreuz Markbachjoch mit Rundum-Bergpanorama (Rofan, Wilder Kaiser, Hohe Salve, Kitzbüheler Horn, Penningberg, Kelchsau). Einfacher ist es, statt

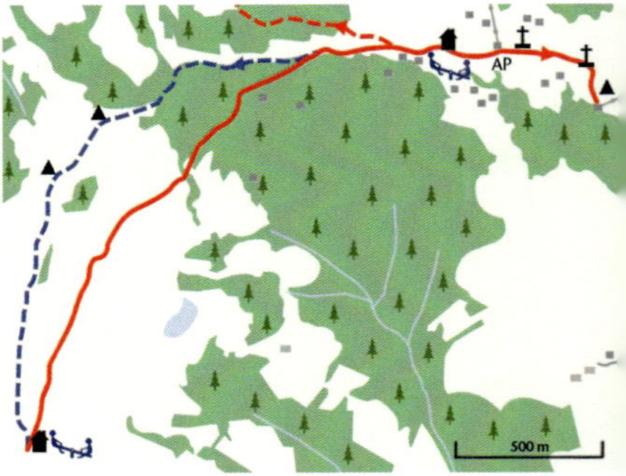

gerade hinauf rechts den angedeuteten Feldweg zu nehmen. Gleicher Weg retour an der Bergstation vorbei Richtung „Holzalm/ Käsealm (Weg Nr. 2)“. Vorne links sieht man schon auf der rechten Hangseite mittig das Ziel. An der Markbachjochalm vorbei und dann links leicht ansteigend zum Wald hinauf. Durch den Wald geht's auf und ab, nach dem letzten Teil folgt ein sehr steiler Anstieg mit grobem Untergrund (zu zweit bzw. rückwärts über die Wurzeln hinauf). Dafür wird man mit dem Blick in den Talkessel und auf die Holzalm belohnt. Über den breiten Wiesen- und später Forstweg geht's leicht abwärts zur Alm. Gleicher Rück- wie Hinweg retour zur Bergstation.

Trageoption: Beim Wald den Schildern „Halsgatterl/Rosskopf“ folgen. Abstieg über „Holzalm/Käsealm“ und Kinderwagenrunde retour (Halsgatterl 1 h, 90 Hm/130 Hm abwärts, 2,2 km; Rosskopf doppelt so weit).

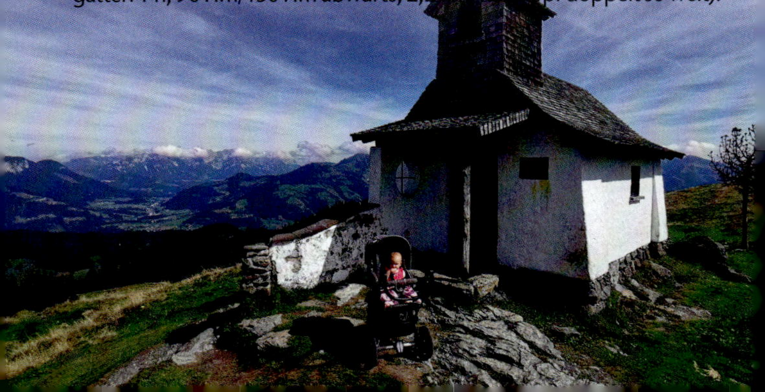

22 Schneerosental

Mariastein: versteckte Ganzjahreswanderung mit variabler Distanz

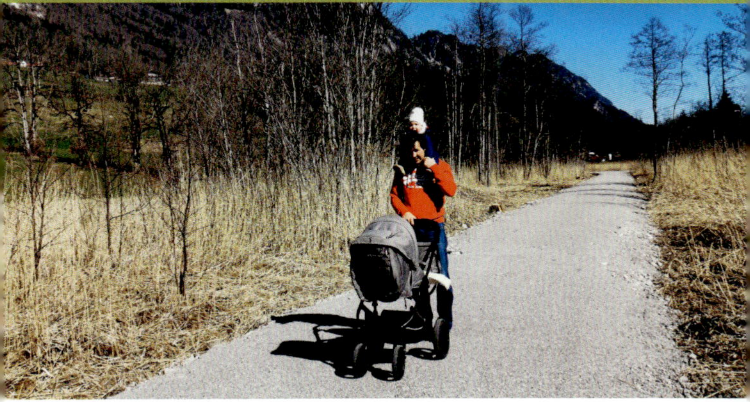

Seit 2020 gibt's einen gemütlichen Wanderweg direkt von Mariastein ins Schneerosental. Somit lässt sich nun ein Besuch der einzigartigen Wallfahrtskirche mit einer fast ebenen Wanderung ins idyllische Tal verbinden. Für die Kleinen gibt es in der Nähe des Parkplatzes einen Spielplatz. Die Runde ist beliebig verlängerbar, entweder mit gleichem Rückweg oder einer Rundwanderung mit Rückweg durch die oberhalb liegenden Weiler. Fische im Bach und eine Forellenzucht, eine Pferdekoppel, Weidetiere im Frühling und Herbst machen die Strecke auch für Kinder kurzweilig. Auf der Verlängerung gibt es Lamas und Alpakas bei der Schönanger Hütte. Im Winter führt der Weg parallel zur Langlaufloipe.

Wetter: ☀ ☂ ☃ ○ Anforderung: ● Gesamtdauer: 1 h

Anforderung: Leicht; fast eben; großteils gut befestigter, breiter Wanderweg.

Dauer: Eine Strecke: ½ h; 1,5 km.

Wetter:	Zu jeder Jahreszeit, keine offizielle Räumung im Winter, der Weg ist allerdings schnell ausgetreten.

Wanderwert für (Geschwister) Kinder:

2–3 Jahre:	Spielplatz und Tiere entlang des Weges.
4–6 Jahre:	Siehe u. 2–3 Jahre.
Kinderfahrrad:	Guter, ebener und fein geschotterter Weg ohne Verkehr. Obwohl ein reiner Wanderweg, stört sich vermutlich niemand an Kinder- oder Laufrädern.

Navi: 6324 Mariastein, Nähe Embach 67, Parkplatz unterhalb Wallfahrtskirche auf L211.

Anfahrt: A12, Ausfahrt Langkampfen, Niederbreitenbach, Richtung Mariastein, Parkplatz direkt unterhalb der Wallfahrtskirche an der L211 Mariasteinerstraße rechts.

Bus/Bahn: Nicht empfehlenswert.

Ausgangspunkt/P: Kostenfreier Parkplatz unterhalb der Wallfahrtskirche Mariastein.

Infos/Gaststätten: *Schlossblick, Tiroler Wirtshausküche mit Terrasse, Tel. +43 5332 56329, www.schlossblick.at, Mai bis Okt und Dez bis März, Ruhetage: Mo & Di.

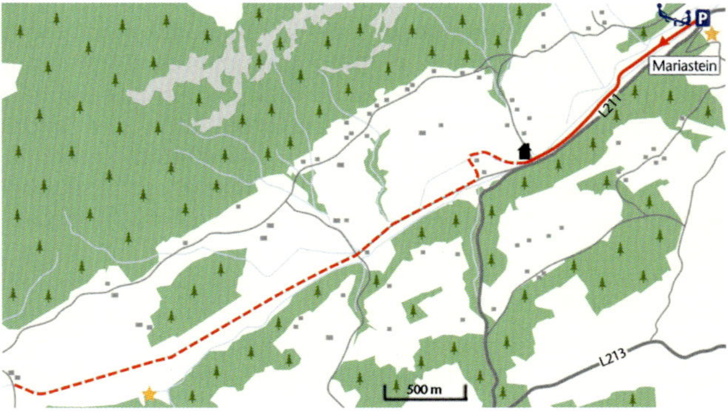

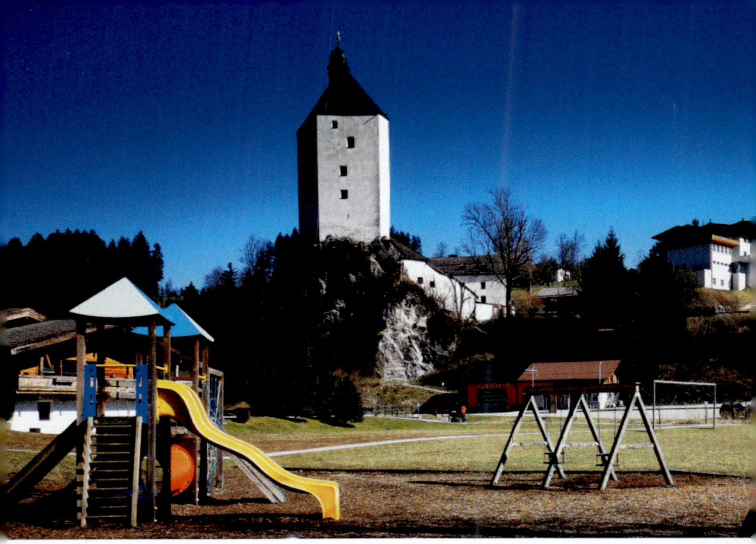

Wegbeschreibung: Beim Parkplatz rechts über die kleine Brücke gehen und dann links dem Bach entlang folgen. Es geht fast eben zuerst auf der rechten und dann auf der linken Bachseite bis zur Pferdekoppel. Gleicher Rück- wie Hinweg.

Für die **Verlängerung** einfach der Straße links vom Schlossblick bis zum Forellenhof folgen. Danach gleich links über den Feldweg zur Straße (wer keinen geländegängigen Kinderwagen hat, von der Pferdekoppel geradeaus der Straße und rechts beim Schild „P Schneerosental" weiter dem Bach folgen). Nun der asphaltierten Straße auf der linken Bachseite bis zur nächsten Kreuzung folgen. Ab hier geht die Straße in einen Feldweg mit Fahrverbot über und man kann bis zum Weiler Schönau gehen. Gleicher Rück- wie Hinweg bzw. als Rundtour kann man rechts zu den Höfen hinauf gehen und hier der wenig befahrenen Straße entlang zurück gehen (Verlängerung Schönau pro Strecke: 1 ¼ h; 3,7 km).

23 Kufstein

Verbindung von Natur und Kultur

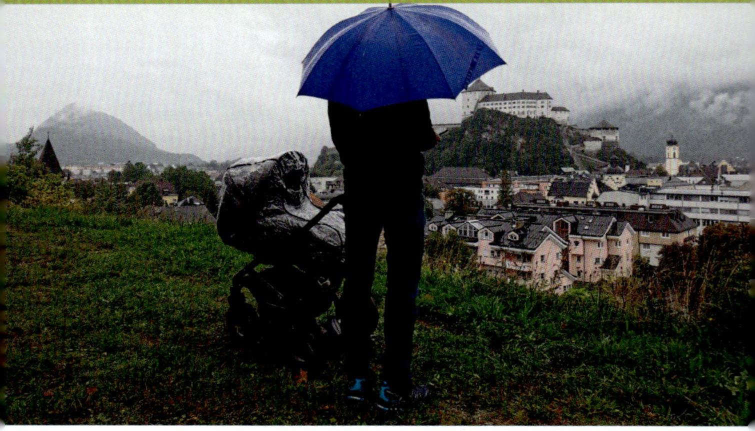

Eine Tour durch Kufstein verbindet das geschäftige und moderne Treiben der zweitgrößten Stadt Tirols mit einer Wanderung ins Grüne. Gestartet wird beim Motorikpark außerhalb der Stadt. In einer Runde geht's über den Kalvarienberg zum FH-Campus und über das Kulturquartier zur Festung und in die Altstadt. Wer möchte, kann auch in umgekehrter Richtung gehen oder in einem Parkhaus direkt in der Stadt parken bzw. mit öffentlichen Verkehrsmitteln anreisen. Hinweis: Die größte Freiluftorgel der Welt erklingt täglich um 12 Uhr über der Stadt.

Wetter: Anforderung: Gesamtdauer: 1 ¼ h

Anforderung:	Leicht; 60 Hm; eine sportliche Steigung auf den Kalvarienberg; großteils Asphalt, Waldweg im Motorikpark.
Dauer:	RW: 1 ¼ h; 4 km.

Wetter:	Jedes Wetter, auch bei leichtem Regen, die Motorikparkrunde ist nur bei trockenem Wetter empfehlenswert.

Wanderwert für (Geschwister) Kinder:	
2–3 Jahre:	Motorikparkstationen, Kneippanlage, Brunnen und Spielplätze entlang des Weges.
4–6 Jahre:	Siehe u. 2–3 Jahre.
Kinderfahrrad:	Geeignet beim Motorikpark, die Stadtrunde ist weniger geeignet (Gehsteige, Verkehr).

Navi: 6330 Kufstein, Pienzenauerstraße 24.

Anfahrt: A12, Ausfahrt Kufstein, Richtung Zentrum, der Einbahnregelung in die Madersperger- und Schillerstraße folgen, bei der ersten Gelegenheit rechts in die Josef-Egger-Straße einbiegen, welche dann zur Pienzenauerstraße wird. An deren Ende befindet sich rechts die Kurzparkzone. Wenn man sich länger in der Stadt aufhalten möchte, ein Parkhaus in der Stadt wählen und direkt in die Route einsteigen.

Bus/Bahn: Bhf. Kufstein, direkter Einstieg vom Bahnhof über die Innbrücke, danach rechts.

Ausgangspunkt/P: Eingang Motorikpark bei der Kurzparkzone Motorikpark Kufstein, 120 min gebührenfrei.

Infos/Gaststätten: *Einkehrmöglichkeiten entlang des Weges in der Stadt Kufstein.

Wegbeschreibung: Vom Ausgangspunkt geht's links durch den Motorikpark, am Kriegerdenkmal vorbei und über den Kienbach. Diesem dann links entlang bis zum Spielplatz folgen. Hier rechts halten und rechts am Wohnhaus vorbei. Vor uns erhebt sich nun der Kalvarienberg mit einem herrlichen Blick über die Stadt.

Für diesen Abstecher rechts etwas um den Berg herum und gleich links den sehr sportlichen Wanderweg in 5 Minuten hinauf nehmen. Wieder unten angelangt, gleich links Richtung Friedhof, welchen man rechts umgeht, auf der gegenüberliegenden Seite befindet sich die Fach-

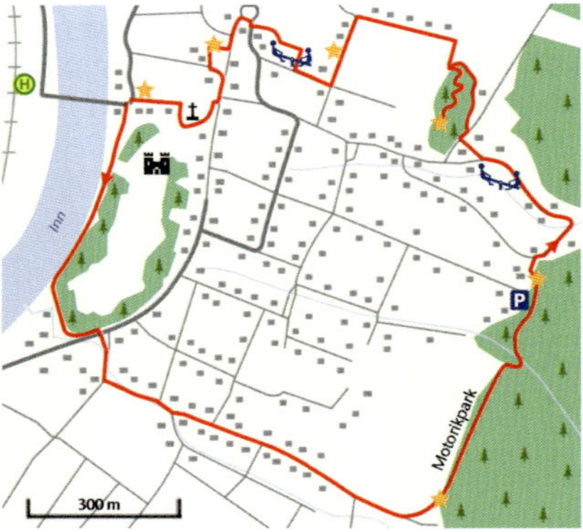

hochschule. Hier links um das Gebäude herum und in den Stadtpark gehen. Diesen links durchqueren und wieder links in die Hans-Reisch-Straße bis zum oberen Stadtplatz (rechter Hand liegt das Kulturquartier mit lässigen Lokalen).

Nach dem Rathaus rechts hinauf zur Pfarrkirche und über den Festungseingang linker Hand geht's rechts hinunter zum unteren Stadtplatz. Am unteren Ende ist der Marienbrunnen, rechts sieht man das Stadttor mit alten Stadtmauerresten dahinter und links geht's weiter durch die Altstadt zum Innufer.

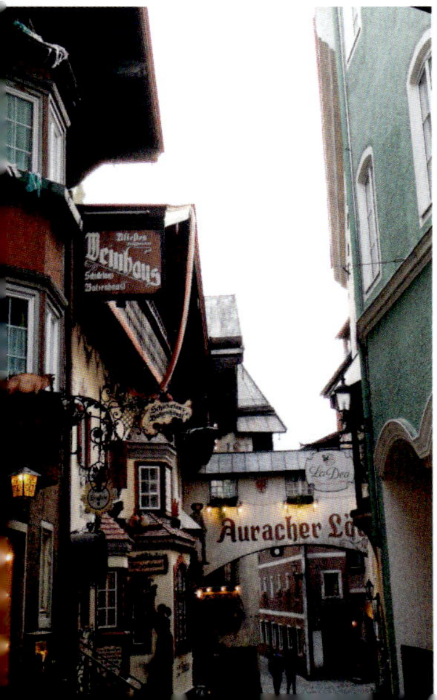

Der Innpromenade am Festungsberg entlang folgen bis zur Wirtschaftskammer, hier rechts in die Weissachstraße und dann gleich links in die Mitterndorfer Straße einbiegen. Die Straße führt direkt zurück zum Wald, man folgt ihr durch die Motorikparkstationen links zurück zum Ausgangspunkt.

24 Thiersee (678 m)

Themenweg rund um den See

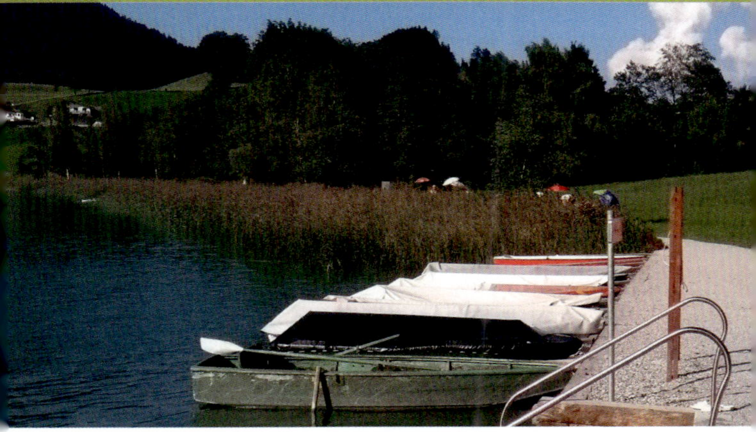

Idyllischer See zu Füßen des Pendlings in den Brandenberger Alpen. Die Runde führt direkt am See entlang und eignet sich zu jeder Jahreszeit, auch bei Schneelage. Rund um den See erklärt der Themenweg „Tiroler Traumfabrik“ in verschiedenen Stationen die Filmgeschichte der Region. Im Sommer lässt sich die Runde mit Baden und Plantschen im See verbinden. Wer möchte, sollte sich auch das Passionsspielhaus oberhalb des Sees ansehen, ein beeindruckendes Holzkunstwerk.

Wetter: Anforderung: Gesamtdauer: ¾ h

Anforderung:	Leicht; fast eben; gut geschotterter Wanderweg um den See, Zuwege teils asphaltiert.
Dauer:	RW: ¾ h; 2,4 km.
Wetter:	Trockenes bis leichtes Nieselwetter, nachrangige Winterräumung. Sehr wenig Schatten.

Wanderwert für (Geschwister) Kinder:	
2–3 Jahre:	Spielplatz beim Strandbad, immer wieder Plantschmöglichkeiten im Sommer.
4–6 Jahre:	Siehe u. 2–3 Jahre, zusätzlich Stationen des Themenwegs.
Kinderfahrrad:	Gut geeignet.

Navi: 6335 Thiersee, Vorderthiersee 71 – vorher rechts Parkplatz.

Anfahrt: A12, Ausfahrt Kufstein B171 bis Abzweigung Thiersee, in Vorderthiersee bei Abzweigung Mitterland Hinterthiersee, Parkplatz rechts neben der Straße.

Bus/Bahn: Hst. Thiersee Passionsspielhaus, Toureinstieg entlang der Route direkt beim Passionsspielhaus Richtung See.

Ausgangspunkt/P: Kostenpflichtiger Parkplatz Vorderthiersee, Richtpreis: € 2/Tag.

Infos/Gaststätten: *Zum Thierseer Platzl, Pizzeria, Tel. +43 5376 20444, www.zum-thierseer-platzl.com, täglich geöffnet. *MioMondo Restaurant, Tel. +43 670 6065585, www.restaurant-miomondo.at, täglich geöffnet.

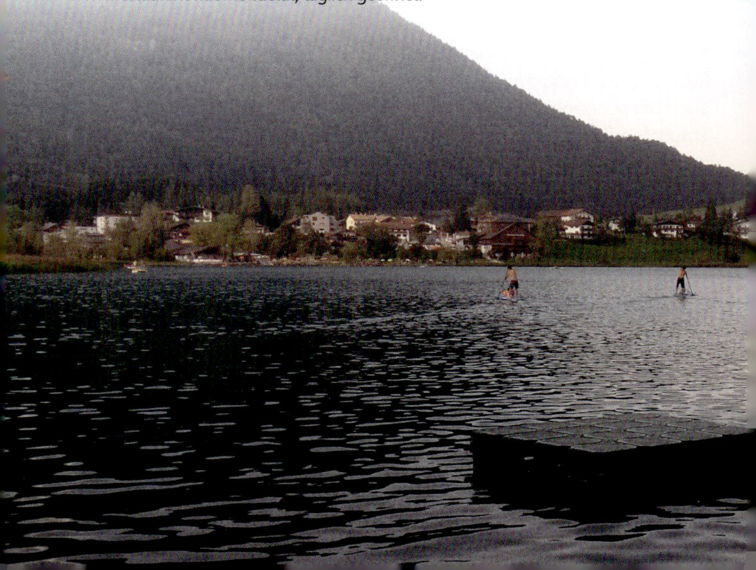

Wegbeschreibung: Vom Parkplatz leicht rechts führt ein Feldweg direkt zum See. Diesen rechts herum umrunden, sodass man mit den Spielstationen und dem Strandbad abschließt. Bevor man zum Strandbad kommt, rechts Richtung Passionsspielhaus und gleich links durch die verschiedenen Spielstationen bis zum Bach gehen. Hier rechts entlang und links retour zum Parkplatz.

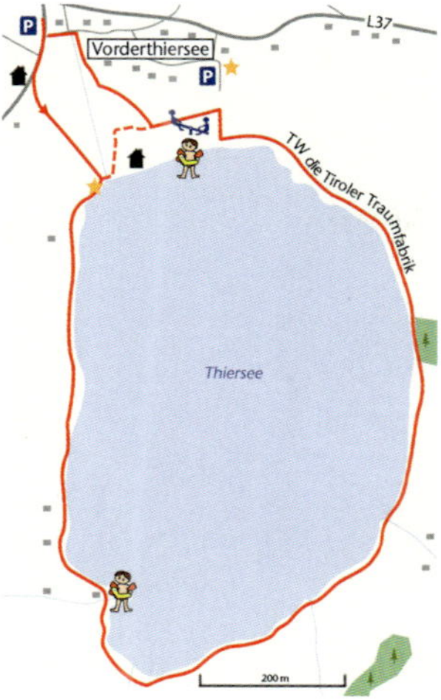

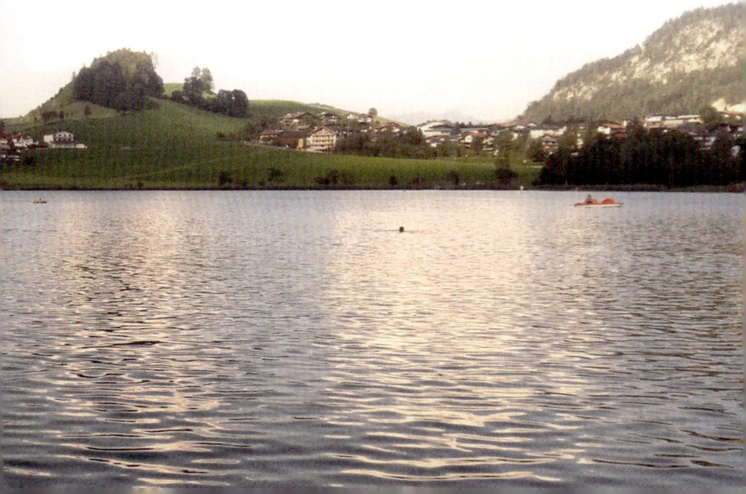

25 Hechtsee (542 m)

Kufstein: Seerundweg zu allen Jahreszeiten

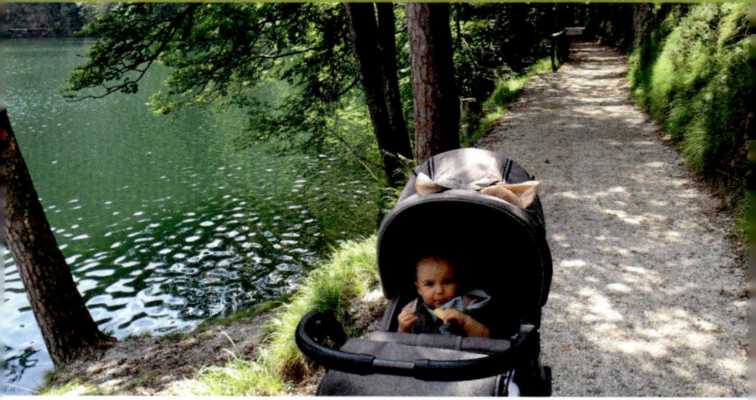

Die Runde um den idyllischen See vor den Toren Kufsteins eignet sich in jeder Jahreszeit. Im Frühling und Herbst genießt man die ersten bzw. letzten Sonnenstrahlen sowie das herrliche Farbenspiel der Blätter. Im Sommer kühlt der Wald und ein anschließender Sprung in den See. Das Wasser ist sehr fischreich. Von einer kleinen Aussichtsplattform nahe dem Ablauf kann man die Fische besonders gut beobachten. Auf der Nordseite des Sees wartet ein herrliches Panorama über den See mit dem Wilden Kaiser im Hintergrund. Im Winter wird der Weg nachrangig geräumt, doch auch zu dieser Jahreszeit ist die Runde sehr schön. Manchmal ist sogar Eislaufen möglich. Wer noch Energie hat und einen schönen Spaziergang mit der Trage machen möchte, kann den Einsiedler am Thierberg besuchen.

Wetter: Anforderung: Gesamtdauer: ¾ h

Anforderung: Mittel; fast eben; breiterer Wald- bzw. geschotterter Weg, teilweise mit Wurzeln.

Dauer:	RW: ¾ h; 2,7 km. Tragetour zum Thierberg: Aufstieg: ¾ h; 110 Hm; 1,6 km pro Strecke.
Wetter:	Schönes, trockenes Wanderwetter bzw. Badewetter; Winterräumung, aber manchmal Teilsperre des Weges wegen umgefallener Bäume.

Wanderwert für (Geschwister) Kinder:

2–3 Jahre:	Sehr gut geeignet. Bankerl und Zugang direkt zum Seeufer entlang des Weges sowie Waldwege. Fische im See, speziell beim Seeablauf. Bademöglichkeit beim Strandbad und entlang des Sees.
4–6 Jahre:	Siehe u. 2–3 Jahre.
Kinderfahrrad:	Fahrverbot.

Navi: 6330 Kufstein, Hechtsee 8 – Parkplatz Freibad Seearena Hechtsee.

Anfahrt: A12 Kufstein Nord bzw. A93 Kiefersfelden, B171, bis Abzweigung Hechtsee, Schildern folgen bis zum Parkplatz Hechtsee.

Bus/Bahn: Nicht empfehlenswert.

Ausgangspunkt/P: Kostenloser Parkplatz Hechtsee.

Infos/Gaststätten: *Seearena Hechtsee, Tel. +43 5372 64516, www.hechtsee.tirol, Mitte März bis Ende Okt, Ruhetag: Mo. *Baden, Richtpreise: € 4,50/Erw. bzw. € 2/Kind, ermäßigte Preise ab 12 bzw. 16 Uhr.

Wegbeschreibung: Vom Parkplatz zur Seearena und an dieser rechts entlang beginnt der Rundwanderweg um den See. Anfangs leicht erhöht und durch den Wald, nähert sich der Weg immer mehr dem See und weiter dem Wasserspiegel an. Am hinteren Ende passiert man eine kleine Liegewiese und dann den Ablauf des Sees Richtung Kiefersfelden/Deutscher Staatsgrenze. Weiter am Seeufer entlang gibt es immer wieder Rastplätze, um die Aussicht zu genießen. Dann wird's wieder waldiger und der Wanderweg wird vom See und einem Felsen begrenzt. Ganz leicht ansteigend durch den Wald retour zum Parkplatz.

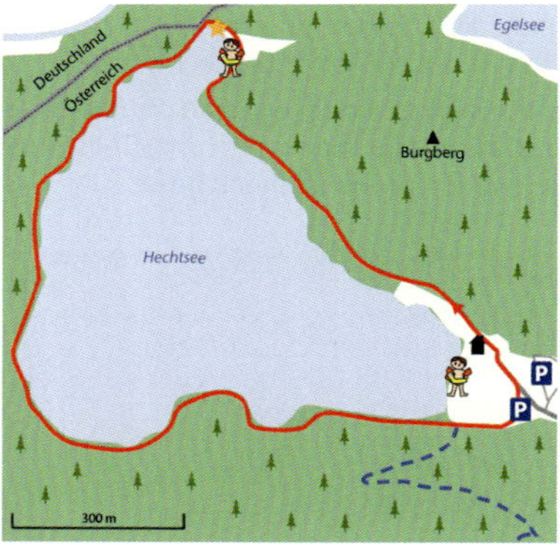

Um die Einsiedelei mit der Trage/Kraxe zu besuchen, links um den See starten, an der Westseite des Sees dem Steig durch den Wald hinauf zum Thierberg (herrliche Aussicht auf Kufstein und ins Inntal) folgen und mit der Runde rund um den See abschließen.

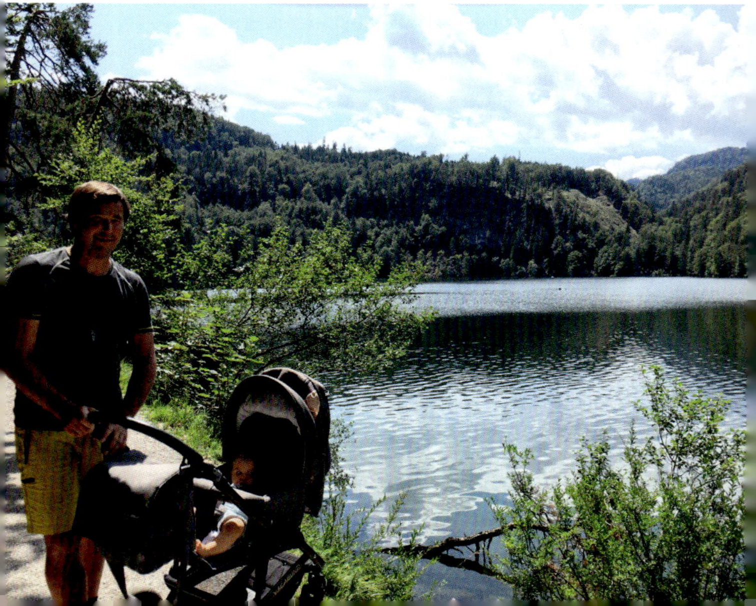

26 Aschinger Alm (1000 m)

Buchberg/Ebbs: Ausflugsziel am Zahmen Kaiser

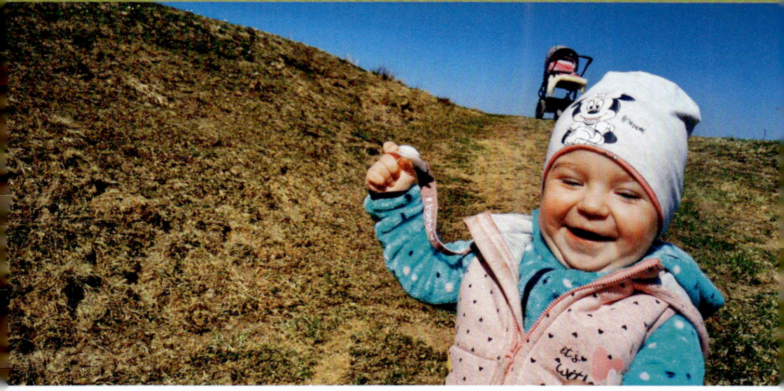

Für diesen Weg sollte man bereits ein paar Wanderungen in den Beinen haben, da der Weg fast durchgängig ansteigt. Am Ziel angelangt wartet ein spektakulärer Blick vom Inntal über die Chiemgauer Alpen bis zum Walchsee und ein Abenteuerspielplatz für die Kinder. Im Winter kann man die Tour mit einer Rodelpartie verbinden. Für eine Einstiegs-Almwanderung bzw. eine Trage-Rundwanderung um die Alm kann man auch direkt mit dem Auto zur Alm fahren.

Wetter: ☀ ☃ ◔ Anforderung: ● Gesamtdauer: 2 ¼ h

Anforderung:	Schwer; 310 Hm; durchgehende, sportliche Steigung; Schotterforstweg teilweise sehr holprig, nur mit geländegängigem Kinderwagen (auch für die Einstiegs-Almwanderung am Berg).
Dauer:	Aufstieg: 1 ½ h; 3,1 km.
Wetter:	Schönes, trockenes Bergwetter, um die Ausblicke genießen zu können sowie im Winter bei ausreichender Schneelage zum Rodeln.

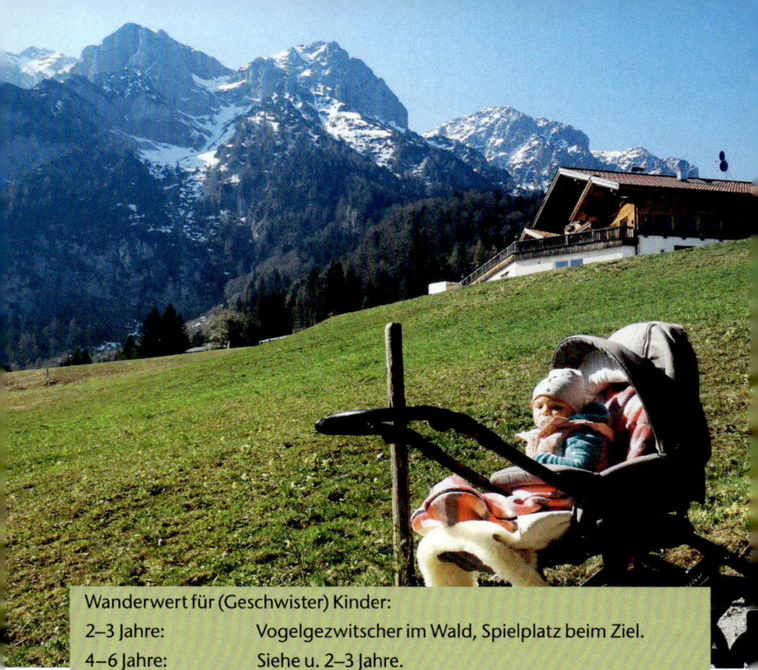

Wanderwert für (Geschwister) Kinder:	
2–3 Jahre:	Vogelgezwitscher im Wald, Spielplatz beim Ziel.
4–6 Jahre:	Siehe u. 2–3 Jahre.
Kinderfahrrad:	Nicht geeignet.

Navi: 6341 Ebbs, Buchberg 42 – Wanderparkplatz Aschinger Alm.

Anfahrt: A93, Ausfahrt Oberaudorf, Richtung Niederndorf, nach dem Ortsteil Sebi rechts Richtung „Buchberg/Ledererwirt" abbiegen, oben links und ein Stück nach dem Ledererwirt befindet sich links der Wanderparkplatz Aschinger Alm.

Bus/Bahn: Nicht empfehlenswert.

Ausgangspunkt/P: Kostenloser Wander- & Rodelparkplatz Aschinger Alm.

Infos/Gaststätten: *Berggasthaus Aschinger Alm, Abenteuerspielplatz, Indoor-Rutsche und Spieleland, eigene Almkäserei mit Bauernladl, im Sommer Musik am Mi, Tel. +43 5373 43108, www.aschingeralm.at, Mitte Apr bis Mitte Nov und Mitte Dez bis Anfang März, Ruhetag: Di. *Ledererwirt, Nähe P, Abenteuerspielplatz, Tel. +43 5373 43111, www.ledererhof.tirol, Betriebsurlaub: Nov, Ruhetag: Di (untertags) & Mi.

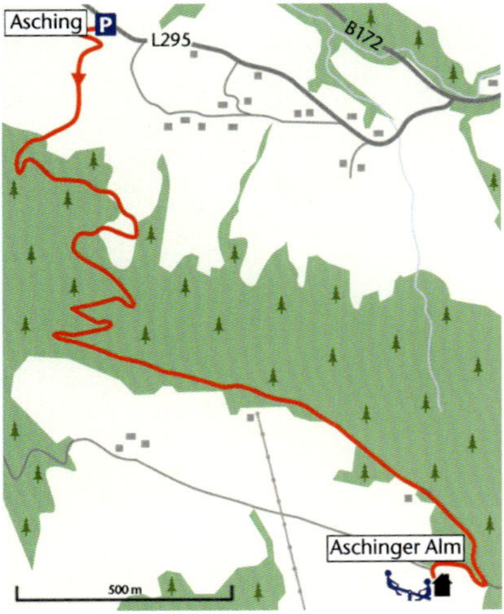

Wegbeschreibung: Direkt vis-à-vis vom Parkplatzanfang geht der Forstweg zur Aschinger Alm den Hügel hinauf. Es gibt noch eine kurze Verschnaufpause übers Feld, bevor im Wald die Serpentinen bergauf starten. Der Weg ist sehr gut beschildert. Aus dem Wald heraus gibt's sehr schöne Ausblicke Richtung Walchsee. Wer die Serpentinen hinter sich gelassen hat, hat mehr als die Hälfte des Weges und sogar zwei Drittel der Höhenmeter geschafft. Ab jetzt gibt der Weg immer wieder Ausblicke zum Zahmen Kaiser frei. Für einen schönen Ausblick über die Alm bis zum Walchsee und Richtung Inntal kann man in ein paar Minuten noch weiter zuerst über einen Forstweg, dann Wiesenweg bis zum Tellerlift aufsteigen. Gleicher Rück- wie Hinweg.

27 Kranzhorn Alm (1300 m)

Erl: stroll & hike

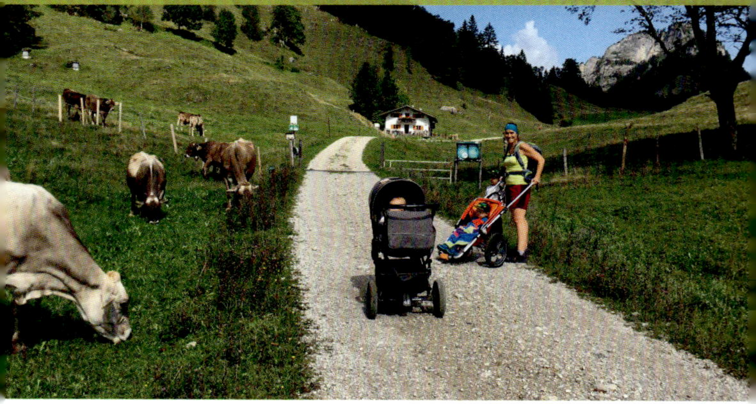

Die perfekte Bergtour mit Kinderwagen: Kinderalm, Bergpanorama und Gipfelmöglichkeit. Ein sanfter Start über schönes Almengebiet mit Kühen und Schweinen bereitet auf die zwei sehr sportlichen Serpentinenanstiege im Wald vor. Zwischendrin bietet sich eine unbewirtschaftete Alm mit herrlichem Ausblick in die Chiemgauer Alpen für eine „Energiesammelpause“ an. Auf dem nächsten freien Plateau befindet sich die Kranzhorn Alm mit eigener Kinderalm, Abenteuerspielplatz, Kräutergarten und Streichelzoo. Wer die Trage mithat, kann noch zum Gipfel mit einer lustigen Eigenheit aufsteigen: Es gibt dort sowohl ein österreichisches als auch ein deutsches Gipfelkreuz. Der Ausblick ist jedenfalls herrlich und reicht vom Chiemsee bis ins Inntal.

Wetter: ◐ | Anforderung: ● | Gesamtdauer: 2 ¾ h

Anforderung: Schwer; 330 Hm; kontinuierlich ansteigend mit zwei längeren, sehr sportlichen Steigungen durch den Wald; Schotterforststraße.

Dauer:	Aufstieg: 1 ¾ h; 3,5 km pro Strecke. Verlängerung Gipfel-Aufstieg: ½ h; 80 Hm; 0,6 km.
Wetter:	Schönes, trockenes Bergwetter, um auch die Aussicht genießen zu können.

Wanderwert für (Geschwister) Kinder:

2–3 Jahre:	Nur mit Kinderwagen für alle Kinder; Weidetiere (Kühe, Schweine, Ziegen) entlang des Weges und auf der Alm; Abenteuerspielplatz, Streichelzoo und Kinderalm; im Hochsommer Beeren zum Sammeln.
4–6 Jahre:	Siehe u. 2–3 Jahre. Für gehfreudige Kinder geeignet, siehe Dauer. Der Gipfel ist in dieser Altersgruppe vielleicht schon motivierend, bitte Kinder jedoch sichern.
Kinderfahrrad:	Nicht geeignet.

Navi: 6343 Erl – Wanderparkplatz Kranzhornhütte.

Anfahrt: A93, Ausfahrt Oberaudorf, Richtung Erl, im Dorf bei der Kirche rechts zum Erlerberg, Achtung: am Erlerberg in einer scharfen Linkskurve Abzweigung links zum Kranzhorn. Ab hier einspurig. Am besten gleich beim Parkautomaten Ticket lösen und dann weiter hinauf zum Parken fahren.

Bus/Bahn: Nicht empfehlenswert.

Ausgangspunkt/P: Kostenpflichtiger Wanderparkplatz Kranzhornhütte, Richtpreis € 2/Tag.

Infos/Gaststätten: *Kranzhorn Alm, Kinderalm, Abenteuerspielplatz, Tel. +43 664 9053983, www.kranzhorn.at, Mai bis Mitte Nov, täglich geöffnet. *Hintermoar Alm, Spielplatz und Tiere, Tel. +43 676 4325504, Mitte Mai bis Mitte Nov, täglich geöffnet.

Wegbeschreibung: Am obersten Ende des Parkplatzes beim Schranken beginnt die Forststraße. Nach der zweiten Alm direkt am Weg dem Forstweg links hinauf durch den Wald folgen. An der nächsten Alm am kleinen Plateau vorbei und noch einmal durch den Wald hinauf, am Waldrandende rechts halten. Bei der nächsten Lichtung hat man das Plateau und das Ziel erreicht. Gleicher Rück- wie Hinweg.

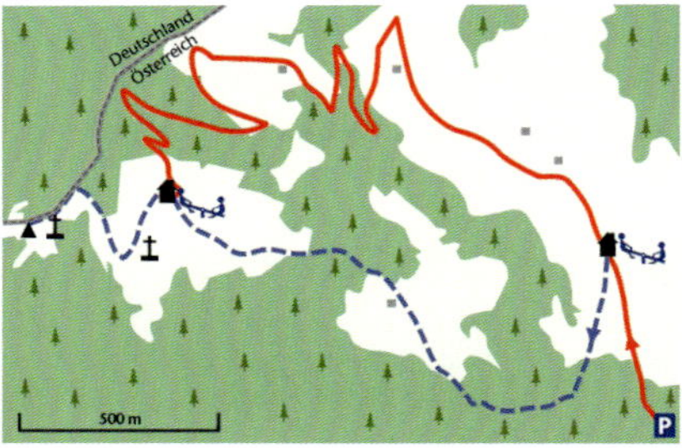

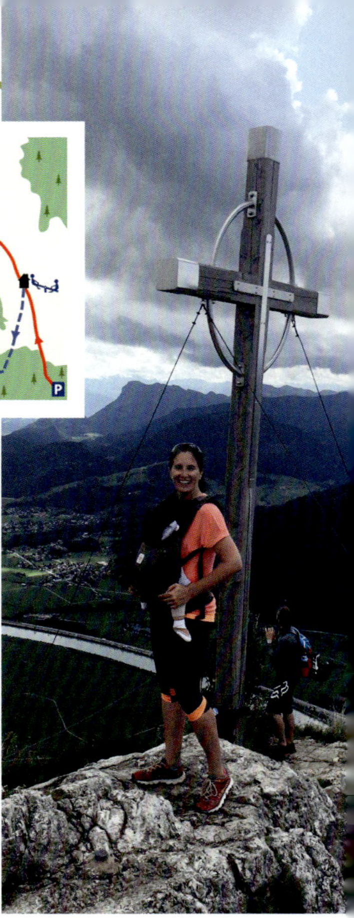

Verlängerung zum Gipfel nur mit Trage möglich: An der Almhütte rechts vorbei bzw. im Garten links der Haupthütte führt der Wandersteig Richtung Gipfel. Zuerst passiert man das 1. Gipfelkreuz und ein bisschen weiter zwei Bänke, bevor es rechts in Richtung Gipfel geht. Vor dem Gipfel mit zwei Gipfelkreuzen lohnt noch ein kurzer Abstecher zur Kapelle links. Vorsicht mit Kindern am Gipfel, nur Felsen und steil abfallend.

Hinweis: Wer die gesamte Wanderung mit Trage geht, kann durch einen Waldweg aufsteigen und erspart sich damit den Aufstieg auf der Forststraße.

28 Lippenalm (954 m)

Walchsee: traumhafte Aussicht im Sommer und Winter

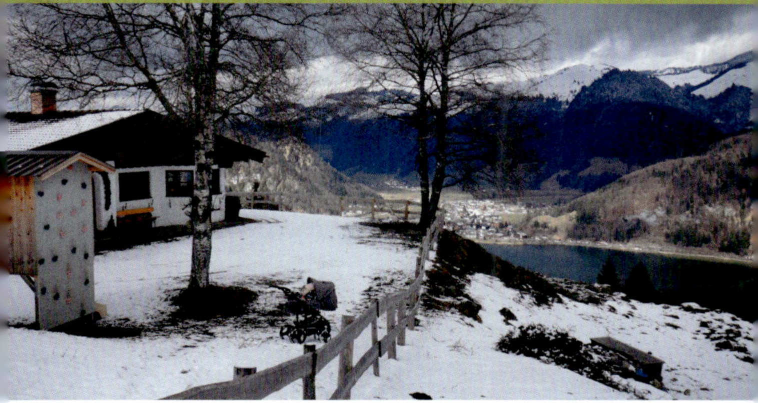

Eine angenehme Wanderung zu einer urigen Alm im Zahmen Kaiser. Bereits entlang des Weges bieten sich immer wieder Ausblicke auf den unterhalb liegenden Walchsee und die umliegenden Berge. Auch im Winter ist diese Tour sehr schön und lässt sich mit einer Rodelpartie verbinden.

Wetter: Anforderung: Gesamtdauer: 1 ½ h

Anforderung: Schwer; 220 Hm; kontinuierliche Steigung, im letzten Waldstück steil; großteils Schotterforststraße mit teils sehr groben Steinen, nur mit geländegängigem Kinderwagen bzw. Rodel im Winter.

Dauer: Aufstieg: 1 h, Abstieg schneller; 2 km pro Strecke.

Wetter: Wanderwetter im Sommer oder Winter, Rodelbahn bei ausreichender Schneelage.

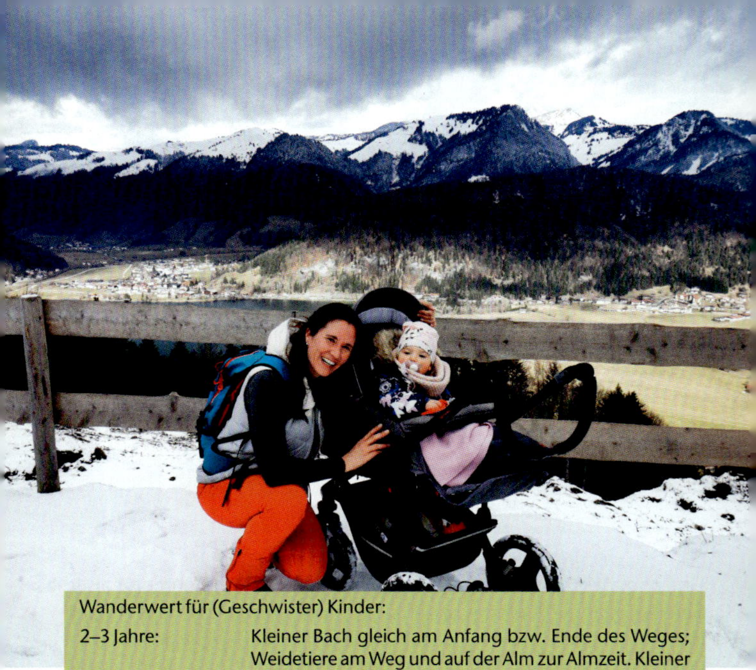

Wanderwert für (Geschwister) Kinder:	
2–3 Jahre:	Kleiner Bach gleich am Anfang bzw. Ende des Weges; Weidetiere am Weg und auf der Alm zur Almzeit. Kleiner Spielplatz beim Ziel.
4–6 Jahre:	Siehe u. 2–3 Jahre.
Kinderfahrrad:	Nicht geeignet.

Navi: 6344 Walchsee, Seeblick 2/Öd – Parkplatz Lippenalm.

Anfahrt: A93, Ausfahrt Oberaudorf, Richtung Walchsee, vor dem Lebensmittelgeschäft und den Tennisplätzen rechts immer Richtung Berg bis zum Parkplatz Lippenalm.

Bus/Bahn: Möglich, aber umständlich: Hst. Walchsee Kaufhaus Erharter, Richtung Tennisplatz dem Seerundweg folgen, dann gerade dem Ebersberg entgegen bis zum Parkplatz (zusätzlich 1,8 km, 80 Hm, ca. ¾ Stunde).

Ausgangspunkt/P: Kostenloser Parkplatz Lippenalm.

Infos/Gaststätten: *Lippenalm, Tel. +43 664 9156385, Mai bis Okt und nach Weihnachten bis März, Ruhetag: Mo.

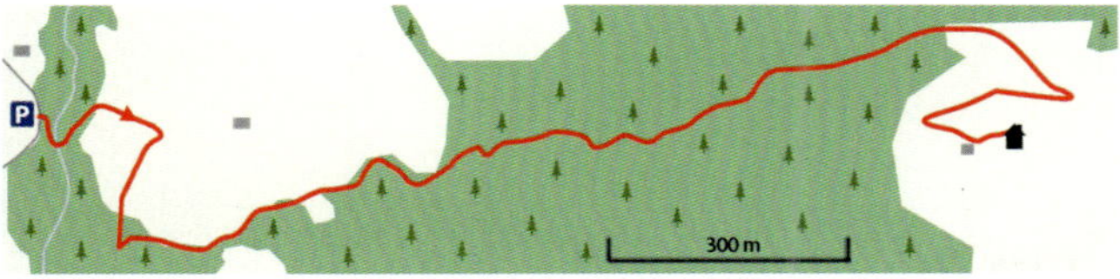

Wegbeschreibung: Vis-à-vis vom Parkplatz zeigt ein Schild den Forstweg unterhalb der Straße zur Lippenalm. Angenehm, aber immer ansteigend führt der Weg übers Feld. Später geht's in den Wald hinein und teils sehr sportlich hinauf. Beim Schranken lichtet sich der Wald und zwei Serpentinen später ist das Ziel erreicht. Gleicher Rück- wie Hinweg. Im Winter Vorsicht vor entgegenkommenden Rodlerinnen.

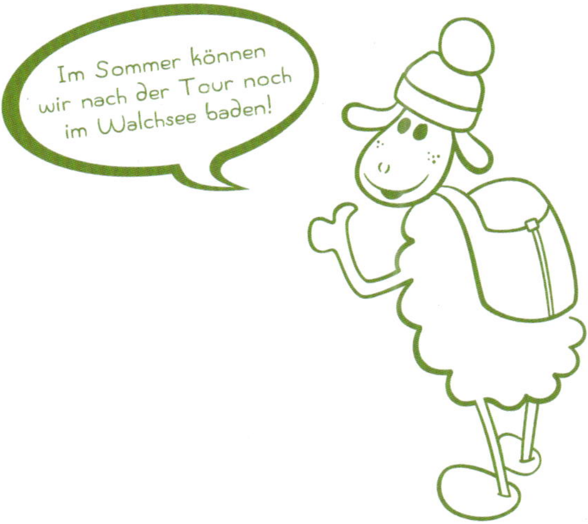

29 Rieder- (900m) & Ottenalm (965m)

Walchsee: Drei-Almen-Wanderung mit herrlichen Ausblicken

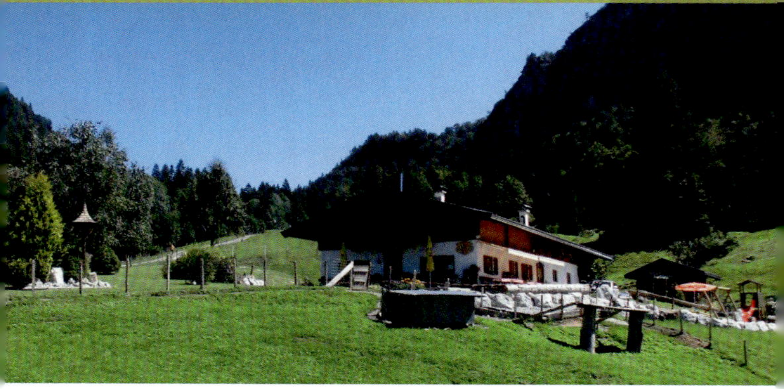

Ungefähr alle 30 Minuten erreicht man bei dieser Wanderung eine Alm mit Spielmöglichkeit. Großteils geht's durch den Wald und über offenes Almgebiet mit Ausblicken in die Chiemgauer Alpen zum größten Moorgebiet Nordtirols, der Schwemm, und weiter ins Inntal. Wer noch Energie hat, kann auf der anderen Seite noch zur Edernalm absteigen, wo man mit herrlichen Ausblicken aufs Kössener Becken belohnt wird. Trittsichere Bergfexe können mit der Trage/Kraxe die Harauer Spitze bezwingen. Auch im Winter lässt sich das Panorama tief verschneit genießen und bei ausreichender Schneelage mit einer Rodelpartie ins Tal verbinden.

Wetter:	Anforderung:	Gesamtdauer: 2 h

Anforderung:	Schwer; 250 Hm; kontinuierliche Steigung; Schotterforststraße.
Dauer:	Aufstieg: 1 ¼ h; 2,6 km; Rückweg schneller, da abwärts. Verlängerung Edernalm hin & retour: 1 ¼ h; 2,6 km; 80 Hm.

Wetter:	Trockenes Wanderwetter oder bei ausreichender Schneelage (Dez. bis März) mit der Rodel.

Wanderwert für (Geschwister) Kinder:

2–3 Jahre:	Spielplätze bei den Almen, Brunnen und kleine Bacherl am Weg. Weidetiere.
4–6 Jahre:	Siehe u. 2–3 Jahre, zusätzlich Beobachten der Kletterinnen im Klettergarten bei der Ottenalm.
Kinderfahrrad:	Nicht geeignet.

Navi: 6344 Walchsee, Hausbergstraße 64–92 – Wanderparkplatz.

Anfahrt: A93, Ausfahrt Oberaudorf, Richtung Walchsee, im Dorf Richtung Sportplatz links abbiegen und bis zum Wanderparkplatz gegenüber dem Fußballplatz.

Bus/Bahn: Hst. Walchsee Dorf, anfangs der Dorfstraße folgen, dann links Richtung Sportplatz, nach ½ h, 40 Hm und 1,2 km erreicht man den Wanderparkplatz.

Ausgangspunkt/P: Kostenpflichtiger Wanderparkplatz beim Sportplatz, Richtpreis: € 3/Tag.

Infos/Gaststätten: *Riederalm, Tel. +43 5374 5933, Mai bis Okt, Ruhetag: Do. *Ottenalm, Tel. +43 5374 5812, www.ottenalm.at, Mai bis Okt und Mitte Dez bis Mitte März, täglich geöffnet. *Edernalm, Tel. +43 664 9254992, www.edernalm.at, Mai bis Okt und Mitte Dez bis Mitte März, Ruhetage: Mo & Di (Sommer nur Mo).

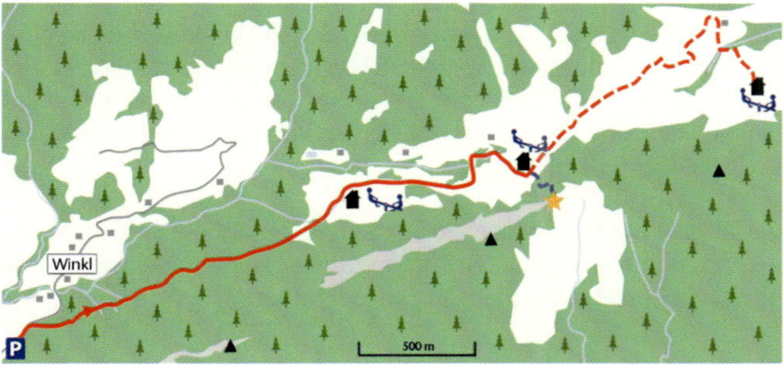

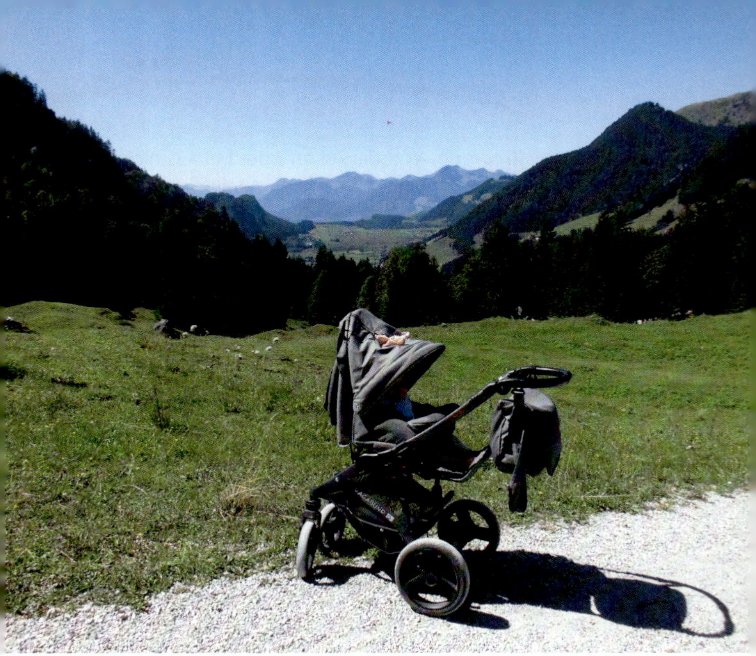

Wegbeschreibung: Vom Parkplatz ein kleines Stück der Straße weiter folgen, bis rechts der Forstweg zur Rieder- und Ottenalm hinauf steigt. Der Weg ist sehr gut beschildert. Die erste Lichtung überqueren, gleich danach öffnet sich das Almgebiet und man sieht bereits die Riederalm. Nach der Alm immer auf der rechten Forststraße bleiben, diese ist weniger steil. Einmal geht's noch sportlich den letzten Hügel zur Ottenalm hinauf. Der Sattel ist danach relativ entspannt fast eben zu erreichen. Gleicher Rück- wie Hinweg.

Verlängerung: Einfach dem Forstweg und den Schildern "Edernalm" weiter hinunter (rechtshaltend) folgen. Kurz gehts von der Forststraße hinauf zur Alm. Am gleichen Weg wieder retour.

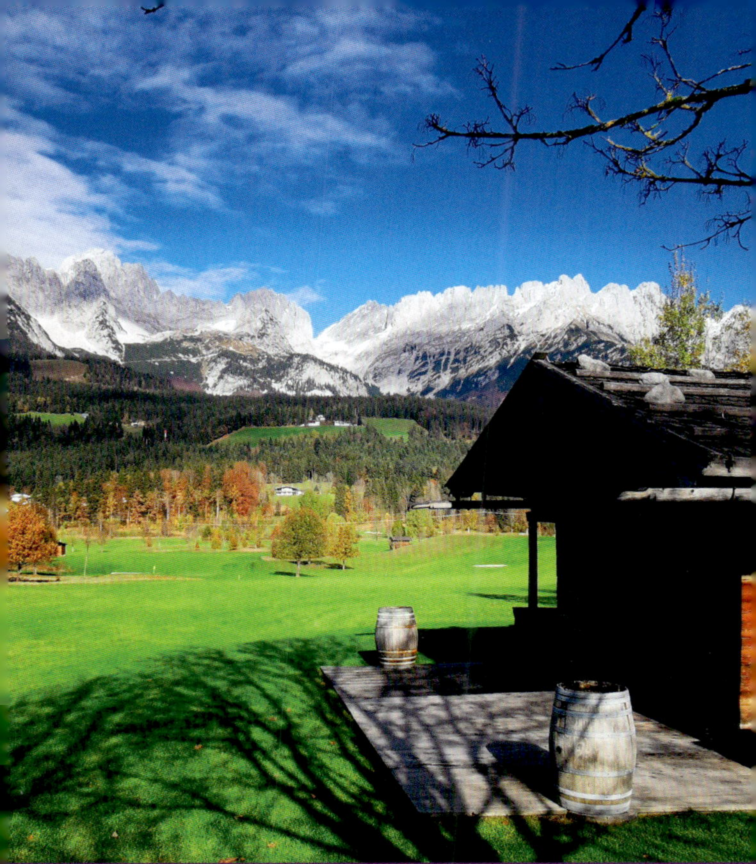

III. Wilder Kaiser

30 Walleralm (1170 m)

Scheffau: Almwanderung vom Hintersteiner See aus

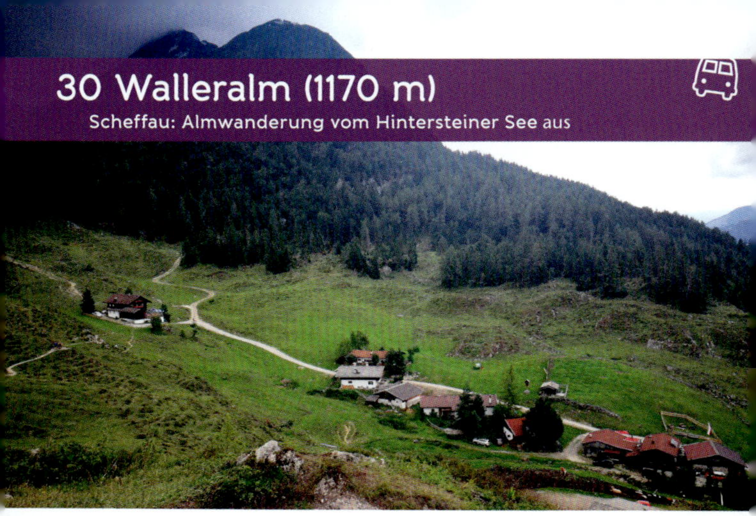

Von einem der schönsten Tiroler Bergseen in verschiedenen Grün- und Blau-Schattierungen startet diese sportliche Tour. Großteils geht's aber moderat ansteigend ins idyllische Almengebiet am westlichen Wilden Kaiser. Die Almhütten verwöhnen schon zum Frühstück mit Selbstgemachtem und regionalen Tiroler Schmankerln. Als Draufgabe gibt's einen fast ebenen Gipfelsieg mit traumhaften Ausblicken ins Inntal und die SkiWelt Wilder Kaiser. Mit einem Sprung in den erfrischenden Bergsee und Plantschen für die Kleinen kann der Ausflug ausklingen.

Wetter: Anforderung: Gesamtdauer: 2 h

Anforderung:	Schwer; 250 Hm; startet gleich mit einer sehr sportlichen Steigung, danach moderat ansteigend; großteils breiter Schotterweg.
Dauer:	Einfache Strecke: 1 ¼ h Aufstieg, ¼ h zum Gipfel nur mit Trage, ¾ h retour; 3,5 km.
Wetter:	Schönes bis wechselhaftes Wetter mit leichtem Regen; mit Kinderwagen nur in schneefreier Zeit von Mai bis Okt./Nov. begehbar.

Wanderwert für (Geschwister) Kinder:	
2–3 Jahre:	Am Almenplateau Weidetiere, Spielplatz bei der Jausenstation Maier, Bademöglichkeit am Hintersteiner See.
4–6 Jahre:	Siehe u. 2–3 Jahre; in diesem Alter ist die Tragetourenroute empfehlenswerter.
Kinderfahrrad:	Nicht möglich.

Navi: 6351 Scheffau, Hinterstein 79, Wanderparkplatz hinter der Pension Jausenstation Maier.

Anfahrt: A12 Ausfahrt Wörgl Ost (von Innsbruck kommend) bzw. Kufstein Süd & Eibergstraße (von Deutschland kommend) dann der B178 bis Scheffau folgen, links abbiegen Richtung „Hintersteiner See" und folgen, Achtung: Straße teils steil ansteigend in Serpentinen und am Ende einspurig zum Hintersteiner See, diesem entlang (Achtung Gegenverkehr, Radfahrerinnen und Fußgängerinnen) und hinauf zur Pension Jausenstation Maier, am Haus rechts vorbei und noch einmal rechts befindet sich der Parkplatz.

Bus/Bahn: Möglich, aber umständlich, Hst. Scheffau am Wilden Kaiser Dorf, dann hinter der Kirche weiter mit dem Seebus zum Hintersteiner See. Fährt von Mitte Mai bis Mitte Okt.

Ausgangspunkt/P: P Jausenstation Maier. Richtpreis: € 3 Tagesgebühr mit Rückvergütung in der Jausenstation Maier. Achtung: In den Ferienzeiten früh starten, denn die Straße zum Hintersteiner See wird gesperrt, wenn alle Parkplätze besetzt sind – dann Seebus ab Kirche Scheffau nutzen.

Infos/Gaststätten: *Jausenstation Maier, Tel. +43 5358 8203, www.pension-maier.at, Ende Apr bis Anfang Nov, täglich geöffnet (Ausn. Apr., Mai, Okt, Nov: Do Ruhetag). *Kafma Alm, Tel. +43 664 4240938, Mai bis Mitte Okt, Ruhetag: Di & Mi. *Stofflhütte, Tel. +43 664 5249441, www.walleralm.tirol, Mitte Apr. bis Ende Okt., Ruhetag: Mo. *Walleralm, Tel. +43 664 9858139, Anfang Apr. bis Mitte Nov, täglich geöffnet. *Baden Hintersteiner See, Richtpreise: € 4,50 Erw./Tag, € 3 Kinder, ab Mittag vergünstigte Preise, Mai bis Sep.

Wegbeschreibung: Am oberen Ende des Parkplatzes startet der Forstweg Richtung Walleralm. Nach einem sehr steilen, sportlichen Start geht es am Feld entlang und leicht abwärts durch den Wald. Bei der ersten Kreuzung halten wir uns rechts und bei der nächsten links, immer den Schildern zur Walleralm folgend. Ab hier geht's großteils im Wald in

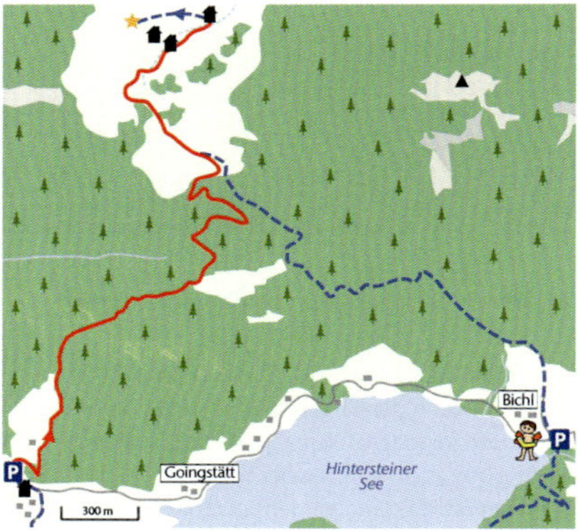

Serpentinen moderat ansteigend hinauf, bis der Almboden erreicht ist. Den Steig zum Kreuz links liegen lassend, sehen wir nach der nächsten Kurve die Almen. Bei der letzten Alm, der Walleralm, gibt es die Möglichkeit, bei den Bikes den Kinderwagen stehen zu lassen und mit der Trage fast eben in 10 Min. links zum Gipfelkreuz zu gehen. Dies wird mit einem Blick ins Inntal, auf den Almboden und die SkiWelt Wilder Kaiser belohnt. Gleicher Rück- wie Hinweg.

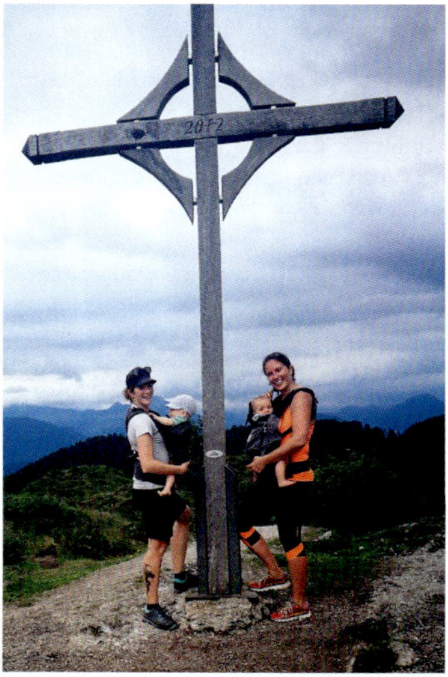

Mit der **Trage** ist eine Rundtour möglich: Start hierzu am gebührenpflichtigen Parkplatz vor dem Hintersteiner See; der Wandersteig Nr. 45 geht vor dem Seestüberl rechts durch den Wald hinauf, bis man auf den Forstweg stößt. Ab hier weiter wie die Kinderwagentour. Man kann direkt in der ersten Kurve am Steig zum Gipfelkreuz gehen. Retour ab Jausenstation Maier an der Westseite des Sees entlang zurück zum Parkplatz.

31 KaiserWelt & Ellmis Zauberwelt

Scheffau: Panoramatour zu zwei Bergerlebniswelten

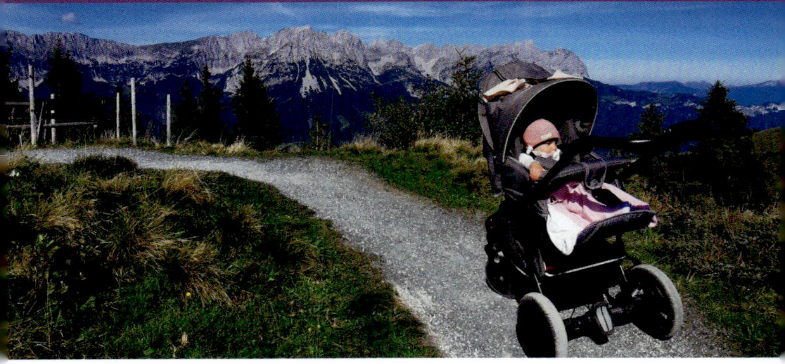

Schon bei der Gondelfahrt genießt man das Panorama auf den Wilden Kaiser, bevor man bei der Bergstation in ein Kinderparadies (KaiserWelt, 1643 m) eintaucht. Durch den Kaiserwald geht's mit Ausblicken auf die Hohe Salve und ins Inntal weiter über Almgebiet auf die Südseite mit Sicht über Kitzbühel bis in die Hohen Tauern. Mit etwas Glück spiegelt sich weiter unten im Speichersee der Wilde Kaiser, bevor man die zweite Erlebniswelt Ellmis (1553 m) durchwandert. Für Motivierte bieten sich am Brandstadl (rechts bei der Bergstation) und am Hartkaiser (Aussichtsturm Ellmis) zwei Gipfelmöglichkeiten und die Verlängerung zum Jochstubn See – mit Europas höchstem Segelerlebnis – an.

Wetter: Anforderung: Gesamtdauer: 2 ¼ h

Anforderung: Mittel; 180 Hm; eine längere Steigung auf feingeschotterter Forststraße retour zur Brandstadlbahn.

Dauer: RW: 2 ¼ h Gehzeit, genug Verweildauer einplanen; 6,8 km; Verlängerung: RW: 1 ½ h; 4,4 km; 120 Hm.

Wetter: Schönes, trockenes Wanderwetter.

Wanderwert für (Geschwister) Kinder:	
2–3 Jahre:	Beide Erlebniswelten haben große Abenteuerspielplätze und vielfältigste Spielstationen, bei Ellmis Zauberwelt auch Wasserzugänge (Wechselkleidung nicht vergessen).
4–6 Jahre:	Siehe u. 2–3 Jahre.
Kinderfahrrad:	Nicht empfehlenswert.

Navi: 6351 Scheffau, Schwarzach 2 – kostenfreier Parkplatz Bergbahn Scheffau GmbH & Co KG/Brandstadl.

Anfahrt: A12 Ausfahrt Wörgl Ost (von Innsbruck kommend) bzw. Kufstein Süd & Eibergstraße (von Deutschland kommend) weiter auf der B178 bis Scheffau, der Parkplatz der Bergbahn ist direkt an der Bundesstraße rechts.

Bus/Bahn: Hst. Scheffau am Wilden Kaiser am Trattenbach, auf der selben Straße befindet sich die Bergbahn.

Ausgangspunkt/P: Bergstation Bergbahn Scheffau GmbH & Co KG/Brandstadl.

Infos/Gaststätten: *Bergbahn Scheffau, Richtpreise: Berg- und Talfahrt € 23/Erw., www.skiwelt.at, Mai bis Okt (Sommerbetrieb), Segelerlebnis am Jochstubn See: Di & So, Voranmeldung bei den Liftkassen. *Bergrestaurant Brandstadl, am AP, Tel. +43 664 2788244, wie Bergbahn. *Tanzbodenalm, Tel. +43 5358 43150, www.tanzbodenalm.at, Mai bis Okt. *Bergkaiser/Kaiser Lounge, Bergstation Ellmau, Tel. +43 5358 2320222, www.bergkaiser.tirol, Mai bis Anfang Nov. *Jochstubn, Tel. +43 5358 8555, www.jochstubn.at, Mitte Juni bis Mitte Okt. Alle täglich geöffnet.

Wegbeschreibung: Von der Bergstation geht's zuerst zwischen Kinderalm links und Spielplatz rechts zum Eingang des Kaiserwaldes. Durch die verschiedenen Stationen wandert man hinab, bis der Wald das Panorama zur Hohen Salve und ins Inntal freigibt. Weiter geht's links zur Alm, an dieser vorbei und rechts hinunter zum Speichersee. Diesen am besten auf der rechten Seite entlang gehen, sodass sich mit etwas Glück der Wilde Kaiser darin spiegelt. Auf der anderen Seite des Sees führt links ein kleiner Weg hinunter als Verbindungsweg zum Wanderweg Hartkaiser Ellmau. Diesem rechts über offenes Almgebiet und durch den Wald folgen, bis man die ersten Stationen von Ellmis Zau-

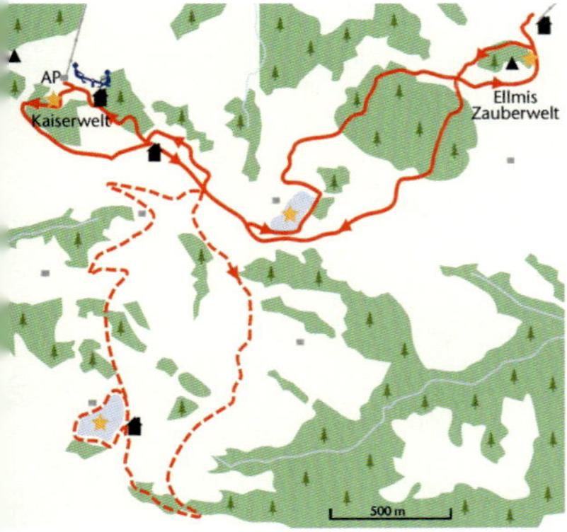

berwelt erreicht. Der Panoramaweg rechts führt über verschiedene Stationen zur Bergstation Hartkaiser.

Retour geht's durch den Koboldweg im Wald bzw. mit größeren Kindern hinauf zum Aussichtsturm. Beim Bergschuhbaum verlässt man den Zauberwald und folgt dem Forstweg links hinunter. Bei der Kreuzung dem Weg weiter rechts hinauf folgen und man gelangt über den Speichersee und die Alm retour zur Bergstation. Nach dem See gerne den Wanderweg rechts parallel zum Forstweg nehmen, allerdings ab der Alm wieder retour auf den Forstweg, da der parallele Wanderweg dann sehr steil verläuft. Wer noch Kraft hat, kann beim Speichersee links zum Jochstubn See verlängern.

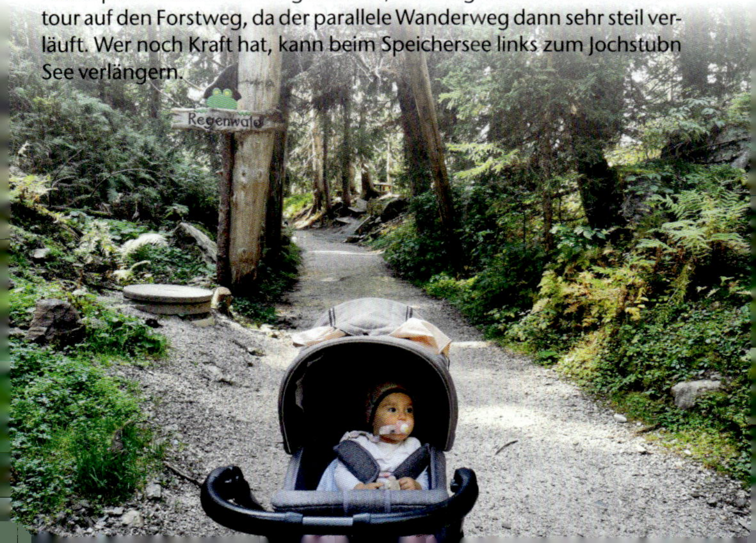

32 Winterwanderweg

Ellmau: durch die tiefverschneite Winterlandschaft

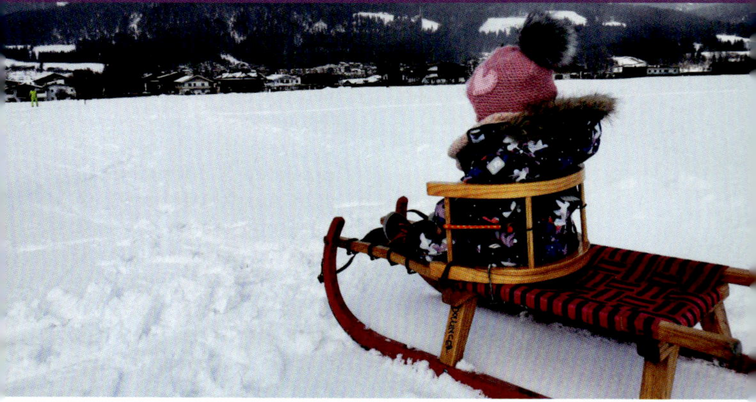

Parallel zur Kaiserloipe geht diese Runde – immer umsäumt vom Panorama mit Wildem Kaiser, Hartkaiser und Astberg sowie in der Ferne dem Kitzbüheler Horn. Viele Bankerl entlang des Weges laden zum Verweilen und Genießen ein. Der Weg ist auch im tiefsten Winter gut mit dem Kinderwagen begehbar, die Rodel ist speziell bei weichem Schnee im Frühjahr zu bevorzugen. Je nach Schneelage ist der Winterwanderweg von Mitte Dezember bis Mitte März gut begehbar. Die Verlängerung führt durchs Dorf und großteils an einem tiefverschneiten Bach entlang. In dieser Form ist die Runde großteils auch ohne Schnee und im Sommer begehbar (Ellmauer-Runde).

Wetter: Anforderung: Gesamtdauer: 1 ¾ h

Anforderung: Mittel; 50 Hm; fast eben; gut gespurter Winterwanderweg; geländegängiger Kinderwagen oder Rodel empfehlenswert.

Dauer: RW: 1 ¾ h; 5,3 km. Verlängerung: ½ h; 1,2 km.

Wetter:	Bei ausreichender Schneelage und schönem Winterwanderwetter, um die Panoramen zu genießen (ohne Schnee Weg nicht begehbar, da Golfplatz).

Wanderwert für (Geschwister) Kinder:

2–3 Jahre:	Der Weg kann für Kinder, die schon selbst gehen, etwas langweilig werden.
4–6 Jahre:	Nicht empfehlenswert.
Kinderfahrrad:	Nicht geeignet.

Navi: 6352 Ellmau, Birkenweg 1 – Parkplatz Mitte (wenn voll: Parkplatz West, 6352 Ellmau, Austraße 1).

Anfahrt: A12 Ausfahrt Wörgl Ost (von Innsbruck kommend) bzw. Kufstein Süd & Eibergstraße (von Deutschland kommend) weiter auf der B178 bis Ellmau, den Schildern „P Mitte" folgen.

Bus/Bahn: Hst. Ellmau Dorf/Bauhof, direkter Einstieg in die Tour möglich.

Ausgangspunkt/P: Kostenloser Parkplatz Ellmau Mitte.

Infos/Gaststätten: *Restaurant Sonneck, direkt beim Golfplatz, bei schönem Wetter ab Mittag geöffnet, Tel. +43 664 1326212, www.restaurant-sonneck.at, Mitte Dez bis Mitte März, Ruhetag: Mo.

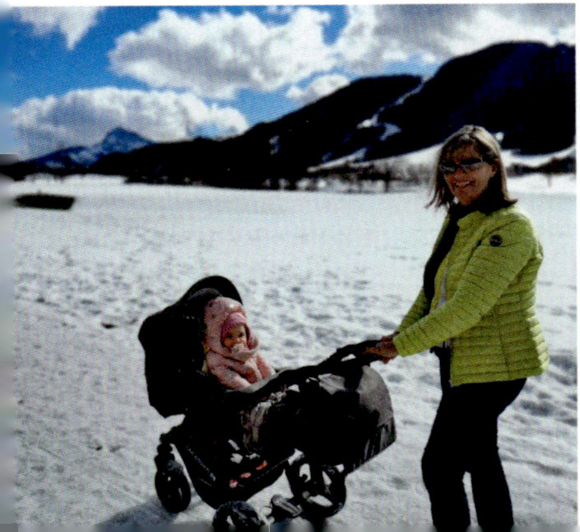

Wegbeschreibung:

Vom Parkplatz Mitte links der Straße zum Wilden Kaiser folgen. Beim Golfplatzgebäude links in den Winterwanderweg gehen und ab hier dem gespurten Weg sowie den Schildern des blauen Winterwanderers folgen. Zuerst quasi parallel

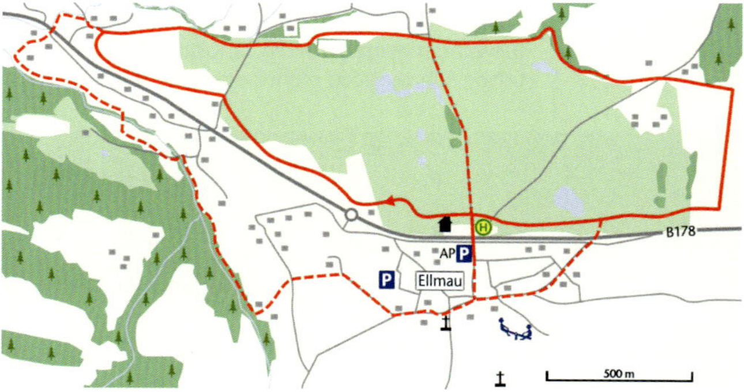

zur Straße/Unterflurtrasse, vor dem einzelnen Bauernhaus im Auwald wieder rechts am Fuß des Kaisers retour. Wenn man auf die gerade Straße retour zum Golfplatzgebäude kommt, hat man die Möglichkeit, direkt abzukürzen. Sonst geht's weiter am Waldrand entlang, über die Straße und am zweiten Winterwanderweg rechts wieder Richtung Dorf. Parallel zur Straße mit schönen Blicken auf den Wilden Kaiser wieder retour zum Ausgangspunkt.

Wer die **Verlängerung** bzw. eine **Abkürzung** andenkt, sich aber noch nicht sicher ist, startet die Runde am besten in umgekehrter Richtung. Für die Verlängerung sonst vom Parkplatz ins Dorf, bei der Kirche rechts und beim letzten Haus rechts hinein und entlang der Loipe übers Schneefeld bis zum Sportplatz. Hier rechts dem Bach entlang, kurz auf die linke Bachseite wechseln, wieder rechts entlang und rechts zur Unterführung der Bundesstraße. Weiter dem Bach im Auwald rechts entlang, rechts kurz der Straße folgen und gleich links beim Bauernhof aufs Schneefeld und zur Tour.

33 Ellmauer Steinkreis (1210 m)

Wochenbrunner Alm, Ellmau: Ausflugsziel mit Steinkreiswanderung

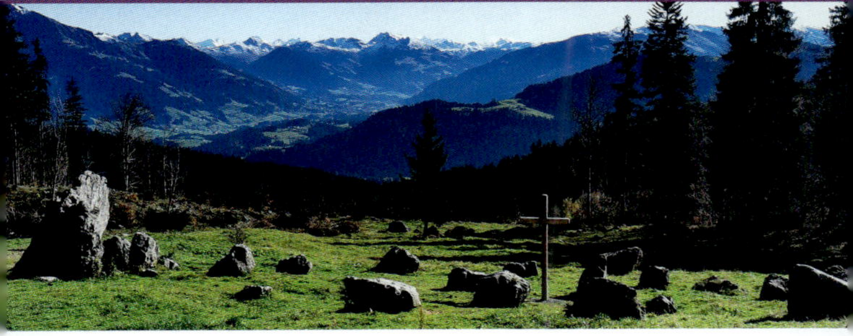

Näher als bei dieser Wanderung kommt man mit dem Kinderwagen an den Kaiser nicht heran. Die Wochenbrunner Alm mit Panoramaterrasse, Spielplatz, Almladl und Wildgehege ist ein schönes Ausflugsziel und die optimale Basis für Wanderungen im Wilden Kaiser. Mit dem Kinderwagen geht's kurz und knackig, aber zugegeben holprig zum Kraftplatz Ellmauer Steinkreis auf einem kleinen Hochplateau. Adleraugen entdecken einige Gipfelkreuze und die weit oben thronende Gruttenhütte. Hinunter hat man einen Ausblick auf grasbewachsene Schitrassen, das Kitzbüheler Becken mit Kitzbüheler Horn, Hahnenkamm und die südlichen Kitzbüheler Berge bis in die Hohen Tauern. Mit der Trage bietet sich ein Rundweg durch den Wald und über die Anna-Grotte an.

Wetter: ☀ ◐ Anforderung: ● Gesamtdauer: 1 h

Anforderung: Mittel; 80 Hm; 2. Hälfte des Weges knackig steigend auf großteils sehr grobem, unwegsamem Schotter, nur mit geländegängigem Kinderwagen.

Dauer: Eine Strecke: ½ h; 1,2 km.

Wetter: Nur bei trockenem, schönem Wanderwetter, um die Aussicht und den Wilden Kaiser zu genießen.

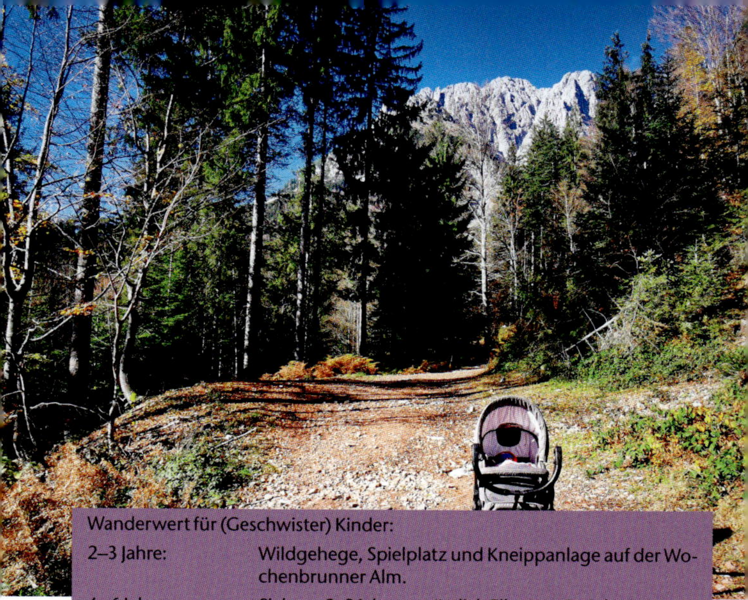

Wanderwert für (Geschwister) Kinder:	
2–3 Jahre:	Wildgehege, Spielplatz und Kneippanlage auf der Wochenbrunner Alm.
4–6 Jahre:	Siehe u. 2–3 Jahre; zusätzlich Ellmauer Steinkreissystem (Mandala).
Kinderfahrrad:	Nicht geeignet.

Navi: 6352 Ellmau, Wochenbrunnweg 44 – Wochenbrunner Alm Parkplatz.

Anfahrt: A12 Ausfahrt Wörgl Ost (von Innsbruck kommend) bzw. Kufstein Süd und Eibergstraße (von Deutschland kommend) weiter auf der B178 bis Ellmau, den Schildern „Wochenbrunner Alm“ folgen. Die letzten Kilometer fährt man auf einer Mautstraße, Richtpreis: € 4 (teilweise Rückvergütung auf der Wochenbrunner Alm). Im Sommer sehr gut besucht.

Bus/Bahn: Nicht empfehlenswert.

Ausgangspunkt/P: Kostenfreier Parkplatz Wochenbrunner Alm, nur erreichbar über kostenpflichtige Mautstraße (siehe Anfahrt).

Infos/Gaststätten: *Wochenbrunner Alm, Panoramaalm mit Almladl, Spielplatz und Kneippanlage, Tel. +43 5358 2180, www.wochenbrunn.com, Betriebsurlaub der Alm: 3 Wochen ab Ostern und 3 Wochen im Nov, das Almladl hat immer geöffnet.

Wegbeschreibung:
Bei der Wochenbrunner Alm weiter zum Wildgehege und diesem entlang geht der Weg in einen schottrigen Forstweg über. Anfangs geht's leicht abwärts durch den Wald und bereits hier sind immer wieder sehr holprige Passagen mit großen Steinen zu überwinden. Bevor die zweite, knackig ansteigende Hälfte beginnt, gibt's einen Blick auf den Kaiser. Hier den rechten Weg weiter hinauf nehmen und nach zwei Serpentinen öffnet sich ein kleines Hochplateau. Gleicher Rück- wie Hinweg.

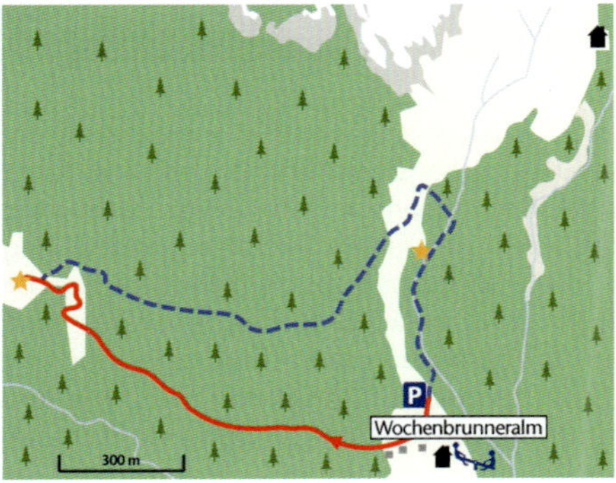

Verlängerung als Rundweg nur mit Trage: Vom Ellmauer Steinkreis rechts durch den Wald am Steig Richtung „Gaudeamushütte“, beim nächsten breiteren Weg (Richtung Wochenbrunner Alm) gerade drüber, bis man auf eine Forststraße stößt. Dieser kurz hinauf folgen, bevor rechts der Steig entlang des Baches über die Anna-Grotte retour zur Wochenbrunner Alm führt (gerne auch direkt über die Gaudeamushütte, hierzu den Schildern im Wald folgen). (Tragerunde: 1 ¼ h; 100 Hm; 3,1 km).

Hinweis: Der direkte Forstweg zur Gaudeamushütte ist mit Kinderwagen befahrbar, allerdings ist das letzte Stück mehr als steil und somit nur mit Trage zu empfehlen.

34 „Bergdoktorrunde“

Ellmau/Going: auf den Spuren der TV-Serie

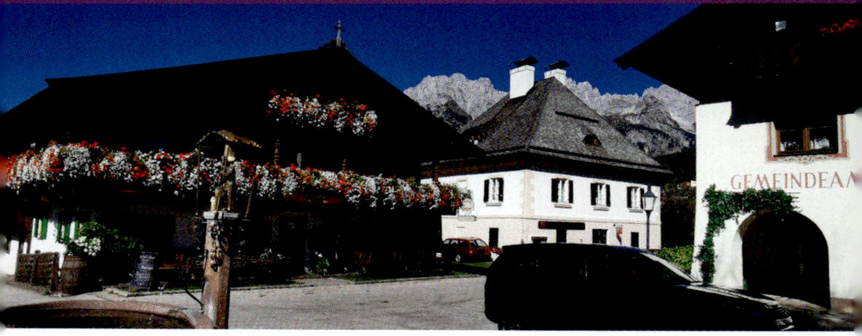

Die Runde ist angenehm zu gehen, aber ein bisschen kompliziert in der Wegbeschreibung, da sie den wichtigsten Drehorten folgt und daher auch Abstecher beinhaltet. Informationstafeln bei einigen Drehorten bzw. eine eigene Broschüre zum „Bergdoktor“ (mit Wegbeschreibung am besten direkt beim Tourismusverband abholen) und lebensgroße Pappfiguren bei den Tourismusverbänden versuchen den Wissensdurst von Superfans zu löschen. Die gesamte Strecke ist als Tageswanderung ausgelegt, kann aber in zwei Strecken geteilt werden: eine östliche Runde ganz gemütlich ins Dorfzentrum von Going und eine westliche, etwas anspruchsvollere mit Schauplätzen von Innenaufnahmen und der Bergdoktorpraxis.

Wetter: Anforderung: Gesamtdauer: 3 ½ h

Anforderung:	Mittel; 190 Hm; auf der westlichen Runde zwei ordentliche Steigungen auf Asphalt in den Auwald und im Auwinkel; großteils Asphalt und gute Feld- bzw. Waldwege.
Dauer:	RW: 3 ½ h; 11,9 km.
Wetter:	Klassisches Wanderwetter, bevorzugt bei klarer Fernsicht.

Wanderwert für (Geschwister) Kinder:	
2–3 Jahre:	Nur in abgekürzter Form zu empfehlen und mit Unterstützung eines Kinderwagens. Brunnen in den Dorfzentren sowie Spielplatz in Ellmau bzw. teilweise bei den Einkehrmöglichkeiten.
4–6 Jahre:	In diesem Alter nicht attraktiv.
Kinderfahrrad:	Östliche Runde möglich, allerdings Hinweg an der Straße und Unterführung bei der eine Unterstützung notwendig ist. Westliche Runde nicht zu empfehlen aufgrund der Steigungen.

Navi: 6352 Ellmau, Birkenweg 1 – Parkplatz Mitte (wenn voll: Parkplatz West, 6352 Ellmau, Austraße 1).

Anfahrt: A12 Ausfahrt Wörgl Ost (von Innsbruck kommend) bzw. Kufstein Süd & Eibergstraße (von Deutschland kommend) weiter auf der B178 bis Ellmau, den Schildern „P Mitte" folgen.

Bus/Bahn: Hst. Ellmau Dorf/Bauhof, der Straße geradeaus ins Zentrum folgen, man passiert nach kurzer Zeit den Parkplatz Mitte (rechter Hand).

Ausgangspunkt/P: Kostenloser Parkplatz Ellmau Mitte.

Infos/Gaststätten: *Bergdoktorpraxis von Mitte Mai bis Mitte Okt Dienstag und Freitag vormittags geöffnet (außer während Dreharbeiten), Richtpreis: € 4/Erw., Kinder frei. *Eismanufaktur KEISer, Going, Tel. +43 664 4464797, www.keiser.at, Mai bis Okt, Ruhetag: Di. *Café-Restaurant KaiserBad, Ellmau, Tel. +43 5358 2061, www.kaiserbad.com, Betriebsurlaub beachten, April bis Mitte Mai, täglich geöffnet. *Gasthof Föhrenhof, Ellmau, Tel. +43 5358 2289, www.foehrenhof-ellmau.at, Mitte Mai bis Mitte Okt und Dez bis März, Ruhetag: Di (Sommer)/Mo (Winter). *Restaurant-Café Bettina, Ellmau, Tel. +43 5358 2275, www.bettina-ellmau.at, Mai bis Okt. und Dez. bis März, Ruhetag: Mo. *Gasthaus Widauer, Ellmau, gemütlicher Gastgarten mit Spielplatz, Tel. +43 650 4450515, www.pension-gasthaus-widauer.at, Mai bis Nov und Dez bis März, Ruhetag: Mo.

Wegbeschreibung: Wer nur einen Teil der Strecke gehen möchte, kurz zur Entscheidungsfindung: Der Ostteil ist vorwiegend flach und führt über Wiesen zum filmbekannten Dorfplatz Going. Der Westteil beinhaltet zwei starke Steigungen, führt ein gutes Stück durch den Wald und zur Bergdoktorpraxis.

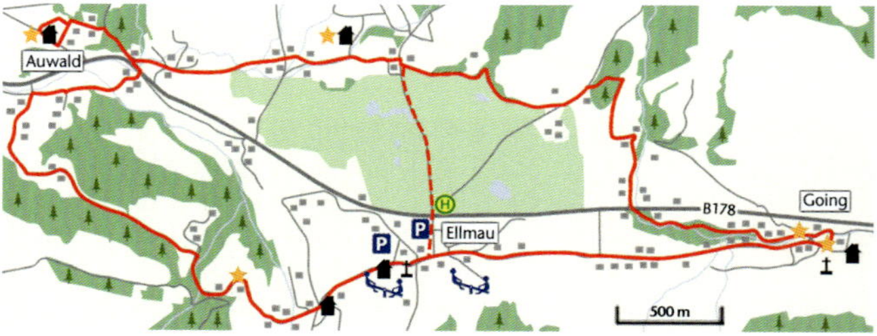

Beschreibung Ostteil: Vom Parkplatz geht's rechts ins Dorfzentrum, beim Musikpavillon links in die Dorfstraße (Tourismusverband) und dann rechts der alten Straße nach Going folgen. In Going rechts zum Dorfplatz und von dort wieder hinunter zum Aubach, diesem links entlang, beim Tourismusverband überqueren und ab hier immer den Schildern Richtung „Wochenbrunner Alm" folgen. Vor der Straßenunterführung links über die Brücke und dann gleich rechts auf der asphaltierten Anrainerstraße weiter dem Bach entlang. Danach vor ein paar Häusern auf die Linksabzweigung durch den Wald Richtung „Kaiserbad" Ellmau achten. Auf der Straße vor dem Golfplatz rechts durch ein Gatter mit einem Schild „Privatbesitz, Durchgang bis auf Widerruf gestattet". Bei der Verbindungsstraße nach Ellmau Dorf lässt sich die Runde teilen. Wer nicht verlängern will, geht einfach links Richtung Dorf und zum Ausgangspunkt. Alle anderen folgen den Schildern Richtung „Kaiserbad".

Beschreibung Westteil: Vom Parkplatz Richtung Wilder Kaiser gehen (Wimmweg) und dann den Schildern Richtung „Kaiserbad" (Intensivstation) folgen. Dort angelangt der Beschilderung „Auwald/ Föhrenhof" folgen. Im Ortsteil Auwald rechts halten, dann links zum Film-Gasthaus Föhrenhof und gleich wieder links hinauf, um am gleichen Weg wieder retour bis zum Aubach zu kommen. Dann durch die Straßenunterführung und rechts Richtung Scheffau/Auwinkel. Nach der Tischlerei Kaufmann links hinauf immer Richtung „Bergdoktorhaus/ Ellmau Dorf". In Mühlberg rechts der Straße durch den Wald folgen. Oben angelangt links zur Bergdoktorpraxis und weiter retour ins Dorf und zum Ausgangspunkt.

35 Graspoint Niederalm (970 m)

Going am Wilden Kaiser: Rodelpartie mit uriger Hütte

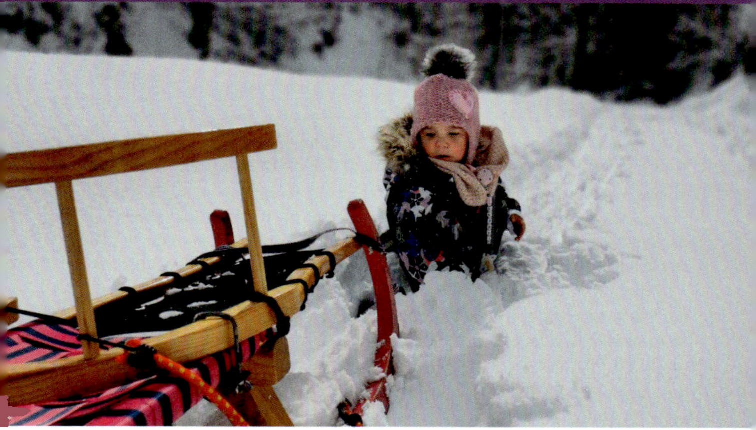

Die tief verschneite Landschaft entlang des Baches mit Wasserfall und später dem Wilden Kaiser im Hintergrund ist Romantik pur. Doch obwohl der Weg nicht lang ist, ist er nicht zu unterschätzen. Es geht durchgehend bergauf mit teilweise sehr steilen Passagen. Im Sommer macht es der sehr holprige Untergrund auch für geländegängige Kinderwägen sehr schwer, hier ist man mit einer Trage besser beraten. Dafür gibt's oben eine urige Alm, die nah am Wilden Kaiser liegt.

Wetter: ☀ ☃ ◐ Anforderung: ● Gesamtdauer: 1 ¼ h

Anforderung:	Mittel; 130 Hm; sehr holpriger, fast unwegsamer Forstweg (im Sommer nur mit Trage empfehlenswert).
Dauer:	Aufstieg: ¾ h; 1,2 km.
Wetter:	Nur bei ausreichender Schneelage zum Rodeln, je nach Wintereinbruch von Dez bis März.

Wanderwert für (Geschwister) Kinder:	
2–3 Jahre:	Nur mit Trage empfehlenswert.
4–6 Jahre:	Aufgrund der Länge der Strecke gut geeignet.
Kinderfahrrad:	Nicht geeignet.

Navi: 6353 Going am Wilden Kaiser, Moorrund Going – Parkplatz Hüttling.

Anfahrt: A12 Ausfahrt Wörgl Ost (von Innsbruck kommend) bzw. Kufstein Süd & Eibergstraße (von Deutschland kommend) weiter auf der B178 bis Going, weiter auf der Bundesstraße bleiben, bis Schilder „Going Badesee“, hier links abbiegen und der Straße folgen. Beim Schild „Badesee“ rechts, gerade der Straße und den Schildern „Hüttling“ bzw. „Moor und More“ folgen.

Bus/Bahn: Möglich, aber umständlich: Hst. Going am Wilden Kaiser Stanglwirt, Straße vorerst zum Badesee Going und dann Hüttling bzw. Moor und More folgen, ca. 2,2 km, 90 Hm, ¾ h bis zum Parkplatz Hüttling.

Ausgangspunkt/P: Kostenpflichtiger Parkplatz Hüttling, Richtpreis: € 2/Tag.

Infos/Gaststätten: *Graspoint Niederalm, regionale Jause, Kuchen und Getränke, Tel. +43 664 88690750, Mitte Mai bis Mitte Okt, Fr–So geöff., sonst Getränke im Brunntrog (Kleingeld mitnehmen!), Winteröffnungszeiten bei Drucklegung nicht bekannt.

Wegbeschreibung: Hinweis: Dieser Weg ist bis zum Ziel gut beschildert. Vom Parkplatz den rechten, geraden Forstweg direkt entlang des Baches hinauf nehmen, zweimal wird er gekreuzt. Bei der Abzweigung links halten und gleich noch einmal links sehr sportlich hinauf. Hier ist der gröbste und unwegsamste Teil des Weges, was allerdings nur in der schneefreien Zeit bemerkbar ist. Kurz nach der ersten Kurve gibt der Wald das Almgebiet frei und die Hütte ist in Sichtweite. Gleicher Rück- wie Hinweg.

Eine **Tragetour** im Sommer kann auf Steigen bis zum Schleier-Wasserfall verlängert werden (Aufstieg ab Hütte: 1 h; 180 Hm; 1,7 km).

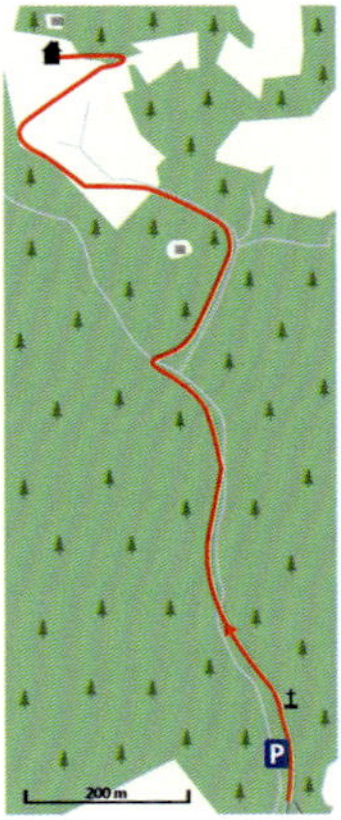

36 Moor & More: Törfchen-Runde

Hochmoor zwischen Going und St. Johann i. T.

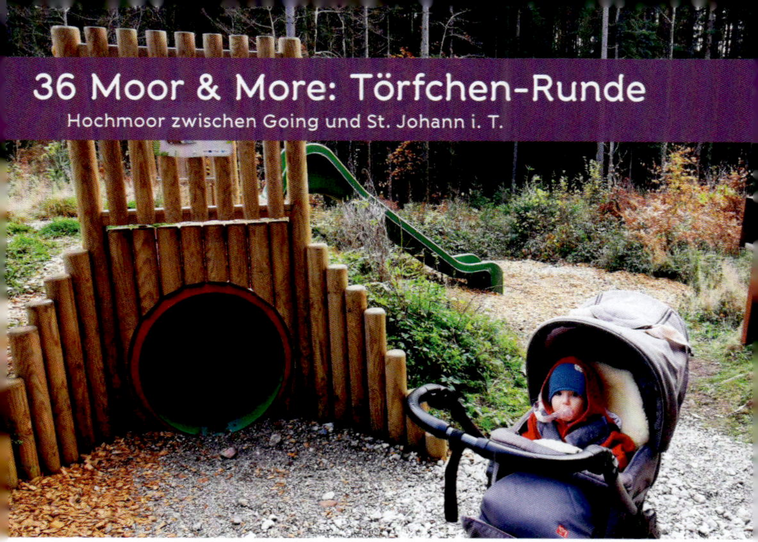

Die Moorelfe Törfchen begleitet entlang der Aktivstationen und informiert über Flora und Fauna im Naturschutzgebiet Kaisergebirge. Auch bei nicht ganz so gutem Wanderwetter ist die Törfchen-Runde durch die Moorlandschaft nett. Um die umliegenden Bergpanoramen (Wilder Kaiser, Niederkaiser, Kitzbüheler Horn) im Hintergrund des Moores zu genießen, am besten immer wieder umdrehen. Der Waldspielplatz Moor & More (beim 2. Parkplatz, 800 m weiter) ist ein schöner Abschluss der Tour bzw. kann dorthin verlängert werden. Mit größeren Kindern bzw. Trage kann ab dort auch die Rocky-Runde (5,7 km; 340 Hm) gemacht werden.

Wetter: Anforderung: Gesamtdauer: 1 ¼ h

Anforderung: Mittel; 70 Hm; 2 leichte Steigungen am Beginn und am Weg retour; großteils geschotterter Forst- und Wiesenweg.

Dauer: RW: 1 ¼ h; 4,1 km.

Wetter:	Trockenes Wanderwetter bzw. leichter Nieselregen, Achtung: Im Hochsommer, wenn sehr feucht, Mückenschutz nicht vergessen.

Wanderwert für (Geschwister) Kinder:

2–3 Jahre:	6 Aktivspielstationen der Moor & More Erlebniswelt, Bächlein zum Plantschen, Wasser leiten und baden beim Parkplatz mit Picknickgelegenheit; Spielplatz bei der Einkehrmöglichkeit bzw. Waldspielplatz gegenüber vom Römerhof.
4–6 Jahre:	Siehe u. 2–3 Jahre, zusätzlich Informationen zu Flora und Fauna im Moor, sowie Rätselfragen mit Stanzfeldern (hierzu vorher die „Moor & More"-Erlebniswelt Karte beim Tourismusverband in Going oder St. Johann abholen, dann erhält man nachher eine kleine Überraschung). Achtung: Die erste Stanzstation ist bereits am Eingang des Parkplatzes rechts.
Kinderfahrrad:	Nicht geeignet.

Navi: 6380 St. Johann i. Tirol, Römerweg 76 – Moor & More Erlebniswelt.

Anfahrt: A12 Ausfahrt Wörgl Ost (von Innsbruck kommend) bzw. Kufstein Süd & Eibergstraße (von Deutschland kommend) weiter auf der B178 bis St. Johann i. T., die erste Einfahrt nach Weitau nehmen und gleich bei der „KFZ Fahrzeit" links einbiegen. Der Straße zum Römerhof folgen und beim ersten Schild „P Moor & More" rechts zum Parkplatz fahren.

Bus/Bahn: Nicht empfehlenswert.

Ausgangspunkt/P: Kostenloser Parkplatz Moor & More Erlebniswelt.

Infos/Gaststätten: *Rummlerhof, am Weg, Tel. +43 5352 63650, www.rummlerhof.at, Apr bis Okt und Dez bis März, Ruhetag: Mo. *Gasthaus Römerhof, beim Abenteuerspielplatz, Tel. +43 5352 63516, Mitte Juni bis Ende Sep und Ende Dez bis Mitte März, Ruhetag: Mi.

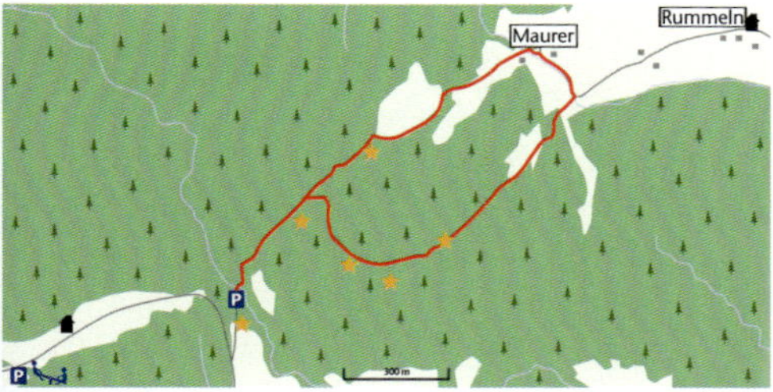

Wegbeschreibung: Gestartet wird am Ende des Parkplatzes rechts über die Brücke.
Ab hier immer den Schildern von Törfchen bzw. den offiziellen gelben Schildern „Moor & More Windwehen Moosweg" folgen. Nach der ersten Station dem rechten Weg weiter folgen. Nun geht's links erhöht am Moor entlang immer wieder mit Stationen rechts ins Moor hinein (Station Moorsteg nur ohne Kinderwagen möglich). Nach einer kurzen Senke öffnet sich der Wald und man sieht die ersten Weiler. Wer einkehren möchte, folgt der Straße (Fahrverbot, nur Anrainerverkehr) geradeaus zum Rummlerhof mit Spielplatz, anschließend gleicher Weg retour. Die Runde geht weiter die Straße links hinauf zu den Höfen. Hier links halten und zuerst übers Feld dann am Moorrand entlang links hinaus. Dem Forstweg links hinunter bis zur Kreuzung folgen und ab hier gleicher Weg wie eingangs zurück zum Parkplatz.

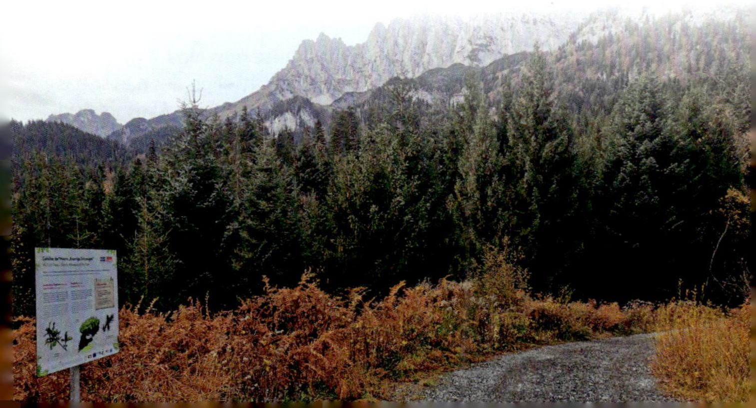

37 Kaiserbachtal (780–1024 m)

Gasteig/Kirchdorf: ein Tag im Naturschutzgebiet

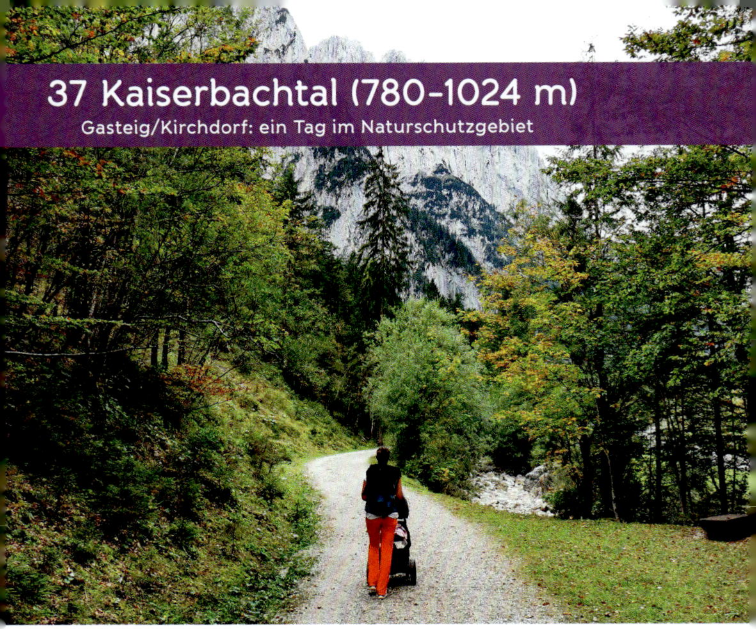

Immer bachaufwärts geht's taleinwärts entlang der Steilwände des Wilden Kaisers, durch Schotterkegel und -rinnen – siehe Anforderung. Den Weg begleiten am ersten Teil Informationen zu Flora und Fauna des Naturschutzgebietes, auch eine Audioguide-App steht zur Verfügung („story2go“ St. Johann in Tirol, bereits zu Hause downloaden) und die Alpine Outdoor Gallery, welche Kletterpersönlichkeiten des Kaisermassivs vorstellt . Ab der Fischbachalm gibt's für die Kleineren Aktivspielstationen des Schnackler-Erlebnisweges. Ein angenehmes Ausflugsziel für die ganze Familie, da man auf einer separaten Mautstraße zu beiden Einkehrmöglichkeiten auch direkt mit dem Auto zufahren und die Tour dadurch individuell abkürzen kann. Im Winter genießt man die Winterlandschaft am gespurten Winterwanderweg.

Wetter: ◐ Anforderung: ● Gesamtdauer: 3 h

Anforderung:	Mittel; 250 Hm; kontinuierliches Auf und Ab entlang des Baches, letzter Teil knackige Steigung durch den Wald, durch Schotterkegel und -rinnen sowie ein ausgewaschenes flaches Bachbett; großteils angenehmer Forst-/Waldweg, am letzten Teil teilweise holprig – nur mit geländegängigem Kinderwagen.
Dauer:	Eine Strecke: 2 h; 5 km. Retour schneller (abwärts).
Wetter:	Trockenes, schönes Wanderwetter, auch im Winter (Schneelage berücksichtigen, gespurter Winterwanderweg, am besten mit der Rodel).

Wanderwert für (Geschwister) Kinder:

2–3 Jahre:	Nur mit Kinderwagen-Unterstützung aufgrund der Distanz, Variante ab Fischbachalm mit Schnackler-Erlebnisweg-Stationen zu empfehlen, zwar der steilere Teil, aber auch kurzweiliger, verkürzt eine Strecke auf 1 h, 130 Hm, 2 km. Spielplätze bei den Einkehrmöglichkeiten.
4–6 Jahre:	In diesem Alter Variante ab Fischbachalm (bis dorthin Mautstraße), siehe u. 2–3 Jahre.
Kinderfahrrad:	Nicht empfehlenswert.

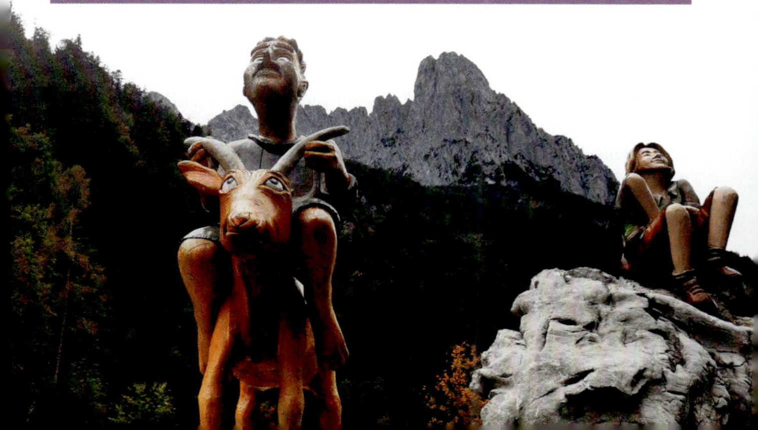

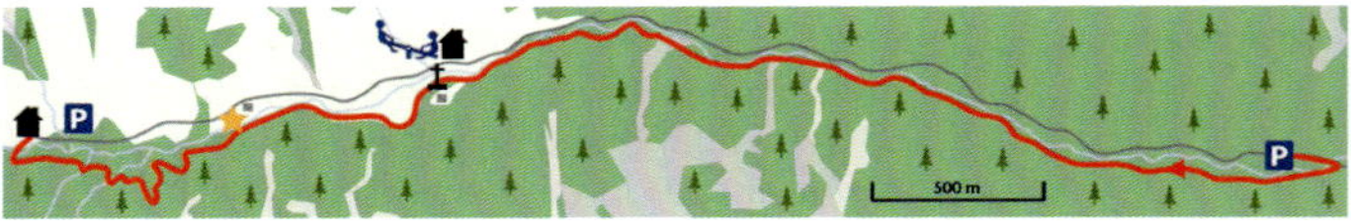

Navi: 6382 Kirchdorf, Kaiserbachtal 1a – Parkplatz Mautstelle Kaiserbachtal.

Anfahrt: A12, Ausfahrt Wörgl Ost und B178 nach St. Johann i. T. bzw. von D kommend: A93, Ausfahrt Oberaudorf und B172 bis Kössen. Ab dort den Schildern Kaiserbachtal/Griesenau folgen, beim Gasthof Griesenau ins Kaiserbachtal/Naturschutzgebiet abbiegen und der Straße bis zum Parkplatz vor der Mautstelle links folgen. Wer direkt fahren möchte: Ab hier beginnt die kostenpflichtige Mautstraße, Richtpreis: € 5, ab 17 Uhr frei.

Bus/Bahn: Nicht empfehlenswert, Hst. Kirchdorf in Tirol Griesenau.

Ausgangspunkt/P: Kostenpflichtiger Parkplatz Mautstelle Kaiserbachtal, Richtpreis: € 2/Tag.

Infos/Gaststätten: *Fischbachalm, Hälfte des Weges, Tel. +43 5352 65526, www.fischbachalm.at, ganzjährig täglich geöffnet. *Griesner Alm, am Ziel, Tel. +43 5352 64443, www.griesneralm.at, Mai bis Ende Okt und vor Weihnachten bis Apr, Ruhetag: Sommer täglich geöffnet, Winter Mo.

Wegbeschreibung: Der Wanderweg beginnt 100 Meter vor dem Parkplatz an der Brücke links. Anfangs geht's fast eben durch den Wald, dann in ständigem Auf und Ab immer entlang der linken Bachseite taleinwärts. Teilweise ragen direkt neben dem Weg die Steilwände des Wilden Kaisers empor, dann durchquert man Schotterkegel, bis sich nach der holzgeschnitzten Bank „Kaiserbachtal" das Tal öffnet und man rechts die Fischbachalm mit Kinderspielplatz sieht. Weiter zur Bergsteigerkapelle. Ab hier machen die Stationen des Schnackler-Erlebniswegs den Rest des Wegs kurzweilig. Über eine offene Schleife geht's wieder in den Wald und bald kann man rechts einen Abstecher zur Latschenbrennerei machen. Nun führt der Weg weiter bergauf zu den Steilwänden und durchquert zwei Schotterrinnen, bevor man rechts durch einen kleinen Bach die Griesner Alm mit kleinem Spielplatz erreicht. Auch der gleiche Rückweg ist kurzweilig, weil durch die andere Perspektive talauswärts ganz neue Eindrücke gesammelt werden können.

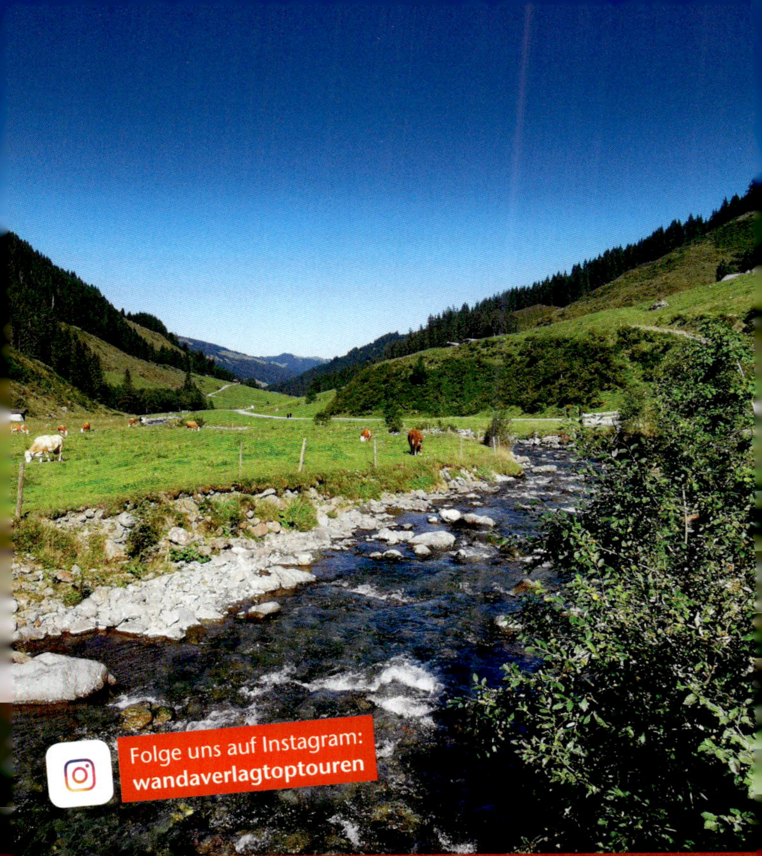

IV. Kitzbüheler Alpen

38 Kurzer Grund (900–1180 m)

Kelchsau: idyllische Almwanderung

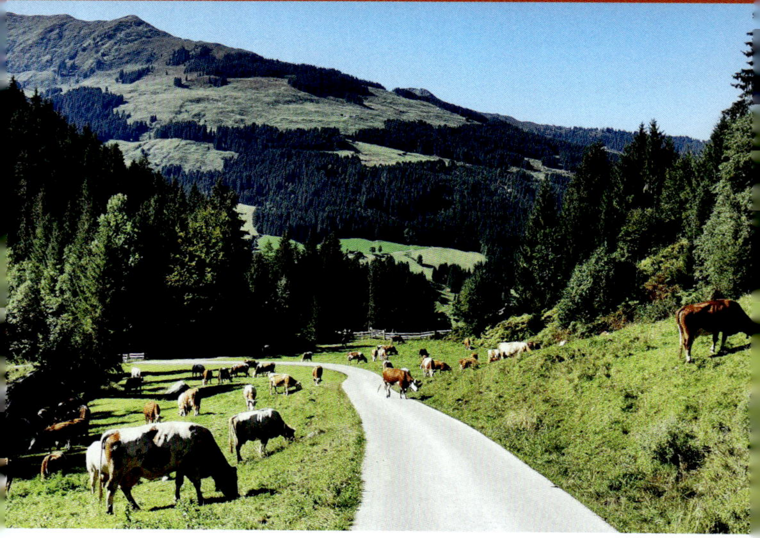

Die Kelchsau ist eines der südlichen Seitentäler der Kitzbüheler Alpen und ein Wanderparadies. Der „Kurze Grund“ ist, wie der Name schon sagt, die kürzere, linke Seite der Kelchsau, im Winter ist der „Lange Grund“ rechts empfehlenswerter, da sonniger. Die Mautstraße stört nur bedingt, nämlich zu den Stoßzeiten an Wochenenden und morgens, wenn alle so früh wie möglich zu den umliegenden Bergspitzen starten. Dadurch ist die Strecke aber auch wiederum eine nette Kombitour, die Mamis können z.B. einmal zu einem umliegenden Gipfel starten, die Väter derweil mit dem Kinderwagen gemütlich zum Ende der Mautstraße rollen mit Einkehr und gemütlichem Ausklang.

Wetter: Anforderung: Gesamtdauer: 3 ½ h

Anforderung: Mittel; 290 Hm; stetig dem Bach aufwärts folgend mit drei sportlichen Steigungen; Asphaltstraße.

Dauer: Aufstieg: 2 ¼ h; 5,6 km.

Wetter: Trockenes beständiges Wanderwetter.

Wanderwert für (Geschwister) Kinder:

2–3 Jahre:	Immer wieder Möglichkeiten zum Plantschen im Bach, Weidetiere und Spielplätze bei den Einkehrmöglichkeiten. Für gehende Kinder nur unterstützend mit Kinderwagen aufgrund der Distanz.
4–6 Jahre:	In diesem Alter empfehlen wir die direkte Zufahrt auf der Mautstraße bis zur Stauschleuse.
Kinderfahrrad:	Aufgrund der Steigung und des Autoverkehrs für Kinder nicht sehr geeignet.

Navi: 6361 Hopfgarten – Parkplatz Langer und Kurzer Grund

Anfahrt: A12, Ausfahrt Wörgl, B178 und dann auf B170 bis Hopfgarten, nach der Bahnunterführung rechts dem Schild Kelchsau bis zum Parkplatz vor der Mautstelle rechts folgen – nur begrenzte Anzahl an Parkplätzen. Ab hier Mautstraße, Richtpreis: € 5.

Bus/Bahn: Nicht empfehlenswert.

Ausgangspunkt/P: Kostenloser Parkplatz Mauthäuschen Kelchsau.

Infos/Gaststätten: *Niederkaseralm, Käserei und Alm mit Spielplatz, Almfrühstück, Käsereiführungen Mo und Fr, Tel. +43 664 5500243, Ende Mai bis Ende Sep, täglich geöffnet. *Alpengasthaus Wegscheid, Spielplatz, Tel. +43 664 5407111, www.gasthof-wegscheid.at, Mai bis Okt, täglich geöffnet.

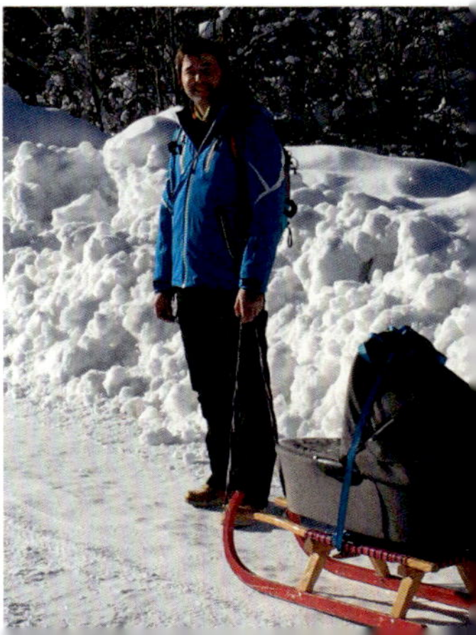

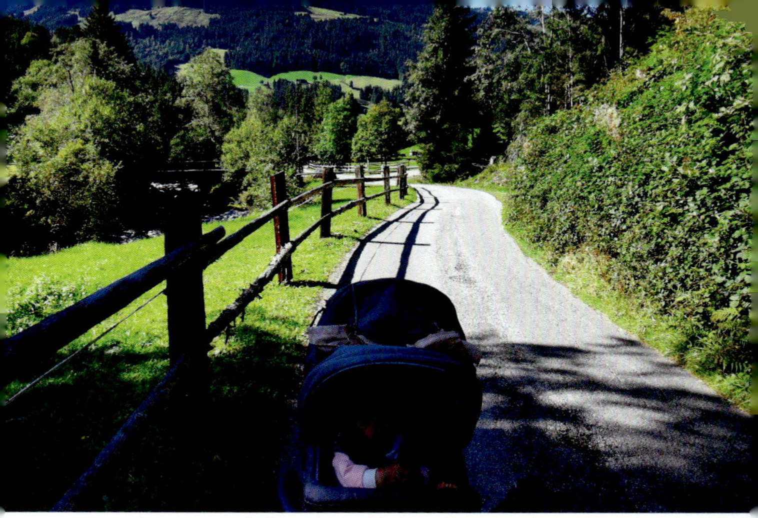

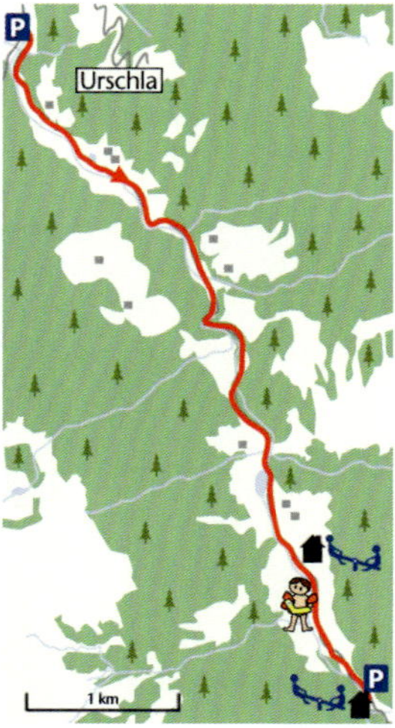

Wegbeschreibung:
Am Mauthäuschen und Schranken vorbei bis zur Gabelung gehen. Ab hier links der Straße in den „Kurzen Grund“ folgen. Langsam ansteigend geht's in das Tal hinein. Bald erreicht man die unbewirtschaftete Buchauer Alm mit Teich und weiter geht's über offenes Almgebiet und durch Wald, immer dem Bach entlang. Nach der Stauschleuse öffnet sich der Talkessel mit See und links hinten sieht man bereits die Almkäserei Niederkaser. Nach einer weiteren Steigung erkennt man schon die Autos am Parkplatz und es geht im letzten Anstieg hinauf zum Gasthof Wegscheid mit Terrasse und Spielplatz. Gleicher Rück- wie Hinweg.

39 Käsealm Straubing (850 m)

Windautal, Westendorf: Achenwanderung mit uriger Alm

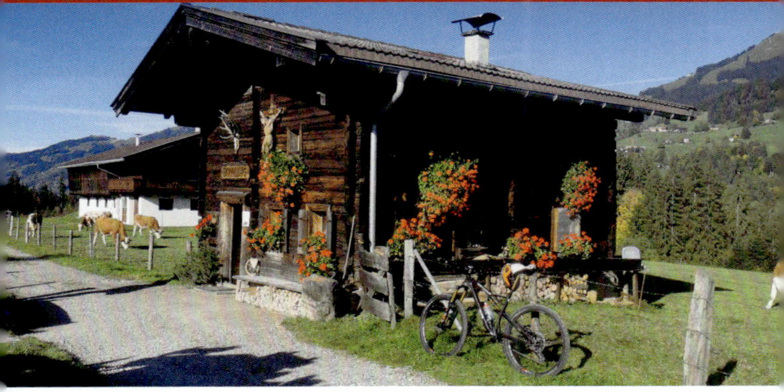

Gemütlich startet man bei dieser Wanderung talauswärts entlang der Windauer Ache, diese schlängelt sich mal durch schroffen Fels, mal über weite Felder und durch idyllische Weiler. Mit einer sportlichen Steigung durch den Wald erklimmt man das Hochplateau. Hier scheint die Zeit stehen geblieben zu sein. Herrliches Bergpanorama, alte Scheunen und Hütten sowie ursprünglicher Wald belohnen für den Aufstieg. Von Feldern umgeben wartet die urige Alm mit eigener Käserei und Spielplatz. In der Nähe des Parkplatzes kann man die Füße in der erfrischenden Ache abkühlen oder noch ein wenig plantschen.

Wetter: Anforderung: Gesamtdauer: 2 ½ h

Anforderung:	Mittel; 150 Hm; eine längere, sportliche Steigung auf der Asphaltstraße, teils grober Feldweg, geländegängiger Kinderwagen notwendig.
Dauer:	RW: 2 ½ h; 7,4 km.
Wetter:	Schönes, trockenes Wanderwetter, da sonst gatschige Stellen; aufgrund des Schattens auch im Hochsommer geeignet.

Wanderwert für (Geschwister) Kinder:	
2–3 Jahre:	Spielplätze bei den Einkehrmöglichkeiten, Bach und Weidetiere; nur unterstützend mit Kinderwagen aufgrund der Distanz. Für eine kürzere Variante zum Selbst-Gehen einfach die Runde in umgekehrter Richtung und nur so weit, wie es Spaß macht, gehen bzw. an der Ache entlang, jeweils mit gleichem Rück- wie Hinweg.
4 – 6 Jahre:	In diesem Alter die Runde in umgekehrter Richtung gehen, siehe u. 2–3 Jahre.
Kinderfahrrad:	Nur Teil an der Ache entlang mit gleichem Rückweg geeignet, da Radweg, aber auch sehr gut frequentiert.

Navi: 6363 Westendorf, Rettenbach 14 – Parkplatz nach Brücke rechts.

Anfahrt: A12, Ausfahrt Wörgl, B178, dann auf B170 bis Westendorf, erste Auffahrt nach Westendorf und dann rechts den Schildern „Windautal" bis zum Parkplatz direkt vor der Mautstelle rechts folgen – nur wenige Parkplätze zur Verfügung.

Bus/Bahn: Nicht empfehlenswert.

Ausgangspunkt/P: Kostenfreier Parkplatz vor der Mautstelle.

Infos/Gaststätten: *Käsealm Straubing, Alm und Almladl mit Käse, Speck und Schnaps aus eigener Erzeugung, Tel. +43 664 3375126, Apr bis Mitte Okt, täglich geöffnet. *Gasthof Jägerhäusl, Tel. +43 5334 6219, Mai/Juni bis Okt, Ruhetag: nach Aushang.

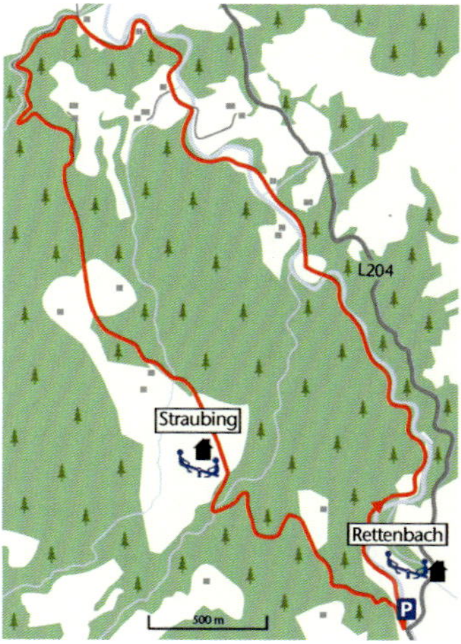

Wegbeschreibung: Vom Parkplatz talauswärts dem Wanderweg flussabwärts folgen. Es geht großteils direkt der Windauer Ache entlang, mal felsig, mal über Felder und vorbei an einsamen Weilern. In der Unterwindau links den Schildern „Straubing/Jägerhäusl Nr. 6" folgen. Jetzt geht's auf der Asphaltstraße steiler bergauf, zuerst links entlang der Straße und später rechts auf einem Schotter-Waldweg – sehr gut beschildert. Durch den Wald und über offenes Almgebiet nun teilweise auf gröberem Untergrund Richtung Alm. Beim Schranken, man sieht bereits zur Alm, links über den kleinen Waldweg auf den parallelen Feldweg wechseln. Von der Alm führt eine breite Forststraße retour zum Parkplatz, hierzu den Schildern „Jägerhäusl" durch den Wald folgen. Am Fuße des Hügels hat man den Parkplatz wieder erreicht.

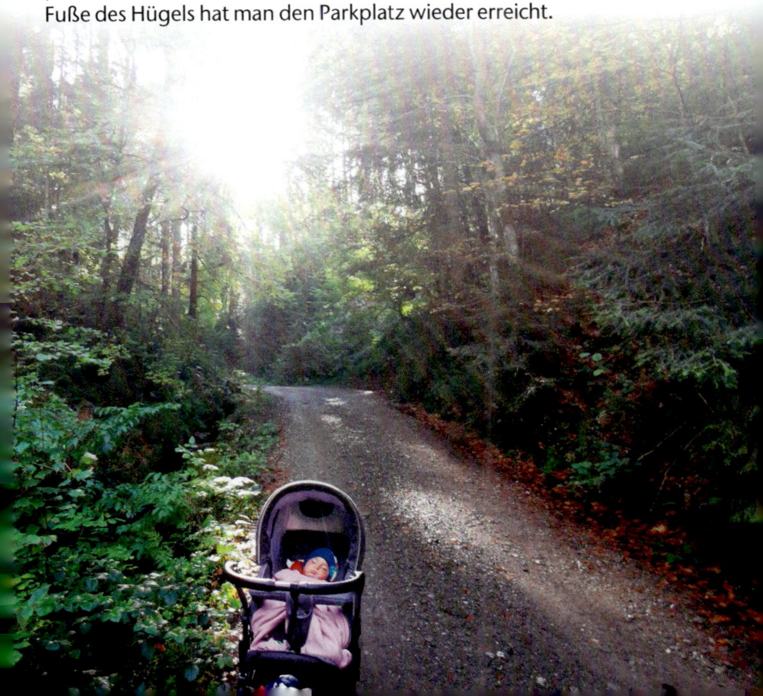

40 Brixenbachalm (1080 m)

Brixen im Thale: Sommer- und Wintertour

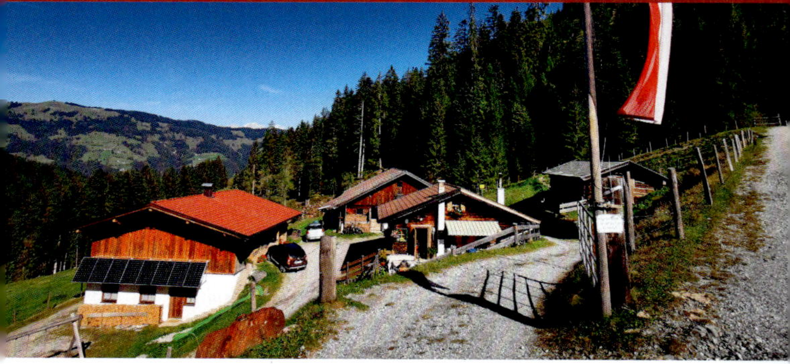

Herrlich ruhiges Seitental in den Kitzbüheler Grasbergen. Durchgehend steigend, aber gemütlich geht's entlang dem renaturierten Bachverlauf der Brixentaler Ache aufwärts. Immer wieder bieten sich Möglichkeiten, zum Bachbett abzusteigen. Am Ziel wartet eine urige Almhütte mit kleinem Spielplatz. Im Winter lässt es sich über den geräumten Weg ebenso gemütlich aufsteigen und entspannt hinunter rodeln (offiziell keine Rodelbahn). Wer noch Energie hat bzw. eine „stroll & hike"-Tour daraus machen möchte, auf den wartet am rechten Talschluss ein malerischer Wasserfall, auch als Kraftort bekannt.

Wetter: Anforderung: Gesamtdauer: 2 h

Anforderung:	Mittel; 220 Hm; kontinuierliche Steigung, guter Schotterweg mit geringem Autoverkehr, da nicht durch einen Schranken gesperrt.
Dauer:	Aufstieg: 1 ¼ h; 2,5 km.
Wetter:	Trockenes Wanderwetter, bei guter Schneedecke im Winter zum Rodeln (je nach Schneelage Dezember bis März).

Wanderwert für (Geschwister) Kinder:	
2–3 Jahre:	Spielplatz auf der Alm und Bach sowie Brunnen entlang des Weges. Auch im Winter nur mit Rodel oder Trage.
4–6 Jahre:	Siehe u. 2–3 Jahre, aufgrund der Länge gut geeignet.
Kinderfahrrad:	Nicht geeignet.

Navi: 6364 Brixen im Thale, Brixenbach 56 – Nähe Parkplätze Brücke.

Anfahrt: A12, Ausfahrt Wörgl Ost. B178 und dann B170 Richtung Hopfgarten/Kirchberg bis Brixen im Thale, im Ort Schildern „Café Pension Fuchs“ folgen, ab dort der Brixentaler Ache weiter aufwärts folgen bis zu den Parkplatzmöglichkeiten nach der Brücke.

Bus/Bahn: Möglich, aber umständlich: Bhf. Brixen im Thale, Fußweg zur Brixentaler Ache und dann dieser aufwärts folgen, zusätzlich ca. ¾ h, 80 Hm, ca. 1,5 km.

Ausgangspunkt/P: Kostenlose Parkplätze nach der Brücke an der Brixentaler Ache.

Infos/Gaststätten: *Brixenbachalm, im Winter Rodelverleih (gegen Gebühr), Tel. +43 664 9496070, Mai bis Okt und Dez bis März, Ruhetag: Mo.

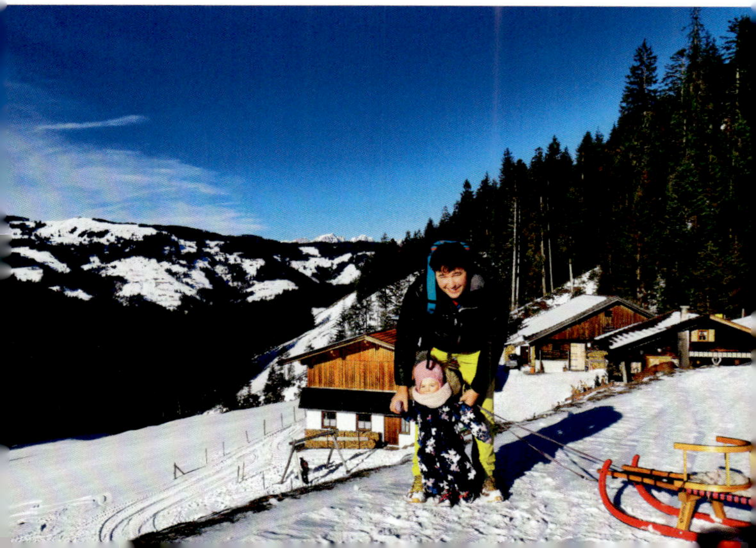

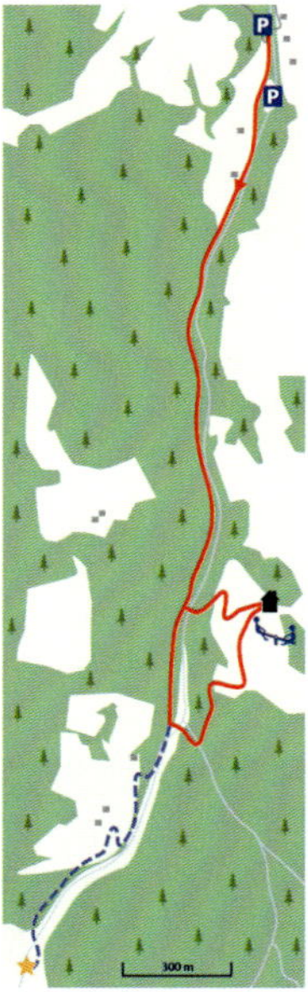

Wegbeschreibung:
Der Forststraße achenaufwärts folgen. Dem renaturierten Bachbett folgend, geht's immer rechts der Ache entlang. Bei der ersten Brücke führt die Abkürzung direkt zur Alm. Wer noch Energie hat, weiter der Forststraße folgen, bei der nächsten Brücke links und immer links haltend zuerst über ein schmales Brett (Rodel- bzw. Kinderwagenbreite) über einen Bach und dann auf dem Forstweg links hinunter zur Alm. Dies wird mit einem herrlichen Panorama über die Alm bis zum Wilden Kaiser im Hintergrund belohnt (auch im Winter möglich).
Retour geht's bei der Hütte direkt hinunter zur Ache und dann dieser rechts bis zum Parkplatz folgen.

Verlängerung zum Wasserfall: Bei der Brücke einfach dem Forstweg geradeaus weiter der Ache entlang folgen. Nach einiger Zeit wird der Weg so unwegsam, dass man die Trage/Kraxe vorziehen sollte. Herrlicher idyllischer Wasserfall mit Zustiegssteig auf der linken Seite. Gleicher Rück- wie Hinweg (Aufstieg: ½ h; 100 Hm; 0,8 km). Falls man den gesamten Weg lieber mit der Trage/Kraxe macht, erreicht man die Alm vom Parkplatz über den Kreuzweg an der linken Achenseite.

41 Hintenbachalm (1190 m)

Aschau/Kirchberg: durchs Spertental zum Kasplatzl

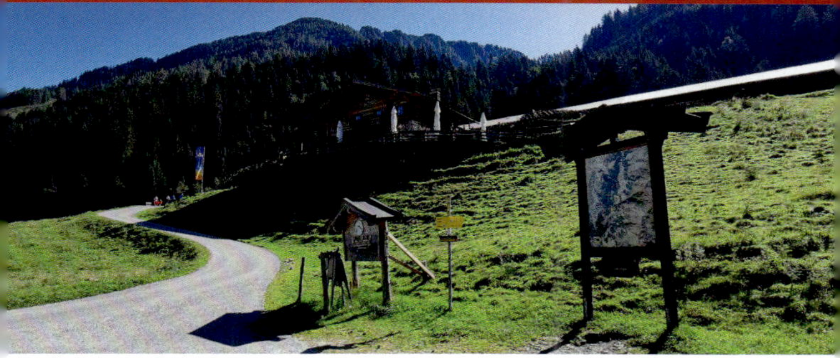

Diese schöne Wanderung bietet mehrere Höhepunkte. Der Weg ist nicht allzu anstrengend und wer sich plagen möchte, kann bis zur Labalm verlängern. Auf halber Strecke befinden sich eine Hängebrücke mit Aussichtsplattform und ein schöner Wasserfall. Bis zur Hintenbachalm geht's moderat ansteigend durch das Landschaftsschutzgebiet, immer am Bach entlang. Am Ziel wartet eine interessante Schaukäserei mit eigenem Schau-Wasserkraftwerk, nicht zu vergessen natürlich der schöne Ausblick auf den Großen Rettenstein, den zweithöchsten Berg der Kitzbüheler Alpen. Zurück am Ausgangspunkt können die Kinder noch den Abenteuerspielplatz und müde Beine die Kneippanlage genießen.

Wetter: Anforderung: Gesamtdauer: 2 h

Anforderung: Mittel; 120 Hm; kontinuierliche Steigung mit langgezogenen, fast ebenen Passagen; gut gepflegter, geschotterter Wanderweg; Verlängerung auf der asphaltierten Mautstraße.

Dauer: Hinweg: 1 ¼ h, retour ¾ h; ca. 3 km pro Strecke. Verlängerung Labalm pro Strecke zusätzlich: ½ h, 1,5 km, 120 Hm.

Wetter: Jedes Wanderwetter, auch für heiße oder regnerische Tage geeignet, da großteils geschützt durch den Wald.

Wanderwert für (Geschwister) Kinder:

2–3 Jahre:	Spielplatz beim Ziel sowie beim Ausgangspunkt.
4–6 Jahre:	Siehe u. 2–3 Jahre, zusätzlich Schaukäserei und Schau-Wasserkraftwerk, siehe Infos.
Kinderfahrrad:	Nicht geeignet.

Navi: 6365 Kirchberg in Tirol, Natur- und Erlebnisweg Unterer Grund.

Anfahrt: A12 Ausfahrt Wörgl Ost: B178 und dann B170 bis Kirchberg/Spertental folgen, beim Kreisverkehr 2. Ausfahrt Richtung Aschau/Spertental, in Aschau weiter geradeaus ins Spertental, links vorbei an Kneippanlage und Spielplatz, Stein „Mittelpunkt Kitzbüheler Alpen“, rechte Straße zum Parkplatz.

Bus/Bahn: Möglich, aber umständlich: Hst. Aschau bei Kitzbühel GH Falkenstein.

Ausgangspunkt/P: Kostenloser Parkplatz Unterer Grund, Aschau/Spertental. Anmerkung: Der P bei der Kneippanlage vorher ist meistens voll.

Infos/Gaststätten: *Kasplatzl, Schaukäserei und Verkostungsstube, tägliches Käsen (ab Mitte Aug jeden zweiten Tag) ca. 9 bis 11 Uhr, Führung: Do um 10:30 Uhr, € 8,50 pro Person, Schau-Wasserkraftwerk, Spielplatz, Tel. +43 664 8711739, www.kasplatzl.at, Mitte Mai bis Anfang Okt, Ruhetag: Mo (Ausn. Juli/Aug). *Alpengasthaus Labalm, Tische sind direkt im Hausgarten aufgestellt, sehr nette Atmosphäre, regionale und saisonale Spezialitäten (www.kochart.tirol), Spielplatz, Tel. +43 676 6450342, www.labalm.at, Mai bis Ende Okt, Ruhetag: Di (Ausn. Jul). *Oberlandhütte, DAV Hütte mit Kinderspielplatz und schöner, sonniger Terrasse, in der Nähe der Kneippanlage, Tel. +43 5357 8113, www.oberlandhuette.at, ganzjährig geöffnet.

Wegbeschreibung: Direkt am Schranken startet auf der rechten Seite der Wanderweg Unterer Grund. Obwohl die Mautstraße (€ 4) parallel zum Wanderweg verläuft, stört sie nicht, weil wenige Autos fahren und der Blick Richtung Talschluss mit dem Bergpanorama gerichtet ist. Es geht kontinuierlich ansteigend mit zwei steileren Passagen durch den Wald. Nach ca. einer halben Stunde ist der Wasserfall mit Hängebrü-

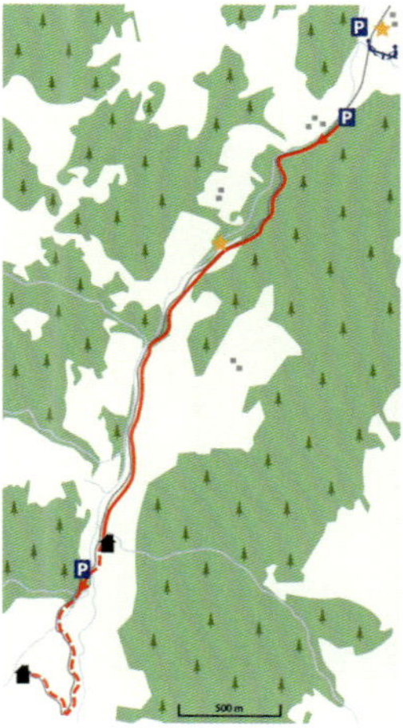

cke und Aussichtsplattform erreicht. Dort ist auch ein netter, schattiger Jausenplatz. Kurz danach öffnet sich der Talboden, man sieht das erste Mal das Ziel und den Großen Rettenstein (2366 m). Noch eine langgezogene Kurve durch den Wald und dann geht's fast eben zum Kasplatzl, links oben. Gleicher Rück- wie Hinweg.

Verlängerung zur Labalm: Dieses Ziel ist bereits taleinwärts blickend vom Kasplatzl aus zu sehen. Sie liegt halbhoch am rechten Hang. Dafür die Straße entlang weiter taleinwärts gehen, am Parkplatz mit Picknickmöglichkeit vorbei und kurz durch den Wald. Stetig stark ansteigend weiter auf offenem Almgebiet und beim gelben Schild rechts zur „Labalm" abbiegen. Die Alm lockt mit traumhaftem Ausblick und köstlicher warmer Verpflegung. Gleicher Rück- wie Hinweg.

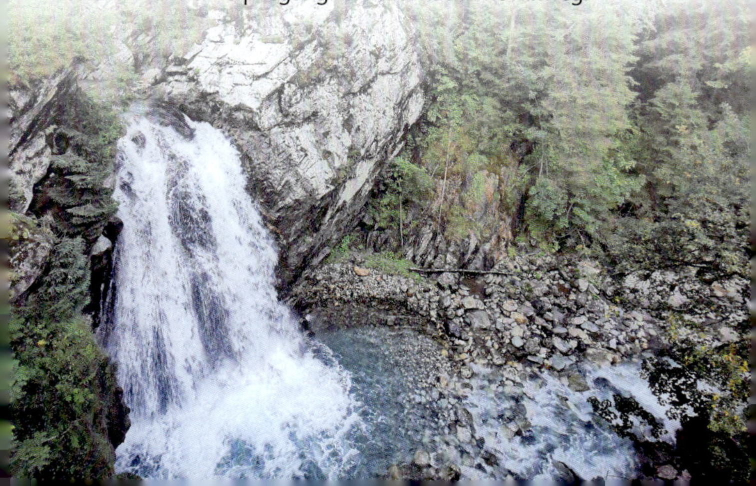

42 Schwarzsee

Kitzbühel: Naturmoorsee mit Aktivwegen

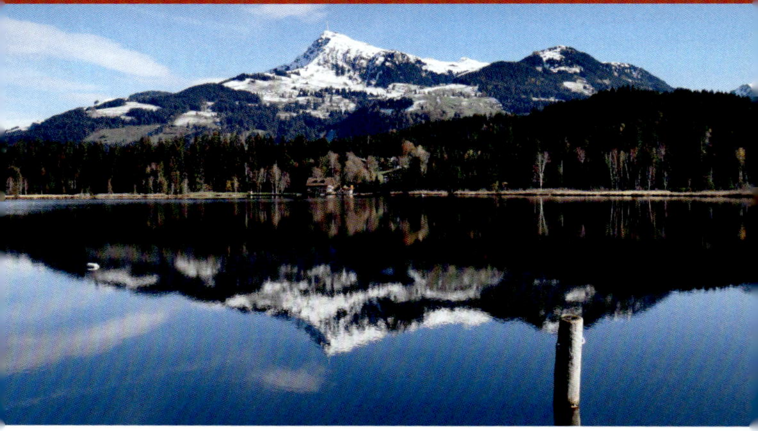

Gemütliche, aber sehr populäre Seewanderung vor den Toren Kitzbühels. Eingebettet zwischen Kitzbüheler Horn, Hahnenkamm und Wilder Kaiser genießt man von jedem Punkt ein herrliches Bergpanorama. Großteils eben direkt am See verläuft der breite Wanderweg. Der Paradiesgarten des lokalen Bienenzuchtvereins, der Kitzbüheler Farbmeditationsweg und die Forstmeile mit Aktivstationen machen den Weg sehr kurzweilig. Im Sommer ist der See ein beliebter Badesee, es können Boote und sonstige Gefährte ausgeliehen werden oder man genießt einfach nur die Sonne. Entspannender geht's im Frühling und Herbst zu und im Winter bietet sich eine Winterwanderung an.

Wetter: Anforderung: Gesamtdauer: 1 h

Anforderung: Leicht; fast eben mit einem kleinen Hügel am Beginn; großteils feiner Schotterwanderweg, kurz Waldboden u. Holzsteg zum Schutz des Moores.

Dauer: RW: 1 h; 2,5 km.
Wetter: Trockenes Wanderwetter, sonst teilweise gatschig.

Wanderwert für (Geschwister) Kinder:

2–3 Jahre:	Bademöglichkeiten.
4–6 Jahre:	Siehe u. 2–3 Jahre, zusätzlich Tier- und Naturbeobachtungen mit Infotafeln. Aktivstationen auf der Forstmeile.
Kinderfahrrad:	Ja mit Unterstützung, eine kurze Steigung und Abfahrt am Beginn sowie später ein Holzsteg.

Navi: 6370 Kitzbühel, Schwarzseestraße, Parkplatz Schwarzsee P10.

Anfahrt: A12 Ausfahrt Wörgl Ost bzw. Kufstein Süd, B178 Richtung Lofer/Brixental/St. Johann i.T. folgen bis Abfahrt Reith bei Kitzbühel, rechts abbiegen und nach dem Ort links Richtung Parkplatz Schwarzsee P10 und dem Strandbad Kitzbühel.

Bus/Bahn: Bhf. Kitzbühel Schwarzsee, man sieht den See bereits vom Bahnsteig, den Fußweg links Richtung Strandbad nehmen.

Ausgangspunkt/P: Kostenfreier Parkplatz Schwarzsee P10.

Infos/Gaststätten: *Café Luca Schwarzsee, Tel. +43 664 1318939, Ruhetag: bei Regenwetter (Nov bis Mitte Dez geschlossen sowie nach Ostern 14 Tage). *Pipino's, Tel. +43 5356 62658, www.pipinos-restaurant.com, Ruhetag: Mittwoch (Ausn. Jun bis Aug keiner), Nov bis Mitte Dez geschlossen. *Strandbad Alpenhotel, Tel. +43 5356 64254, www.alpenhotel-kitzbuehel.at/strandbad, Richtpreis € 7/Tag/Erw., günstiger ab 13 bzw. 16 Uhr. *Städtisches Schwarzseebad Kitzbühel, Tel. +43 5356 62381, geöffnet Juni bis Sep, Richtpreis € 5/€ 2,70/Tag/Erwachsene/Kinder, günstiger ab 12 bzw. 16 Uhr.

Wegbeschreibung: Vom Parkplatz Richtung Café Luca blickend, links dem „Schwarzseerundweg Nr. 9" folgen. Vorbei am Paradiesgarten des lokalen Bienenzuchtvereins geht's nach kurzer Steigung wieder hinunter zum Seeufer. Diesem links entlang folgen. Auf der anderen Seeseite machen ein Farbmotivationsweg, wilde Bademöglichkeiten, ein Holzsteg übers Moor sowie die sportlichen Stationen der Forstmeile den Weg zum Strandbad Alpenhotel recht kurzweilig. Retour zur Promenade mit Einkehrmöglichkeiten geht's zuerst durch den Wald, kurz auf der

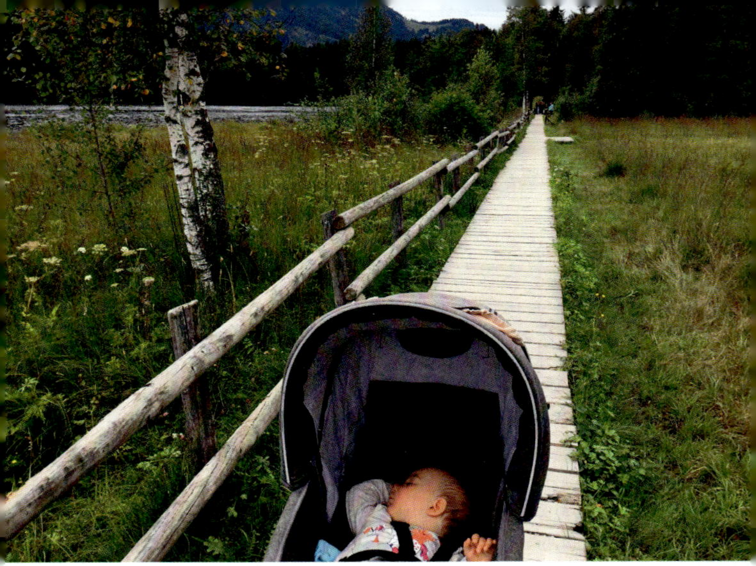

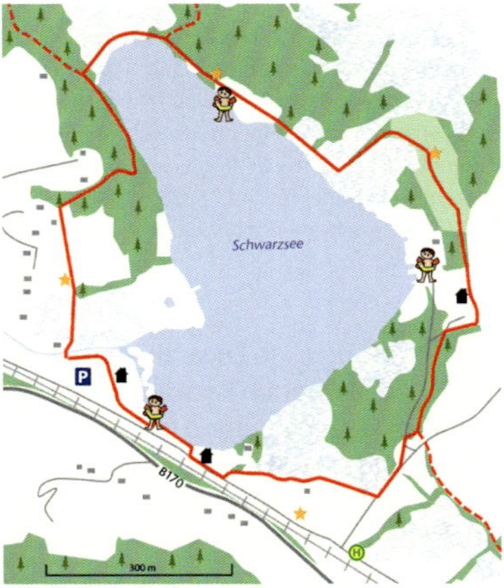

Straße und dann rechts am Schilf entlang. Für einen Fotostopp mit Schwarzsee und Kaisergebirge im Hintergrund weiter der Straße folgen und dann rechts retour zur Promenade. Die Runde ist auch in umgekehrter Richtung möglich bzw. auch beim Alpenhotel startbar. Verlängerbar ist die Runde mit der Weiher-Runde oder dem Kitzbühel-Stadtspaziergang, siehe Folgeseiten.

43 Weiher-Runde

Kitzbühel: Höfe und wilde Weiher

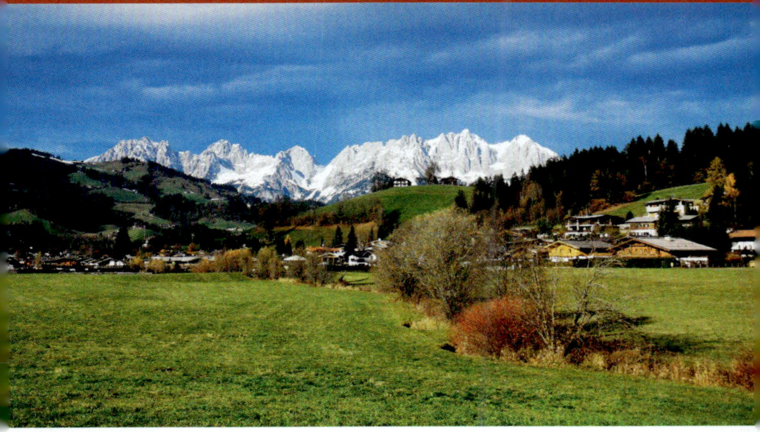

Herrliche ausgedehnte Wanderrunde durchs hügelige Bichlach mit Vogelsberger und Gieringer Weiher, prachtvollen Höfen und Villen. Eingerahmt wird die Runde von den Kitzbüheler Hausbergen, Kitzbüheler Horn und Hahnenkamm sowie dem Wilden Kaiser. Die Sonne genießen am Steuerberg, baden am Gieringer Weiher und gemütlich über Münichau durch einen außergewöhnlich schönen Wald retour zum Schwarzsee. Wem die Runde zu lange ist, der kann abkürzen und auch bei Nieselwetter hat die Runde ihren Reiz.

Wetter: ◐ Anforderung: ● Gesamtdauer: 2 ½ h

Anforderung:	Mittel; 140 Hm; mehrere kurze Steigungen; großteils Schotterweg, teils Asphalt und Waldweg.
Dauer:	RW: 2 ½ h, zusätzlich Verweildauer einplanen; 7,3 km, Abkürzung möglich.
Wetter:	Jedes Wanderwetter; zur Hälfte im Wald.

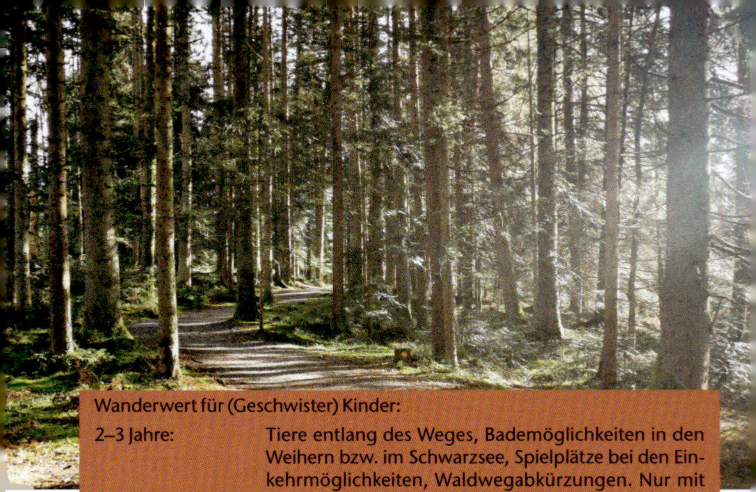

Wanderwert für (Geschwister) Kinder:	
2–3 Jahre:	Tiere entlang des Weges, Bademöglichkeiten in den Weihern bzw. im Schwarzsee, Spielplätze bei den Einkehrmöglichkeiten, Waldwegabkürzungen. Nur mit begleitendem Kinderwagen zu empfehlen aufgrund der Distanz.
4–6 Jahre:	Aufgrund der Länge für dieses Alter nicht zu empfehlen.
Kinderfahrrad:	Nicht geeignet.

Navi: 6370 Kitzbühel, Schwarzseestraße, Parkplatz Schwarzsee P10.

Anfahrt: A12 Ausfahrt Wörgl Ost bzw. Kufstein Süd, B178 Richtung Lofer/Brixental/St. Johann i.T. folgen bis Abfahrt Reith bei Kitzbühel, rechts abbiegen und nach dem Ort links Richtung Parkplatz Schwarzsee P10 und Strandbad Kitzbühel.

Bus/Bahn: Bhf. Kitzbühel Schwarzsee, man sieht den See bereits vom Bahnsteig, den Fußweg links Richtung Strandbad nehmen.

Ausgangspunkt/P: Kostenfreier Parkplatz Schwarzsee P10.

Infos/Gaststätten: *Café Luca Schwarzsee, Tel. +43 664 1318939, Ruhetag: bei Regenwetter (Nov bis Mitte Dez geschlossen sowie nach Ostern 14 Tage). *Wirtshaus Steuerberg, Tel. +43 664 2006100, www.steuerberg.eu, ganzjährig geöffnet, Ruhetage: Mo/Di/Mi (Ausn. Ferienzeiten kein Ruhetag). *Waldbad & Buffet Gieringer Weiher, Tel. +43 5356 63955, www.waldbad.me, Ende Mai bis Anfang Sep, geschlossen bei Regen, Richtpreis: € 5/Tag (Kinder € 2,50), günstiger ab 15 bzw. 17 Uhr. *Städtisches Schwarzseebad Kitzbühel, Tel. +43 5356 62381, geöffnet Juni bis Sep, Richtpreis € 5/€ 2,70 Tag/Erw./Kinder, günstiger ab 12 bzw. 16 Uhr.

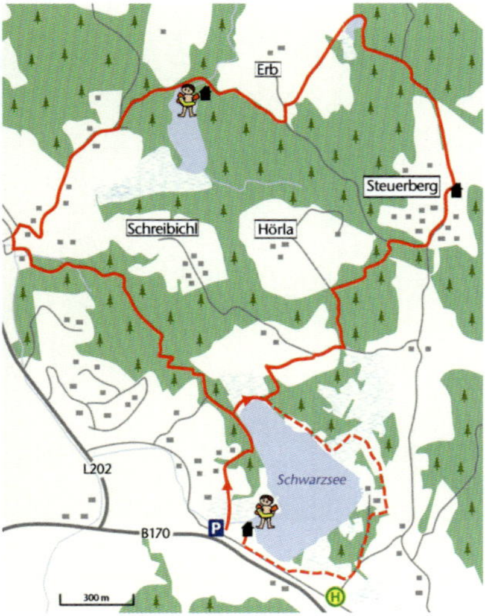

Wegbeschreibung: Beim Parkplatz Richtung Café Luca blickend, links dem „Schwarzseerundweg Nr. 9“ im Uhrzeigersinn bis zur großen Moor-Infotafel folgen. Ab hier geht's Richtung „Steuerberg (Nr. 53/11)“ bzw. „Gieringer Weiher“. Auf der Straße angelangt zuerst rechts gehen und dann gleich links durch den Wald hinauf immer Richtung „Steuerberg (Nr. 11)/ Gieringer & Vogelsberger Weiher“. Vor der Lichtung rechts in den Waldweg bis zur Straße. Hier gibt es die Möglichkeit, gleich direkt nach links zum Gieringer Weiher abzukürzen. Sonst rechts und dann später links der Straße hinauf zum „Steuerberg“ folgen. Hinweis: Der Wandersteig geradeaus zum Steuerberg ist nicht kinderwagentauglich. Nach einer guten Stunde erreicht man den höchsten Punkt mit herrlichen Ausblicken aufs Kitzbüheler Horn und das Kaisergebirge. Links über die Wiese und durch den Wald weiter zum Vogelsberger Weiher. Diesem entlang, übers Feld hinauf und am Waldrand entlang, immer den Schildern „Gieringer Weiher“ folgend. Am Weiher angelangt den Schildern „Münichau/Schwarzsee/Kitzbühel (Nr. 12/53)“ folgen. Oben am Plateau angelangt, genießt man einen Ausblick über die Weiher-/Hügellandschaft, bevor es wieder hinunter nach Münichau geht und durch einen sehr schön angelegten Waldweg retour zum Schwarzsee.

44 Kitzbühel

Durch die Sportstadt und auf den Lebenberg

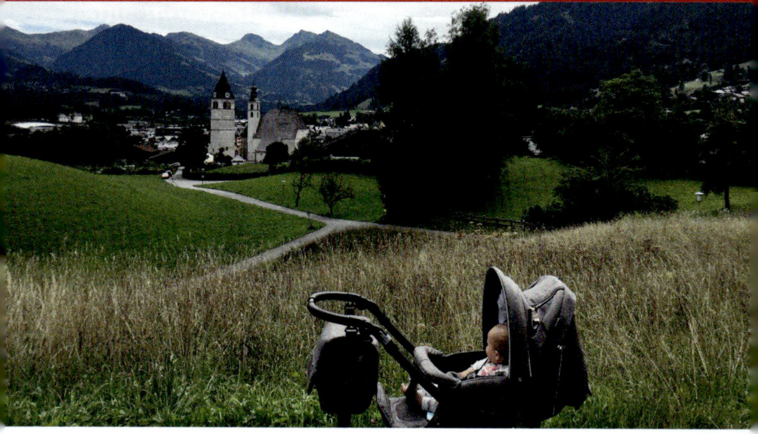

Lifestyle, Promis, Sport, Natur und das legendäre Hahnenkammrennen, dafür steht Kitz. Neben Kufstein und Rattenberg habe ich auch in Kitzbühel eine kleine Stadtrunde beschrieben, weil es schon eine b'sondrige Atmosphäre hat und der eine oder andere vielleicht einmal abseits der Saison darin eintauchen möchte. Die hier beschriebene Runde führt an „Sehenswürdigkeiten" und Sportstätten vorbei und in die farbenprächtige Innenstadt. Wer möchte, kann einen Abstecher zum Zielhang der Streif oder zum Tennisstadion machen. Die Kitzbüheler Parks und die Fußgängerzone laden zum Verweilen ein und eine Verlängerung führt ins Grüne rund um den Lebenberg.

Wetter: Anforderung: Gesamtdauer: 1 h

Anforderung: Leicht; 50 Hm; geringe Steigungen, großteils asphaltierter Weg.

Dauer: RW: 1 h; 3,5 km. Verlängerung: 1 h; 70 Hm; 2,8 km.

Wetter: Zu jeder Jahreszeit und bei jedem Wanderwetter, auch leichtem Nieseln.

Wanderwert für (Geschwister) Kinder:	
2–3 Jahre:	Spielplatz und Parks, nur mit Kinderwagen für jedes Kind.
4–6 Jahre:	In diesem Alter nicht sehr attraktiv.
Kinderfahrrad:	Nur in den Parks empfehlenswert.

Navi: 6370 Kitzbühel, Pfarrau 31 – Parkplatz Pfarrau P4.

Anfahrt: A12 Ausfahrt Wörgl Ost bzw. Kufstein Süd, B178 Richtung „Lofer/Brixental/St. Johann i.T." folgen bis Abfahrt Reith bei Kitzbühel, rechts abbiegen, Schildern "Kitzbühel" folgen und die erste Abfahrt Kitzbühel Zentrum nehmen, man fährt direkt auf den Parkplatz Pfarrau P4 zu.

Bus/Bahn: Bhf. Kitzbühel Hahnenkamm, direkter Einstieg in die Tour.

Ausgangspunkt/P: Kostenloser Parkplatz Pfarrau P4, Schranke am Ende des Parkplatzes Richtung „Kitzbühel".

Infos/Gaststätten: *Mehrere Einkehrmöglichkeiten in Kitzbühel Stadt.

Wegbeschreibung: Auf der unteren Ebene des Parkplatzes über die kleine Brücke und dem Bach entlang Richtung „Kitzbühel" folgen. Beim ersten Park vor dem Spielplatz rechts hinauf bis zur Hauptstraße. Dieser links bis zum Kreisverkehr folgen – wer möchte, kann nach einer Weile auf der Hauptstraße rechts einen Abstecher zum Rasmushof und Ganslernhang (Zielgelände des Hahnenkammrennens) machen.
Beim Kreisverkehr rechts halten und vor der Aquarena rechts zum Legendenpark. Weiter gehts links den Bahnschienen entlang zur Hahnenkammbahn rechts über die Bahngleise bzw. gleich links Richtung Zentrum. Bei der Kreuzung kurz links und gleich rechts durch den Stadtpark, hier rechts halten um die Innenstadthäuser und links durch das Stadttor in die Fußgängerzone einbiegen. Entlang der bunten Häuserzeilen nach der Kirche links abbiegen, um dann rechts durch die kleinen Gassen wieder zurück zur Hauptstraße zu kommen. Dieser kurz links

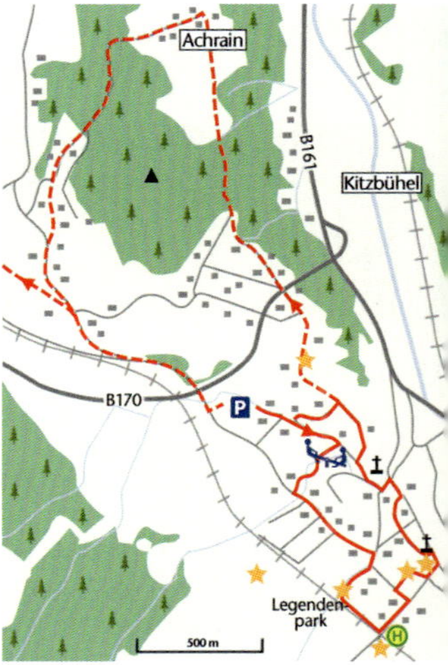

folgen und links hinunter geht's zur Kirchenmauer. Bei dieser links herum bis zur Kirche hinauf.
Für einen Blick über Kitzbühel mit den Kirchtürmen und umliegenden Bergen ein Stück hinauf gehen, umdrehen und genießen. Am Friedhof links entlang geht's hinunter und dann am Bach rechts retour zum Parkplatz.

Verlängerung: Beim Friedhof gerade durch die Siedlung, am Ende den geraden Forstweg durch den Wald nehmen, Schild „Schwarzsee/Steuerberg“. Wenn sich der Wald lichtet, hat man ein Wahnsinnspanorama zum Wilden Kaiser. Hinunter zu den Höfen und links der Straße entlang um den Lebenberg herum. Wenn man wieder zu den Häusern kommt, zuerst rechts halten und dann links Richtung „Kitzbühel“ bis zum Parkplatz gehen.

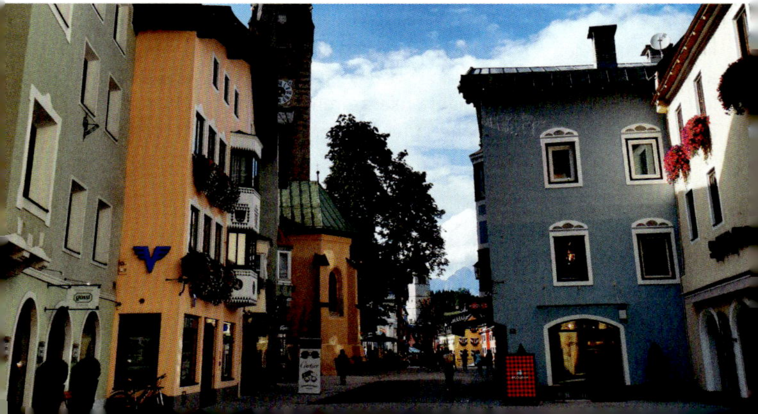

45 Hahnenkamm (1670 m)

Kitzbühel: Sommererlebnis auf der Streif

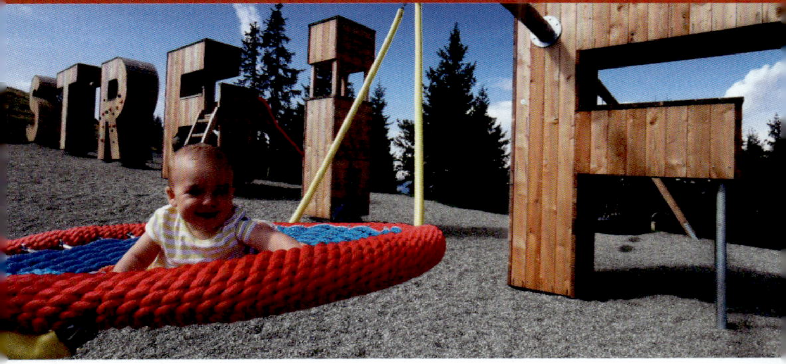

Faszination Streif – die wohl berühmteste und schwerste Abfahrt im Schizirkus hat auch im Sommer ihren Reiz: Hier kannst du gemütlich im Starthäuschen stehen und ein Gefühl dafür kriegen, wie steil die Mausefalle tatsächlich ist. Und neben den vielen, schön angelegten Wegen, Wasserspeichern und Kinderspielplätzen auch die Industrialisierung des Tourismus samt Schneekonservierung für den nächsten Winter hautnah fühlen. Die Aussicht am Panoramaweg ist natürlich traumhaft und reicht von Kitzbühel über die Steinberge, den Wilden Kaiser und im Süden bis in die Tauern.

Wetter: Anforderung: Gesamtdauer: 1 ½ h

Anforderung: Mittel; 100 Hm; eine Steigung am Panoramaweg; größtenteils Schotterweg, ca. ⅓ Asphaltstraße.

Dauer: RW: 1 ½ h plus Verweildauer; 3,5 km. Verlängerung Ehrenbachhöhesee zusätzlich 1 h, 2,5 km, 80 Hm.

Wetter: Nur bei schönem Bergwetter, da die Aussicht ein wesentlicher Faktor bei der Tour ist.

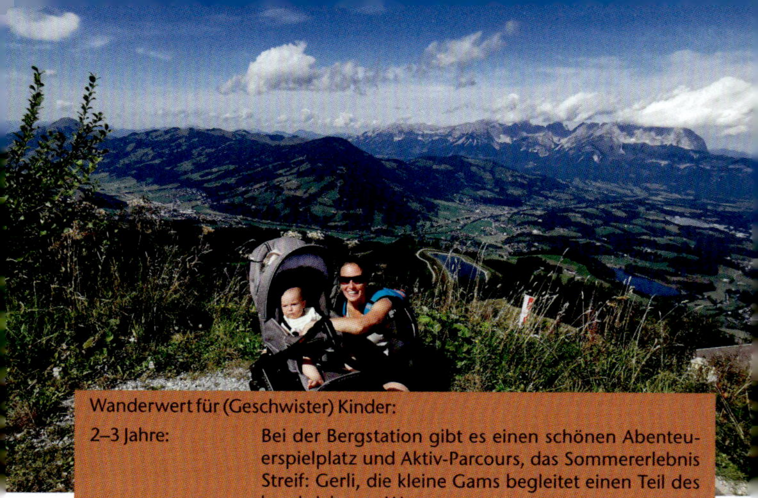

Wanderwert für (Geschwister) Kinder:	
2–3 Jahre:	Bei der Bergstation gibt es einen schönen Abenteuerspielplatz und Aktiv-Parcours, das Sommererlebnis Streif: Gerli, die kleine Gams begleitet einen Teil des beschriebenen Weges.
4–6 Jahre:	Siehe u. 2–3 Jahre.
Kinderfahrrad:	Nicht geeignet.

Navi: 6380 Kitzbühel, Parkplatz P1 Bergbahnen Kitzbühel.

Anfahrt: A12 Kufstein Süd (von Norden kommend) bzw. Wörgl Ost (von Westen kommend), B178 bis zum Stanglwirt, rechts abbiegen nach Reith bei Kitzbühel, am Schwarzsee links auf die B170 nach Kitzbühel abbiegen, Ausfahrt Schwarzseestraße und gleich wieder rechts halten, Kreisverkehr rechts, nächste Kreuzung rechts und man fährt direkt auf die Hahnenkammbahn zu.

Bus/Bahn: Bhf. Kitzbühel Hahnenkamm, direkt an der Talstation der Hahnenkammbahn.

Ausgangspunkt/P: Bergstation Hahnenkammbahn – Hochkitzbühel.

Infos/Gaststätten: *KitzSki – Bergbahnen Kitzbühel, Richtpreis Berg- und Talfahrt € 27,50/Erw., € 5,20/Kind, Ladies & Men Days mit Vergünstigungen, Gondelbreite: 60 cm, nicht für Doppelkinderwägen geeignet, www.kitzski.at, Mitte Mai bis Ende Okt/Anfang Nov. *Hochkitzbühel by Tomschy, Tel. +43 5356 620940, www.beitomschy.at, Öffnungszeiten wie Bergbahn, kein Ruhetag. *Berghaus Tirol, Tel. +43 5356 62470, www.berghaustirol.at, Öffnungszeiten wie Bergbahn, Ruhetag: Mi. *Hahnenkammstüberl, wohl der beste Kaiserschmarrn, Tel. +43 5356 62521, Öffnungszeiten wie Bergbahn, kein Ruhetag.

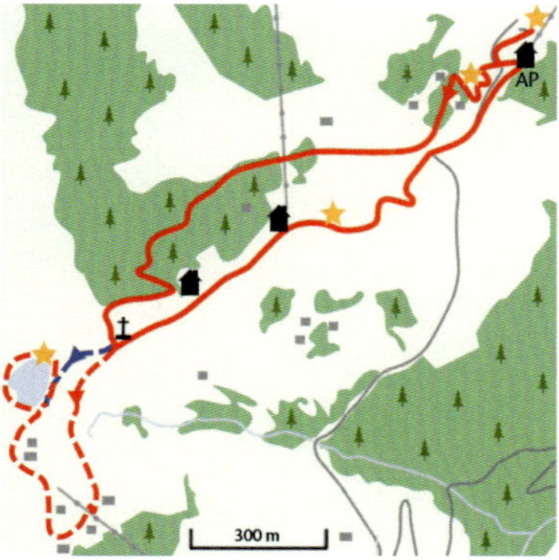

Wegbeschreibung:
Ein Abstecher von der Bergstation rechts zur Aussichtsplattform lohnt sich auf alle Fälle, es winken schöne Ausblicke. Von der Aussichtsplattform wieder retour dem lila Schild „Starthaus Streif Runde“ folgen. Der Weg führt zum Starthaus hinauf und im Häuschen gibt es eine Menge Informationen rund um das berühmte Schirennen. Hinter dem Starthaus beginnt der Rundweg „Sommererlebnis Streif“, ein seit 2019 sehr nett angelegter Rundweg mit neun Aktivstationen für Kinder. Ab nun den Schildern des „Panorama-Rundwegs (Nr. 22, türkis)“ folgen. Der Weg schließt in einem 8er an den Sommererlebnisweg an. Höhepunkte sind der Abenteuerspielplatz und die St. Bernhard-Kapelle mit nettem, eingezäuntem Garten zum Rasten und Jausnen. Zurück geht's auf dem asphaltierten Weg zur Bergstation.

Verlängerung und Abstecher zum Ehrenbachhöhesee auf 1765 m Höhe: Mit dem Kinderwagen müssen wir auf dem Forstweg bleiben. All jene, die mit Trage unterwegs sind, können den beschilderten Steig direkt hinauf nehmen. Beide Wege sind gut beschildert. Oben gibt's wieder ein herrliches Bergpanorama und im See einen abgegrenzten Kneippbereich. Gleicher Rück- wie Hinweg.

46 Bruggeralm (1365 m)

Jochberg: Spielparadies mit Gault Millau

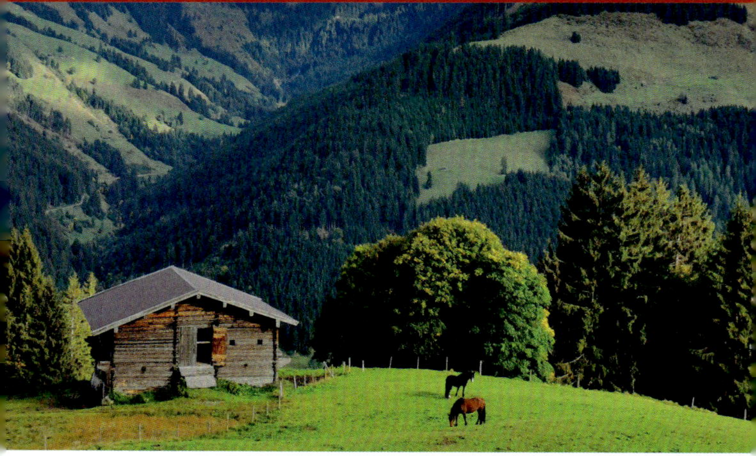

Urige Almhütte mit Kinderparadies und lokalen Schmankerln auf Gault-Millau-Niveau. Die in einem ruhigen Seitental gelegene Hütte gilt als Insidertipp bei Einheimischen und ist sehr gut kombinierbar mit Groß- oder Urgroßeltern, da sie direkt mit dem Auto anfahrbar ist (Achtung: Schotterstraße). Am Weg retour wandert man über Almen und zwischen weidende Ziegen und Kühe durch sowie entlang von Wiesen und Wiesenwegen, welche im Winter als Schipiste genutzt werden. Bevor man zurück zum Parkplatz kommt, bietet sich ein Abstecher zum Speichersee links hinauf an, wo man mit einem Panorama bis nach Kitzbühel und zum Pass Thurn belohnt wird.

Wetter: ○ Anforderung: ● Gesamtdauer: 1 ¾ h

Anforderung: Mittel; 220 Hm; kontinuierliche Steigung zur Alm und weiter bis zum höchsten Punkt; großteils Schotterweg mit Wiesenweg (Schiweg).

Dauer:	RW: 1 ¾ h; 4,4 km.
Wetter:	Schönes trockenes bis leicht feuchtes Bergwetter.

Wanderwert für (Geschwister) Kinder:	
2–3 Jahre:	Kinderparadies beim Ziel: Tret- und Schiebfahrzeuge, Trampolin, Spielplatz mit Rutsche und Sandkasten sowie Tiere entlang des Weges.
4–6 Jahre:	Siehe u. 2–3 Jahre.
Kinderfahrrad:	Nicht geeignet.

Navi: 6373 Jochberg, Scheringweg 11–21, weiter bis Parkplatz Schering.

Anfahrt: A12 Wörgl Ost bzw. Kufstein Süd, B178 bis St. Johann i. T., B161 Pass-Thurn-Straße bis Wagstättbahn, danach rechts auf Schweizeranger und Scheringweg ca. 3 km folgen zum Parkplatz rechter Hand.

Bus/Bahn: Nicht empfehlenswert.

Ausgangspunkt/P: Kostenloser Parkplatz Schering.

Infos/Gaststätten: *Bruggeralm, Tel. +43 5355 5088, www.bruggeralm.at, Juni, Sep u. Okt von Mi bis So geöffnet (Ruhetage: Mo u. Di), Juli u. Aug auch am Mo geöffnet (Ruhetag: Di).

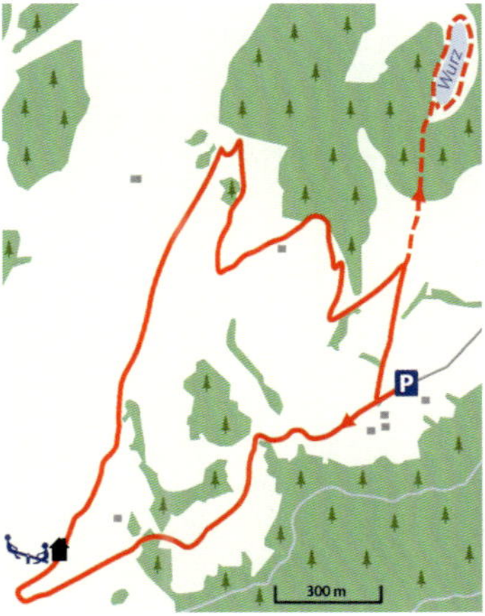

Wegbeschreibung: Vom Parkplatz der Straße entlang dem Schild „Bruggeralm" folgen. Über Almen und Weiden geht es stetig hinauf, bis nach einer guten halben Stunde und einem kurzen Waldstück die Alm rechts oben sichtbar ist. An der Hütte entlang weiter aufwärts, bis rechts der im Winter als

Schiweg genutzte breite Wiesenweg mit Schild Richtung „Jagawurz" weggeht. Diesem ca. ½ h folgen bis zum Schotterweg. Hier rechts hinunter zur Vorderreithalm und weiter retour zum Parkplatz. Es ist auch möglich, von der Hütte am gleichen Rück- wie Hinweg zu gehen.

Verlängerung zum Talschluss möglich (nur zu zweit, da bei geschlossenem Schranken der Kinderwagen darüber gehoben werden muss) bzw. beim regulären Abstieg Verlängerung zum Speichersee Wurz mit Umrundung.

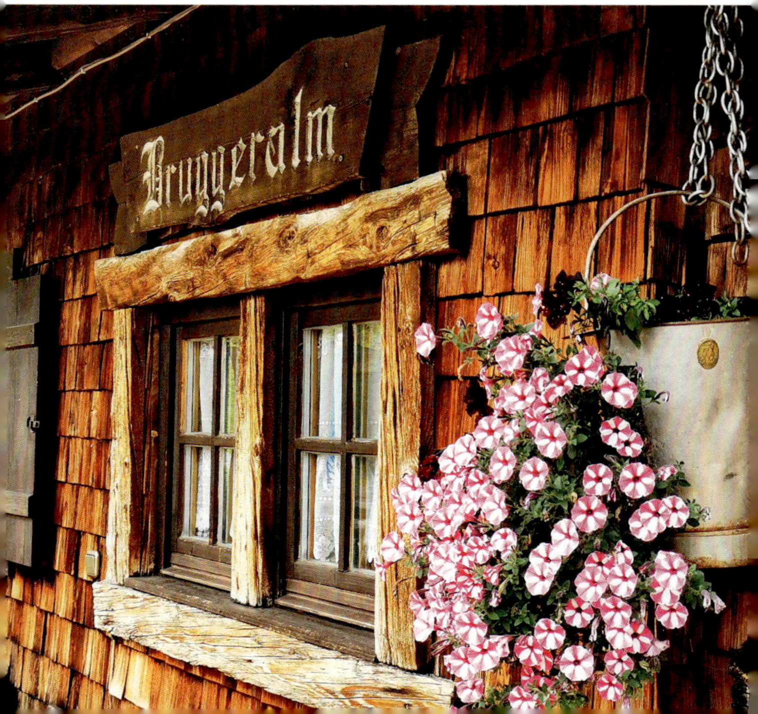

47 Pillersee (835 m)

St. Ulrich a. P.: Seerundwanderung

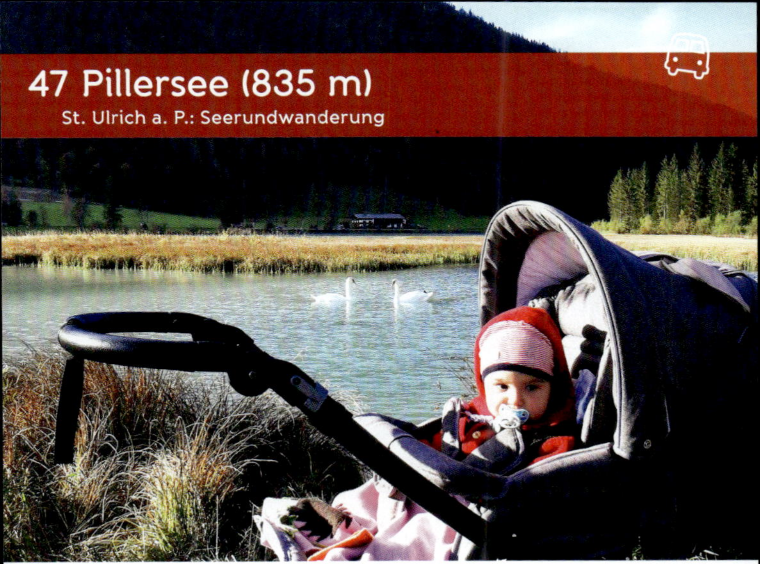

Der Pillersee liegt recht malerisch zwischen den Loferer Steinbergen und dem Kirchbergstock. Dieser Rundweg verläuft großteils direkt am See entlang. Erweiterungsmöglichkeiten gibt es sowohl im Süden über eine Kneippanlage als auch im Norden über einen Bienenlehrpfad und St. Adolari. Ja – und baden geht natürlich auch, sofern die 20 Grad Wassertemperatur noch im eigenen Wohlfühlbereich liegen. Hinweis: In der Nähe befindet sich das Jakobskreuz auf der Buchensteinwand, das ist allerdings nur mit der Trage erreichbar.

Wetter: Anforderung: Gesamtdauer: 1 ½ h

Anforderung:	Leicht; fast eben; feinschottriger Waldwanderweg.
Dauer:	RW: 1 ½ h; 5 km.
Wetter:	Schönes, trockenes Wanderwetter, im Winter teils nachrangige Winterräumung.

Wanderwert für (Geschwister) Kinder:	
2–3 Jahre:	Mit Kinderwagen gut geeignet, Fischerl, Enten, Schwäne zum Bewundern, Bade- und Plantschmöglichkeiten.
4–6 Jahre:	Siehe u. 2–3 Jahre. Zusätzlich Bootsverleih beim Kiosk, bunte Stationen des Skulpturenradweges Steinbergrunde und Bienenlehrpfad auf der Trageverlängerung.
Kinderfahrrad:	Gut möglich, feinschottriger breiter Weg, allerdings auch viele Radfahrerinnen unterwegs.

Navi: 6393 St. Ulrich am Pillersee, Niedersee 108, Forellenranch – Mautstelle für Parkplatz.

Anfahrt: A12, Ausfahrt Wörgl Ost und B178 nach Waidring. bzw. von D kommend: A93, Ausfahrt Oberaudorf und B172 & B178 nach Waidring. Ab dort den Schildern „Pillersee" folgen und bei der Forellenranch links vor dem See durch die Mautstelle auf den Parkplatz fahren.

Bus/Bahn: Hst. St. Ulrich a. P. Gemeindeamt, Einstieg direkt in die Tour.

Ausgangspunkt/P: Kostenpflichtiger Parkplatz/Mautstraße nach Forellenranch im Wald, Richtpreis: € 2/Tag.

Infos/Gaststätten: *Seestüberl/Kiosk, direkt am Ostufer mit Bootsverleih und Bademöglichkeit, Tel. +43 660 6571921, www.forellenranch.at/de/seestueberl-pillersee, ganzjährig geöffnet, bei Schlechtwetter unter der Woche geschlossen, Richtpreis baden: € 1/Tag. *Seerestaurant Blattl, Seeterrasse, Gastgarten und Spielplatz direkt am See, Tel. +43 5354 88187, www.blattl.eu, März bis Nov, Ruhetag in Nebensaison laut Aushang. *Forellenranch, Tel. +43 660 6571921, www.forellenranch.at, Mai bis Okt und Dez bis März, Ruhetag: Mo. *Gasthof Adolari, Tel. +43 5353 20003, www.tirolerwirt.at, Mai bis Mitte Okt und Mitte Dez bis Mitte März, Ruhetag: Di, im Mai und Okt auch Mi.

Wegbeschreibung: Vom Parkplatz geht's zum See hinunter und im Prinzip im Uhrzeigersinn um den See herum. Über einladende Liegewiesen und durch den Wald schlängelt sich der breite Wanderweg am Ufer. Bei Verlassen des Sees hat man zwei Möglichkeiten: entweder rechts über das Zulaufdelta oder geradeaus weiter zur Kneippanlage.

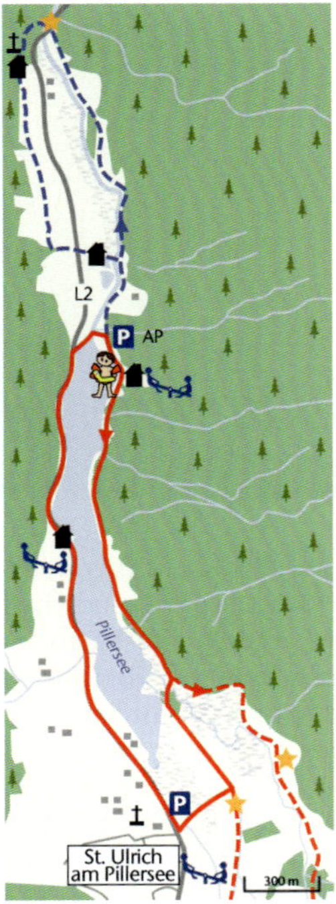

Bei beiden Optionen dann rechts übers Feld zum Sportplatz gehen und weiter zur Dorfstraße. An der Dorfstraße kann man gerade hinauf einen Abstecher zur Kirche machen, sonst geht's rechts der Dorfstraße entlang wieder zum See. Am Ortsausgang passiert man eine kleine Kapelle und ab hier verläuft der Weg separiert parallel zur Straße und großteils direkt am See. Retour ans andere Ufer und zum Parkplatz geht es über einen kleinen Steg beim Ablauf des Sees.

Verlängerung nach Süden (½ Std.): Für die kleine Runde im Süden bei der Kneippanlage geradeaus dem Lasbach in den Weiler Neuwieben folgen, rechts durch den Weiler, kurz an der Straße und wieder rechts entlang des Griesselbachs zurück zur Pillersee-Runde.

Die **Verlängerung nach Norden** (Adolari, RW ¾ Std.) ist um ein Stück idyllischer und es gibt einen netten Gastgarten und ein sehenswertes Kircherl. Nach der Überquerung des kleinen Stegs links dem Ablauf des Sees bis zum Bienenlehrpfad folgen. Die Straße links vorsichtig überqueren und zur Kirche hinauf gehen. Ab dem Weiler St. Adolari führt ein schöner Feldweg oberhalb der Straße retour zur Forellenranch und von hier auf bekanntem Weg retour. Feldweg nur mit Trage zu empfehlen aufgrund von einigen Stufen und großen Wurzeln.

48 Weissbachschlucht

Waidring: off the beaten track!

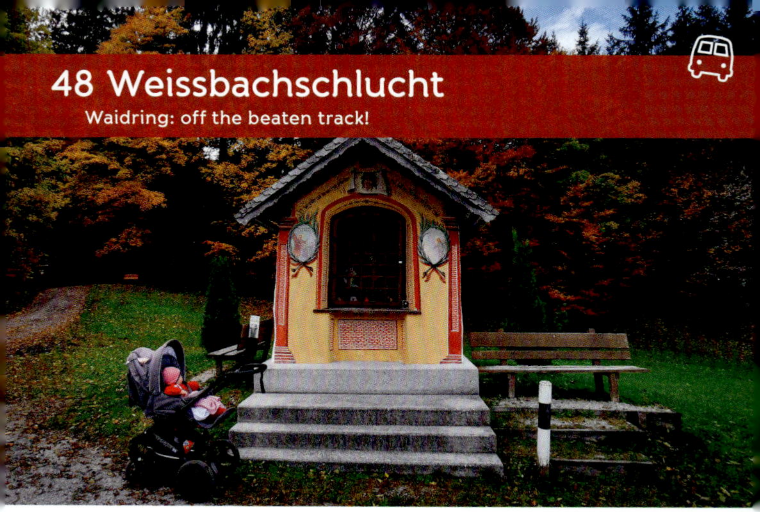

Einmal spektakulärer, dann wieder ganz gemütlich bahnt sich der Weissbach seinen Weg ins Tal. Speziell im Herbst zeigt sich die Landschaft in den prächtigsten Farben, im Hochsommer verströmt der Bach eine angenehme Frische und im Winter ist ein Teil der Runde eine Rodelbahn. Immer wieder gibt es die Möglichkeit, zum Wasser abzusteigen, um eine Plantschpause einzulegen oder in der Kneippanlage zu kneippen. Am höchsten Punkt befindet sich ein Rastplatz im Wald und später, bei einer kleinen Kapelle, hat man einen traumhaften Ausblick Richtung Loferer Steinberge.

Wetter: Anforderung: Gesamtdauer: 2 h

Anforderung:	Mittel; 210 Hm; durchgehende Steigung mit drei sehr sportlichen Anstiegen; großteils Schotterweg, Abstieg Asphaltstraße.
Dauer:	RW: 2 h; 6,5 km. Rodeln im Winter: Aufstieg in einer guten halben Stunde; 160 Hm; 1,5 km.
Wetter:	Trockenes Wanderwetter bzw. Rodeln bei ausreichender Schneelage.

Wanderwert für (Geschwister) Kinder:	
2–3 Jahre:	Immer wieder Möglichkeit zum Plantschen im Bach sowie in der Kneippanlage (Wechselkleidung nicht vergessen), Waldrastplatz mit Brunnen und Abenteuerspielplatz bei der Einkehrmöglichkeit. Rodeln im Winter.
4–6 Jahre:	Siehe u. 2–3 Jahre. In diesem Alter am besten die Abkürzungen (Waldsteige) zum Alpengasthaus nützen.
Kinderfahrrad:	Nicht geeignet.

Navi: 6384 Waidring, Pillerseestraße 38 - Parkplatz Weissbachschlucht Waidring.

Anfahrt: A12, Ausfahrt Wörgl Ost und B178 nach Waidring. bzw. von D kommend: A93, Ausfahrt Oberaudorf und B172 & B178 nach Waidring. Ab dort den Schildern „Pillersee" folgen und beim Weissbach rechts auf den Parkplatz fahren.

Bus/Bahn: Hst. Waidring Winkl, ca. 400 m/10 min weiter der Straße Richtung Pillersee, der Parkplatz Weissbachschlucht befindet sich auf der rechten Seite.

Ausgangspunkt/P: Kostenfreier Parkplatz Weissbachschlucht.

Infos/Gaststätten: *Alpengasthof Oberweissbach, Terrasse, Abenteuerspielplatz, Mountaincartbahn, Bogenschießen und im Winter Rodeltaxi und -verleih, Tel. +43 5353 20053, www.alpengasthof-waidring.tirol, Mai bis Okt und Mitte Dez bis Anfang März, Ruhetag: Mo.

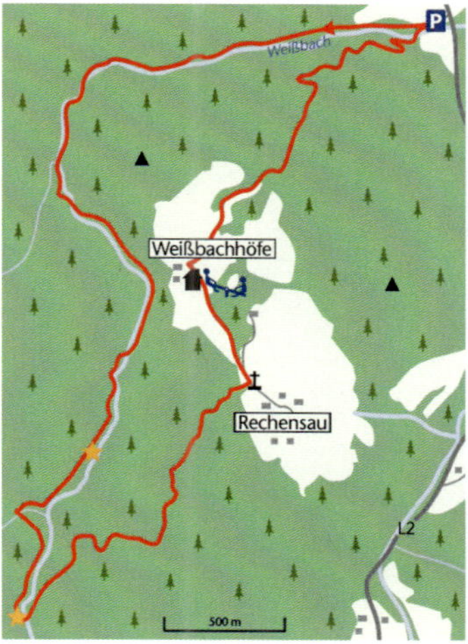

Wegbeschreibung: Vom Parkplatz bergwärts der rechten Forststraße Richtung „Weissbachschlucht" folgen. An der rechten Bachseite geht's immer der Ache entlang. Immer wieder passiert man kleine Wasserfälle und an der Brücke befindet sich rechts ein schöner Gumpen. Ab der Abzweigung über den Steig zum Gasthof Oberweissbach links wird es ein wenig gemächlicher bis zur nächsten Brücke. Danach folgt wieder ein sportliches Stück bis zur Kneippanlage. Hinweis: Mit Trage besser bereits hier links in den Waldsteig einbiegen, der direkt zum beschilderten Alpengasthof Oberweissbach hinaufgeht. Die nächste Brücke links überqueren und in einer letzten Steigung zum höchsten Punkt mit Rastplatz „Leitstallen" im Wald aufsteigen. Nun geht's fast eben links durch den Wald bis zur Lichtung mit Kapelle. Für den Abstieg links der Straße entlang bis zum Gasthof folgen und dann weiter zum Parkplatz. Im Winter zum Rodeln direkt auf der Straße zum Alpengasthof Oberweissbach aufsteigen und auf der separaten Naturrodelbahn (10 % Gefälle) hinunter rodeln.

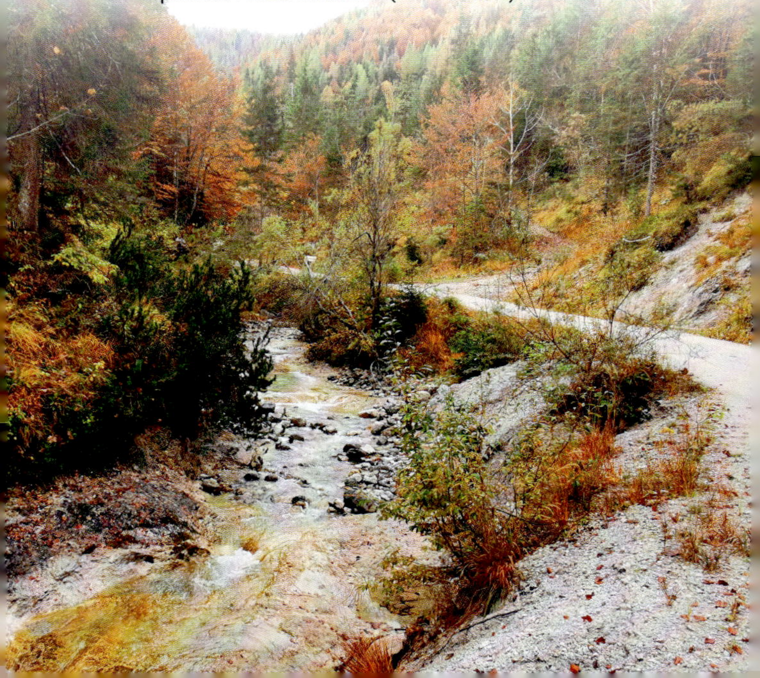

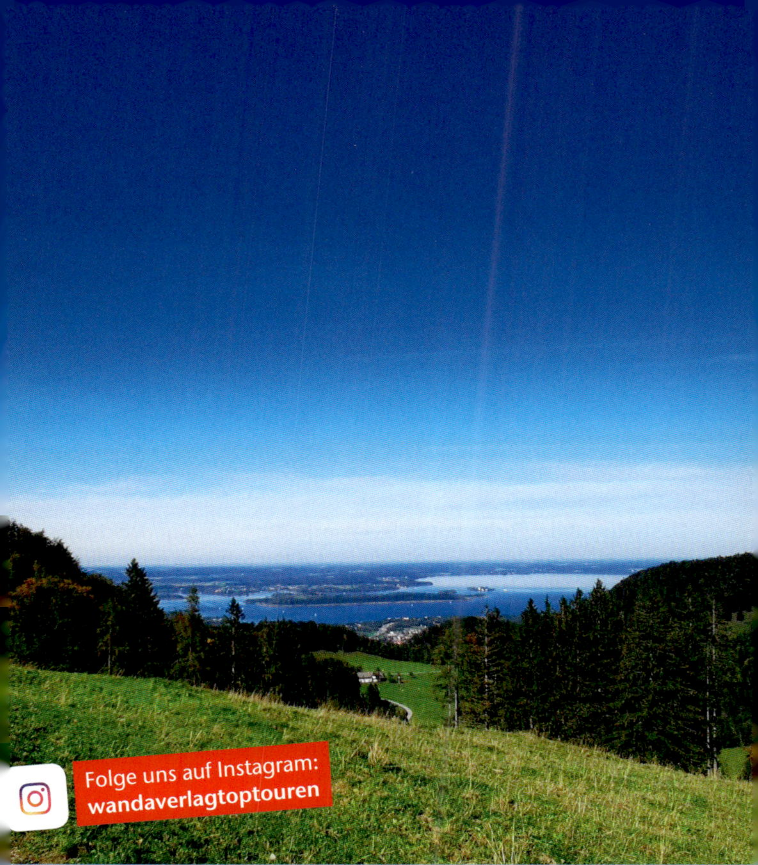

V. Chiemgau

49 Winklmoos (1170 m)

Reit im Winkl: Natur pur rund ums Hochmoor

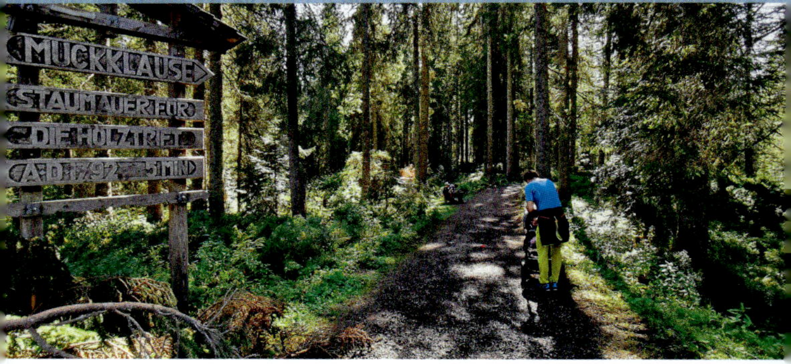

Das Natur- und Europaschutzgebiet Winklmoos ist ein wunderschönes Almengebiet mit den beeindruckenden Loferer Steinbergen im Hintergrund. Bekannt als Heimat der Ski-Olympiasiegerin Rosi Mittermaier, ist es auch im Sommer lohnenswert eine Rundtour ums Moor mit Abstecher zur Muckklause zu machen. Ein schöner Forstweg leitet großteils durch den Wald und man wechselt fast unbemerkt von Deutschland nach Österreich und wieder retour. Oberhalb des Parkplatzes sollte man sich nicht nur als Architekturbegeisterter die Bergkirche St. Johann im Gebirge ansehen. Für diese Tour besser einen Tag unter der Woche aussuchen, da es an den Wochenenden sehr voll werden kann.

Wetter: Anforderung: Dauer: 1 ¾ h

Anforderung: Mittel; 70 Hm; eine angenehme Steigung durch den Wald vom Bach bis kurz vor die Möserer Stube; gut geschotterter Forstweg. Verlängerung Waldweg mit Wurzeln, letzter Teil zur Muckklause nur mit Trage.

Dauer: RW: 1 ¾ h; 5,5 km. Verlängerung: ¼ h, 0,5 km.

Wetter: Trockenes Wanderwetter.

Wanderwert für (Geschwister) Kinder:	
2–3 Jahre:	Mit Kinderwagenunterstützung gut geeignet. Abenteuertour als Verlängerung zur Klause hinunter, hier bitte die Kinder sicher an die Hand nehmen. Spielplätze bei den Einkehrmöglichkeiten. Zur Almzeit Weidetiere.
4–6 Jahre:	Siehe u. 2–3 Jahre.
Kinderfahrrad:	Mit Laufrad geeignet, wenn an unwegsamen Stellen und Steigungen das Rad getragen wird. Mit Kinderfahrrad weniger.

Navi: D-83242 Reit im Winkl – Parkplatz Winklmoosalm.

Anfahrt: A93, Ausfahrt Oberaudorf, B172/305 über Kössen und Reit im Winkl Richtung Ruhpolding, bei Seegatterl auf die Mautstraße Winklmoos und dieser bis zum Parkplatz Winklmoosalm folgen.

Bus/Bahn: Nicht empfehlenswert.

Ausgangspunkt/P: Parkplatz Winklmoosalm unter der Kapelle. Mautstraße Richtpreis: € 7.

Infos/Gaststätten: *Sonnenalm, Tel. +49 8640 79720, www.sonnenalm.de, nach Ostern bis Ende Nov, täglich geöffnet. *Almstüberl, Tel. +49 8640 8616, www.almstueberl.de, Mai bis Okt, Ruhetag: Mo.

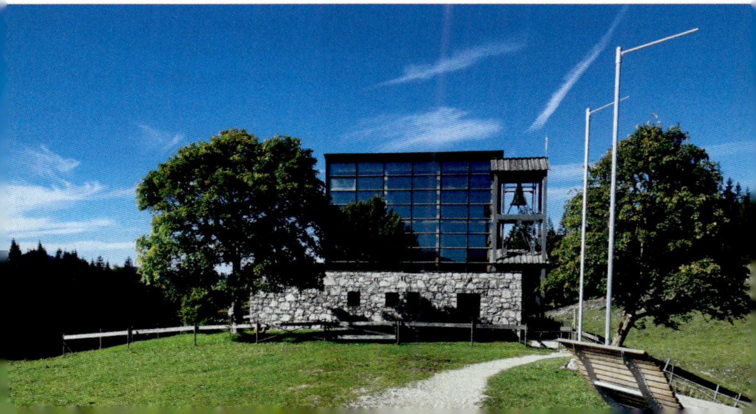

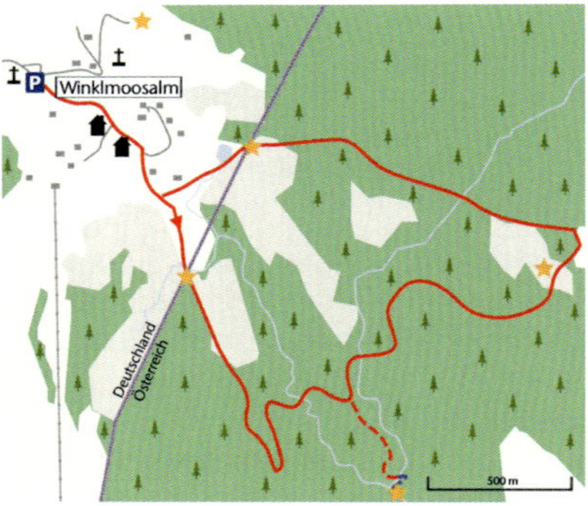

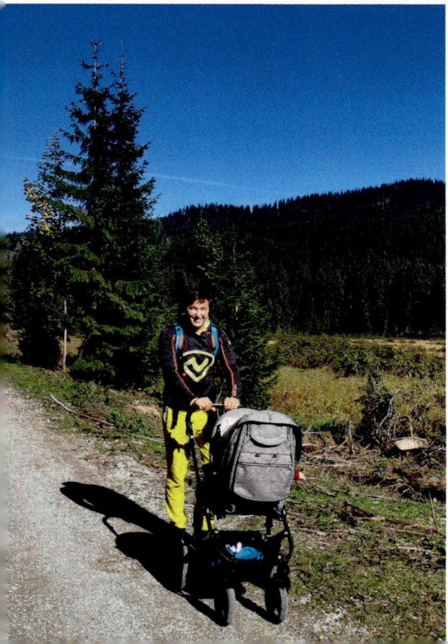

Wegbeschreibung:
Bei den großen Infotafeln am Parkplatz den Schildern „Muckklause“ folgen. Vorbei an den Einkehrmöglichkeiten am Almgebiet, immer rechts geradeaus halten und fast unbemerkt überquert man die deutsch-österreichische Staatsgrenze. Vorbei am Moor und dann bei der Waldlichtung links den Forstweg Richtung Möserer Stube hinunter zum Bach nehmen. Auf der anderen Seite des Baches wieder hinauf bis zum großen Schild „Muckklause“.
Dieser Abstecher lohnt sich und ist bis kurz oberhalb der Klause mit dem Kinderwagen begehbar, gleicher Rück- wie Hinweg.
Weiter am Forstweg, nun links halten durch den Wald hinauf bis zur Möserer Stube. Von hier ist es nur mehr ein kleines Stück, bis man auf den Forstweg trifft und es links über einen kleinen See wieder retour zum Almgebiet und nach Deutschland geht.

50 Boarischer Entschleunigungsweg

Bankerlweg in Aschau im Chiemgau

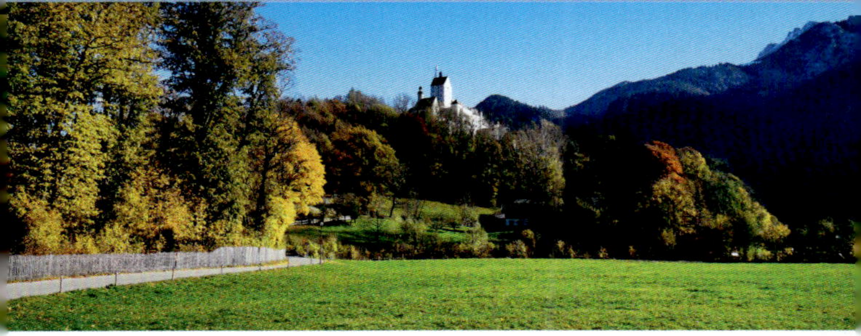

Sehr lustiger und kurzweiliger Weg durch all die bunten und sehr unterschiedlichen Bankerl mit deren Geschichten und aktiven Entschleunigungsstationen. Der oberhalb von Aschau gelegene Weg gibt immer wieder schöne Ausblicke auf den Ort, das Schloss und die umliegenden Berge, allen voran die mächtige Kampenwand, frei. Zurück geht's durch den Ort, wo man noch die Kirche „Darstellung des mächtigen Herrn" besichtigen kann. Weiter zum Spielplatz und von dort Skulptur für Skulptur entlang des „Orts der Inspiration" zum Parkplatz.

Wetter: Anforderung: Dauer: 1 ¾ h

Anforderung: Mittel; 80 Hm; eine leichte Steigung zum Beginn des Themenweges und leichtes Auf und Ab; großteils gut geschotterter Weg, im letzten Teil des Themenweges Waldweg mit flacher Bachdurchquerung (hier geländegängiger Kinderwagen) und im Ort asphaltierter Weg.

Dauer: RW: 1 ¾ h; 5,4 km.

Wetter: Trockenes Wanderwetter, nicht nach Regen, da hier das Waldstück um die letzte Station des Themenweges sehr gatschig und weich ist und somit für Kinderwägen nicht geeignet.

Wanderwert für (Geschwister) Kinder:	
2–3 Jahre:	Die verschiedenen bunten Bankerl am Weg ausprobieren und ihre Geschichten hören. Bei selbst gehenden Kindern auch immer wieder abkürzbar in den Ort, wo man wieder auf den Weg retour trifft.
4–6 Jahre:	Siehe u. 2–3 Jahre.
Kinderfahrrad:	Nicht geeignet.

Navi: D-83229 Aschau im Chiemgau, Schlossbergstraße 5 – Parkplatz Aschau.

Anfahrt: Inntal-Dreieck auf A8, Ausfahrt Frasdorf, Richtung Frasdorf/Aschau und dieser Straße bis zum Parkplatz Hohenaschau rechter Hand folgen.

Bus/Bahn: Hst. Schlosseinkehr/Kampenwand, Aschau i. Chiemgau, direkt neben dem Parkplatz Hohenaschau.

Ausgangspunkt/P: Kostenloser Parkplatz Hohenaschau.

Infos/Gaststätten: *Alpengasthof Brucker, Tel. +49 8052 4987, www.gasthofbrucker.de, Mai bis Okt und Dez bis März, Ruhetage: Mi & Do. *Diverse Möglichkeiten direkt im Zentrum von Aschau.

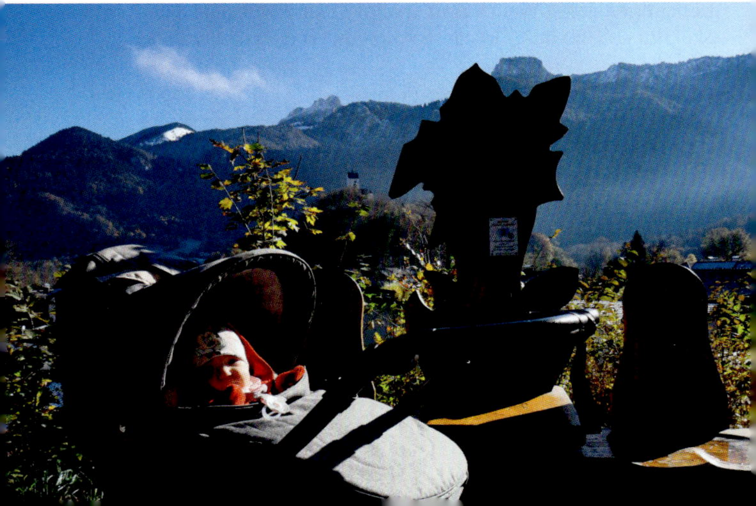

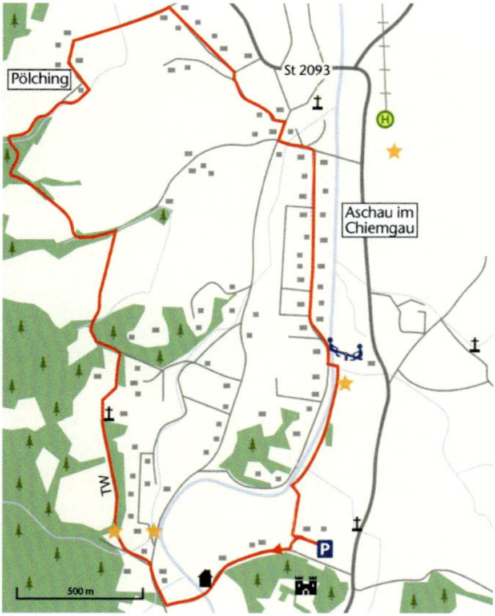

Wegbeschreibung: Vom Parkplatz geht's Richtung Festhalle und am Fuße des Schlossberges rechts nun den Schildern „Boarischer Entschleunigungsweg" folgen. Vorbei am Brucker Wirt, danach rechts halten, bevor es links leicht ansteigend nach oben zum Start des Themenweges geht. Diesem nun Bankerl für Bankerl folgen, an einer Kapelle vorbei und im Wald im leichten Auf und Ab weiter. Bei der Himmelliege geradeaus weiter und am Ende des Feldes links dem ansteigenden Forstweg folgen. Beim letzten Bankerl zwischen den ersten Häusern durch, dann rechts halten direkt ins Zentrum, hier kann man einen Abstecher zur Kirche machen. Bei der Bäckerei rechts und gleich wieder links, um dann rechts in die Zillibillerstraße Richtung Schloss Hohenaschau zu gehen. Nach einer Weile den Bach überqueren zum Spielplatz links bzw. entlang des Skulpturenwegs „Ort der Inspiration" am Bach retour zum Parkplatz. Wer seine Füße noch im Kneippbecken entspannen möchte, geht an der rechten Bachseite weiter durch den Park und kommt hier zum Kneippbecken und weiter wieder zum Anfangsweg.

51 Simssee

Stephanskirchen: Süduferspaziergang mit Badeausklang

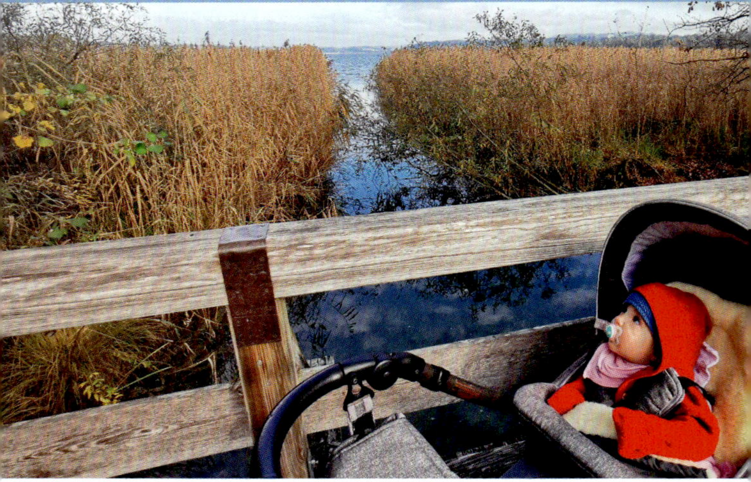

Gemütliche Runde am Haussee der Rosenheimerinnen. Der Simssee kann noch als ursprünglich bezeichnet werden, ein breiter Schilfgürtel umgibt das Südufer, ab und zu werden Blicke auf den See und die Berge frei. Der schön geschotterte Waldweg kann auch im Hochsommer begangen werden, da er großteils im Schatten liegt. Dann ist Mückenschutz auf alle Fälle empfehlenswert. Für größere Kinder und auch Eltern macht der Vogelbeobachtungsweg & -lehrpfad den Weg sehr kurzweilig. Ein Erlebnis mit angenehmem Biergarten ist das Areal des Gocklwirts (siehe Info). Wer im Anschluss an die Tour baden möchte, parkt am besten direkt bei den Kiosken und beginnt die Tour hier.

Wetter: Anforderung: Dauer: ¾ h

Anforderung:	Leicht; großteils ebener, geschotterter Weg.
Dauer:	RW: ¾ h; 2,5 km. Verlängerung: 1 h, 3,2 km, 40 Hm.
Wetter:	Von heißem Sommerwetter (nicht zur Mittagszeit) bis zu leichtem Nieselregen; zur Hälfte Wald.

Wanderwert für (Geschwister) Kinder:

2–3 Jahre:	Aufgrund der Kürze eine nette Runde auch zum „Selbergehen“ durch Feld, Schilf, Wald und mit See. Piratenschiffspielplatz am See sowie Abenteuerspielplatz beim Gocklwirt. Bademöglichkeit.
4–6 Jahre:	Siehe u. 2–3 Jahre, zusätzlich Vogellehrpfad entlang des Weges mit Vogelnistkästen zu entdecken, Minigolfplatz.
Kinderfahrrad:	Gut geeignet, sobald leichte Schotterwege befahren werden können.

Navi: D-83071 Stephanskirchen, Graf-Dohna-Weg – Wanderparkplatz Baierbach.

Anfahrt: Inntal-Dreieck, weiter auf A8, Ausfahrt Rosenheim, auf B15 und ST2095 Richtung Stephanskirchen/Bad Endorf bzw. Traunstein, in Stephanskirchen nach der Bahnunterführung links, hier befindet sich der Wanderparkplatz Baierbach gleich auf der rechten Seite.

Bus/Bahn: Hst. Baierbach, Stephanskirchen, der Simsseestraße weiter folgen und bei der Bahnunterführung trifft man auf die Runde, ca. 350 m/5–10 min.

Ausgangspunkt/P: Kostenloser Wanderparkplatz Baierbach/Simssee.

Infos/Gaststätten: *Badestrand kostenlos. *Kiosk Schorsch Wagner, Baierbach, direkt gegenüber der Liegewiese mit Piratenschiffspielplatz, März bis Nov, täglich geöffnet, nur bei Schlechtwetter geschlossen. *Simssee Kiosk Baierbach, Biergarten an der Liegewiese, www.badekiosk-team-chiemgau.de, März bis Nov, täglich geöffnet, nur bei Schlechtwetter geschlossen. *Gocklwirt, Erlebnisgastronomie mit Terrasse, Minigolf, Spielplatz, interaktiven Gerätschaften, Kapelle und Weltuhr, Tel. +49 8036 1215, www.gocklwirt.de, Betriebsurlaub 1 Woche im Frühjahr & Herbst sowie 2 Wochen im Sommer, Ruhetage: Mo & Di, Mi & Do erst ab 17 Uhr geöffnet.

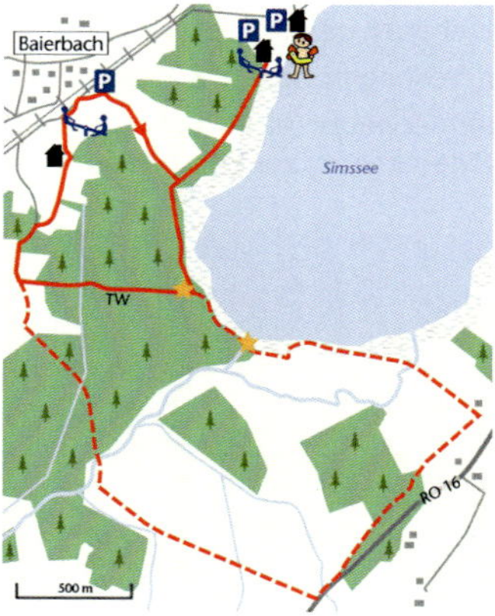

Wegbeschreibung: Am hinteren Ende des Parkplatzes geht ein Feldweg (Graf-Dohna-Weg) Richtung Seeufer. Bei der T-Kreuzung links dem „Seeblickweg“ durch einen Schilfpfad zu den Badekiosken, dem Piratenspielplatz und der Liegewiese direkt am See folgen. Gleicher Weg retour. Rechts geht's nach „Eckig“ großteils durch den Wald parallel zum Seeufer gen Süden und ein Vogelbeobachtungsweg & -lehrpfad begleitet den Weg. Dieser biegt nach einer Weile rechts in den Wald ab und führt durch einen wunderschönen Wald und übers Feld zu den ersten Häusern im Weiler Sonnenholz. Hier gehts immer rechts hinter den Häusern entlang direkt in den Garten und die „Erlebniswelt“ vom Gocklwirt. Am Spielplatz entlang und dann rechts kurz am Gehsteig neben der Straße retour zum P.

Verlängerung: Bei der Abzweigung des Themenweges gerade weiter. Man passiert einen Steg über die Sims mit Ausblick auf den See. Bevor man auf die ersten Häuser stößt, rechts am Hof vorbei und rechts parallel der Straße auf einem Forstweg entlang. Ein kurzes Stück geht's direkt am Radweg an der Straße und dann rechts in den 2. Feldweg einbiegen, um über die Filz wieder auf die Tour zu stoßen.

52 Hartsee

Eggstätt-Hemhofer-Seenplatte: durchs älteste Naturschutzgebiet Bayerns

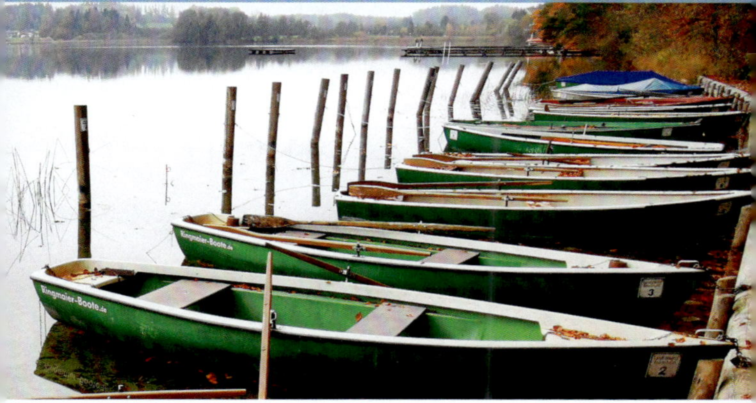

Unterwegs am Schwesternsees des Chiemsees, aber um einiges ruhiger und wild-romantisch. Die Runde führt gemütlich auf und ab durch den Wald, einmal direkt am See, dann wieder höher und oft durch Wald oder Schilf vom See getrennt. Immer wieder gibt der sehr angenehme Waldweg Ausblicke auf den Hartsee und die umliegenden Seen frei. Herrliches kostenloses Baden mit schöner Liegewiese, Spielplatz, Biergarten und Minigolfplatz beim Hartsee-Strandbad runden die Tour ab.

Wetter: Anforderung: Dauer: 1 ¾ h

Anforderung:	Mittel; 50 Hm; leichte Steigungen, großteils Waldboden, manchmal größere Wurzeln, nach Regen weich und teilweise gatschig.
Dauer:	RW: 1 ¾ h; 5,7 km.
Wetter:	Trockenes Wander- oder Badewetter.

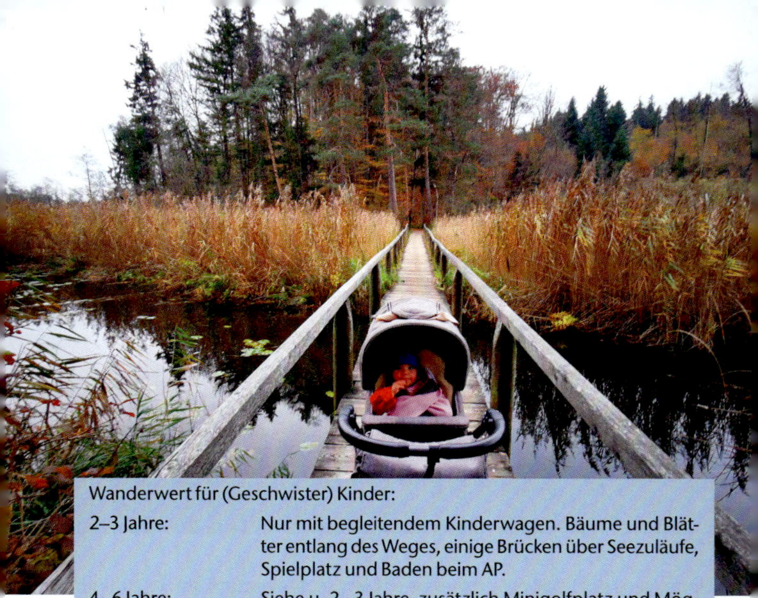

Wanderwert für (Geschwister) Kinder:

2–3 Jahre:	Nur mit begleitendem Kinderwagen. Bäume und Blätter entlang des Weges, einige Brücken über Seezuläufe, Spielplatz und Baden beim AP.
4–6 Jahre:	Siehe u. 2– 3 Jahre, zusätzlich Minigolfplatz und Möglichkeit zum Bootfahren am See.
Kinderfahrrad:	Nur für geübte, größere Radlerinnen, da ständiges Auf und Ab und oft ungesichert abfallend zum See, jedoch guter Untergrund, siehe Anforderung.

Navi: D-83125 Eggstätt, Lehrer-Hager-Straße 6 – Hartseeparkplatz.

Anfahrt: Inntal-Dreieck, weiter auf A8, Ausfahrt „Bernau“, Richtung „Prien a. Chiemsee“, hier weiter nach Rimsting und dann den Schildern „Eggstätt“ folgen. Im Ort links geradeaus weiterfahren bis zum „Hartseeparkplatz“ linker Hand.

Bus/Bahn: Hst. Kirche Eggstätt, ca. 500 m der Obinger Straße (Busfahrtrichtung) folgen und dann links den Schildern „Hartsee“ folgen, ca. 15 min Gehzeit.

Ausgangspunkt/P: Kostenpflichtiger Hartseeparkplatz, Richtpreis: € 1/2 h, Empfehlung ohne baden: € 1,50/3 h.

Infos/Gaststätten: *Hartsee-Stüberl, Terrasse, Spielplatz, Minigolf und SB-Standl mit Steckerlfisch bzw. Glühwein im Winter, Tel. +49 8056 1097, www.hartseestueberl.de, Ruhetage: Di, von Mitte Okt bis Mitte Apr zusätzlich Mi.

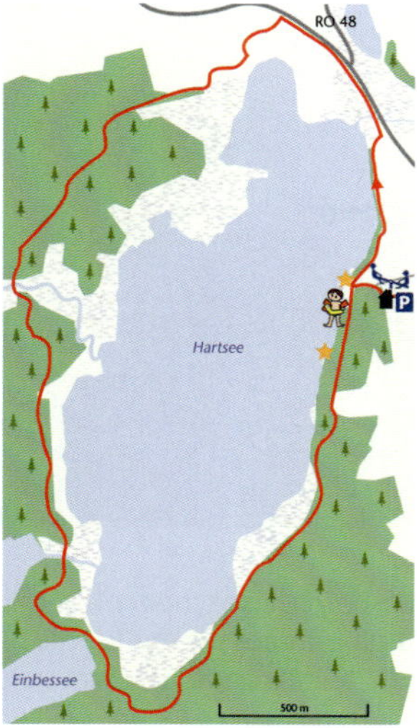

Wegbeschreibung: Vom Parkplatz in Richtung See gehen und dann immer rechts dem See sowie den Schildern „Hartseerundweg" entlang. Anfangs oberhalb des Sees, geht's einen Feldweg entlang, bevor ein kurzes Stück am Wanderweg neben der Straße verläuft. Bei der ersten Möglichkeit geht es links in den Wald und nun im Auf und Ab parallel zur Westseite des Sees im Wald entlang. Zweimal kann man rechts ein wenig vom Weg abweichen, um auf die umliegenden Seen zu sehen. Bevor man sich dem südlichen Ufer des Sees nähert, geht man durch einen wunderschönen Blätterwald. Hier links halten und die Bäume geben zum ersten Mal den Blick auf den See frei. Weiter immer links haltend geht's der Ostseite entlang – begleitet von weiteren Ausblicken auf den See sowie der Möglichkeit, direkt zum See hinunter sowie auf Bootsstege direkt auf den See hinaus zu gehen. Kurz bevor man retour zum Ausgangspunkt kommt, kann man einmal einen Blick übers Feld auf Eggstätt mit der Kirche genießen.

Wir sind auch noch eine größere Tour vom kostenlosen Parkplatz Hartmannsberg aus gegangen, Strecke 9,2 km, beschildert zuerst mit „Weg Nr. 12", dann „Hartseerundweg" und retour „P Hartmannsberg". Auch diese Runde ist nett und gut mit dem Kinderwagen zu gehen, aber halt sehr ausgedehnt.

53 Chieming

Seewanderung am bayerischen Meer

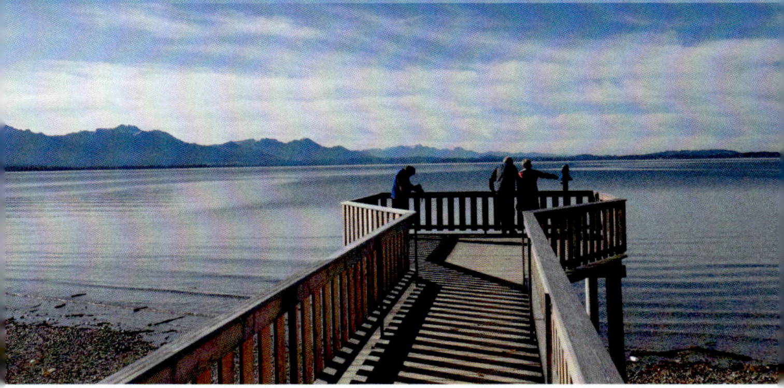

Gute-Laune-Tour zu jeder Jahreszeit, auch bei nicht so schönem Wetter entlang des Chiemseestrandweges. Es gibt immer wieder Möglichkeiten, direkt zum See hinunter zu gehen, auf Bankerln den See- und Bergblick zu genießen oder einfach nur nett am See zu verweilen. Für die größeren Kinder gibt's Aktivgeräte entlang des Weges, einen eingezäunten Spielplatz, einen Obst- und Bienenlehrpfad und ein Kneippbecken. Abkürzbar für die erste selbstständige Gehtour oder Laufradtour. Wer danach im Strandbad baden möchte, kann direkt beim Strandbad parken und entlang des Sees beim Platz der Begegnung in die Tour starten. Da diese Tour sehr attraktiv ist, ist im Sommer, an Wochenenden und speziell zu den Ferienzeiten sehr viel los.

Wetter: Anforderung: Dauer: 1 ½ h

Anforderung: Leicht; 20 Hm; fast eben, leichtes Gefälle beim Aussichtspunkt; großteils asphaltiert mit Wald- und Wiesenweg.

Dauer: RW: 1 ½ h; 4,7 km. Verlängerung 2,6 km.

Wetter:	Empfehlenswert außerhalb der Badesaison. Bei Nieselwetter oder leichter Schneelage nur Strecke bis Kurklinik.

Wanderwert für (Geschwister) Kinder:

2–3 Jahre:	Schiffe und Boote am See, Kühe am Feld und Spielplatz sowie immer wieder Strand und Wasserzugang in Chieming.
4–6 Jahre:	Siehe u. 2–3 Jahre, zusätzlich Obst- und Bienenlehrpfad im Pfarranger, Kneippanlage und Aktivsportstationen entlang des Weges.
Kinderfahrrad:	Ja, wenn man nach der Allee direkt retour zur Kurklinik abkürzt, allerdings an schönen Sommertagen oder am Wochenende sehr stark frequentiert.

Navi: D-83339 Chieming, Chiemseering 2 (Klinik Alpenhof) – Parkplatz Chiemsee.

Anfahrt: Inntal-Dreieck, weiter auf A8, Ausfahrt „Grabenstätt", Richtung „Chieming" und in Chieming Schildern „Parkplatz Chiemseering (Klinik Alpenhof)" folgen.

Bus/Bahn: Hst. Seebäckerweg, Chieming – weiter der Straße folgen bis zur nächsten Kreuzung, hier direkter Einstieg in die Runde.

Ausgangspunkt/P: Kostenpflichtiger Parkplatz Chiemseering, Richtpreis: € 1,50 für 5 Stunden, am Chiemseeufer bei der Aussichtsplattform.

Infos/Gaststätten: *Beim Wegmacher, Biergarten direkt an der Promenade, Tel. +49 160 4032374, www.beim-wegmacher.de, Betriebsurlaub: Nov, sonst bei Schönwetter täglich geöffnet. *Haus am See, direkt am See beim Wendepunkt, Tel. +49 8664 929697, www.chiemsee.net, Ruhetag: Mo. *Seehäusl Restaurant, Panoramaterrasse auf der Verlängerung, Tel. +49 8664 303, www.camping-seehaeusl.de, Betriebsurlaub: Nov, Ruhetage: Mo & Di. *Baden im Strandbad, www.strandbad-chieming.de, Richtpreise pro Tag: € 2,50/Erw. und € 2/Kinder & Jugendliche, Familienkarten möglich. *Al dente, direkt beim Strandbad, Tel. +49 8664 985927, www.aldente-chieming.de, Ende März bis Anfang Jan, Ruhetag: Di.

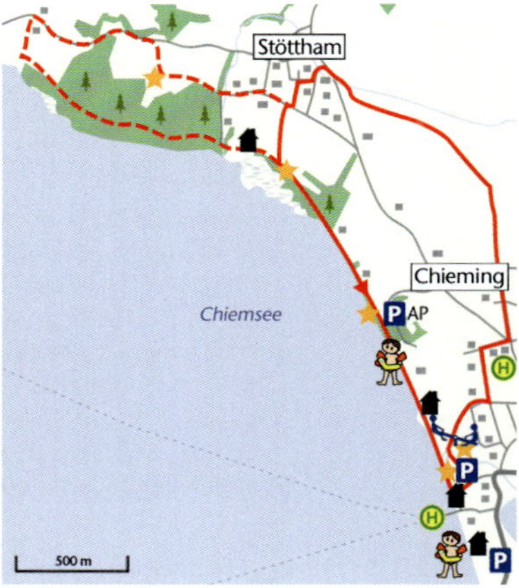

Wegbeschreibung: Von der Aussichtsplattform am See geht der Weg links der Esplanade immer am See entlang. Nach dem Spielplatz kommt man in das alte Chieming mit Infotafeln und zum Platz der Begegnung. (Wer zum Strandbad möchte, kann hier am See entlang über den Dampfersteg direkt dorthin gelangen.) Die Tour geht hinter der Kirche über den Pfarranger wieder retour zum Spielplatz und den Aktivgeräten. Am Kneippbecken der Allee entlang gehen. (Zum Abkürzen oder mit dem Laufrad nach der Allee links übers Feld direkt retour zur Kurklinik.) Weiter geht's nach der ersten Häuserzeile links und dann die 2. Straße rechts zur Hauptstraße. Diese überqueren und halblinks den Eschenweg nehmen, welcher in einen Feldweg übergeht. Übers Feld geht's nun in den Weiler Stöttham, hierzu den ersten Feldweg (Mitterweg) links nehmen. In Stöttham kurz der Hauptstraße nach rechts folgen, dann links und wieder die 2. links nehmen zwischen den Häusern hindurch. (Hier können noch Aktive rechts weiter nach Schützing bzw. bis nach Seebruck gehen und direkt am See oder mit dem Dampfer retour.) Die Tour führt über den gegenüber liegenden Feldweg zum Aussichtspunkt über den See und die Berge, bevor es links durch den Wald wieder hinunter zur Esplanade und dem Parkplatz geht.

54 Achendelta

Übersee: Natur und Lifestyle

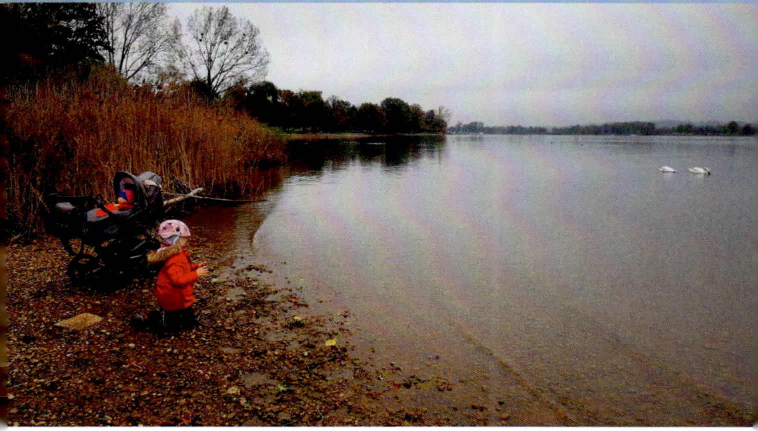

Diese Tour entdeckt man zu jeder Jahreszeit neu und kombiniert eine idyllische Wald- und Wiesenwanderung im Naturpark mit dem Strandleben an der Promenade direkt am See. Am schönsten ist es hier jedoch im Frühling, Herbst und an Wintertagen mit geringer Schneelage oder auch bei Nieselwetter, da dann die Hektik des Badebetriebs einer beschaulichen Ruhe gewichen ist. Obwohl durch die A8 leicht erreichbar, bemerkt man die Autobahn kaum, sie ist nur in der Ferne auszumachen.

Wetter: Anforderung: Dauer: 1 ½ h

Anforderung: Leicht; fast eben; großteils Feld- und Wiesenweg mit festem Untergrund.

Dauer: RW: 1 ½ h plus Verweildauer; 5,5 km. Verlängerung: zusätzlich 1,9 km, ca. ¾ h plus Verweildauer.

Wetter: Bei jedem Wetter, auch bei Nieselwetter oder geringer Schneelage, im Sommer Hochbetrieb.

Wanderwert für (Geschwister) Kinder:	
2–3 Jahre:	Boote und Surfer sowie Seevögel und Schwäne; Wasser- und Kies in den Buchten und Stränden sowie Spielplätze an der Promenade und beim Strandbad.
4–6 Jahre:	Siehe u. 2–3 Jahre, in diesem Alter ist es besser mit Rad oder Laufrad auszurücken oder nur eine kurze Strecke auszuwählen und am gleichen Weg retour zu gehen. Viele verschlungene Schilf- oder Strauchwege zum Ufer.
Kinderfahrrad:	Gut geeignet, besonders auch mit Laufrad, guter fester Untergrund, nur einmal zum Aufpassen, bevor man auf das Kap zukommt, da hier eine kleine Böschung direkt am Weg ins Feld abfällt.

Navi: D-83236 Übersee, Julius-Exter-Promenade 31– Parkplatz Strandbad Übersee.

Anfahrt: Inntal-Dreieck, weiter auf A8, Ausfahrt „Übersee“, links auf „Seepromenade“ und dieser bis zum Parkplatz Strandbad folgen.

Bus/Bahn: Feldwies Dampfersteg, Übersee, direkter Einstieg in die Verlängerung der Tour.

Ausgangspunkt/P: Kostenpflichtiger Parkplatz Strandbad Übersee, Richtpreis: € 1/h, Empfehlung ohne baden: 3 h.

Infos/Gaststätten: *Cucina Palma, Tel. +49 8642 446, Anfang Mai bis Ende Okt, täglich geöffnet. *Strandbad Übersee/Beach Bar, Tel. +49 171 7918947, Sommer & Winter täglich geöffnet, nur geschlossen bei schlechter Witterung. *Parker Outdoor Strandcafé, Tel. +49 8642 5955650, www.parkeroutdoor.com, Betriebsurlaub Anfang Jan bis Anfang Feb, im Sommer täglich geöffnet, im Winter von Mi bis So, wenn das Wetter passt. *Sundownerbar beim Chiemgauhof, Tel. +49 8642 8987-0, www.sundownerbar.de, Mai bis Okt und Wintermonate, bei schönem Wetter am Wochenende bzw. täglich geöffnet während der bayerischen Ferienzeiten.

Wegbeschreibung: Nach dem Strandbadrestaurant beginnt rechts der Feldweg nach der Schranke. Der Weg windet sich ganz gemütlich durch Alleen, am Strand oder übers Feld durch den Naturpark. Immer wieder gibt es Abzweigungen direkt zum See mit romantischen Kiesstränden zu entdecken sowie Bänke zum Verweilen und Natur genießen. Kurz vor dem Kap erreicht man den Surfersandstrand, welcher zum Baden und

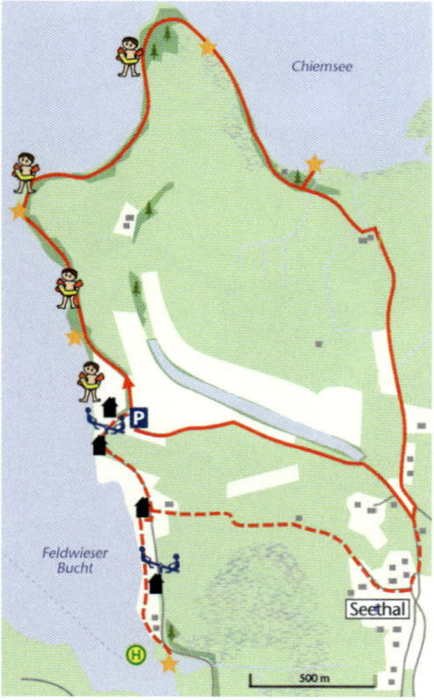

Beobachten einlädt oder dazu, einfach einmal barfuß den Sand und das Wasser zu genießen. Nach dem Kap erreicht man eine Kapelle und ein Stück weiter beim Schild „Aussichtsplattform“ lohnt sich ein Abstecher zum Aussichtsturm im Achendelta. Wieder retour können im Naturpark rechts die Vögel beobachtet werden, bevor es über einen Feldweg und einzelne Höfe retour geht. Nach dem kleinen Bach rechts Richtung „Chiemseestrand“ geht's über einen Fischerparkplatz und über Wiesen direkt retour zum Parkplatz. Wer noch Energie hat, kann beim Bach noch ein Stückchen weiter gehen, die nächste Straße rechts direkt zum Chiemseehof nehmen und dort großteils direkt am See über einen Spielplatz zum Segelhafen gelangen. Direkt an der Promenade geht's mit Einkehrmöglichkeiten direkt am See zurück zum Parkplatz.

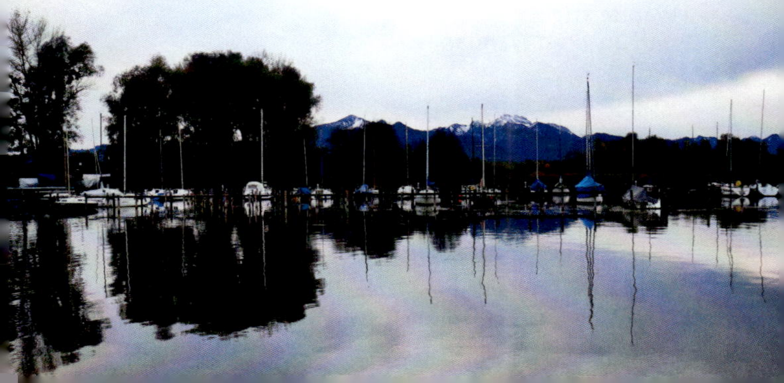

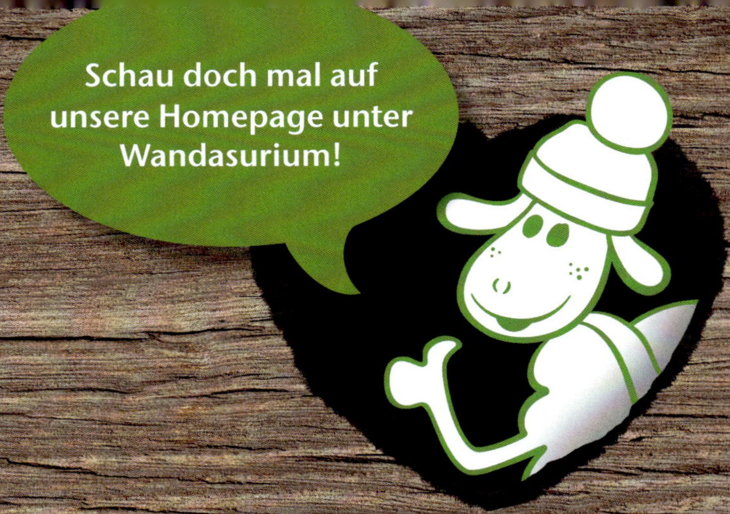

Dort findest du jede Menge
- Tipps
- Packlisten
- Sicherheit
- Ausrüstung
- Wandertricks
- und unseren Wandapass

- uvm.

Unser Verlag auf Social Media:

Instagram: wandaverlagtoptouren

Facebook: Wandaverlag

Weitere Tipps und herrliche Wanderungen warten auf euch!

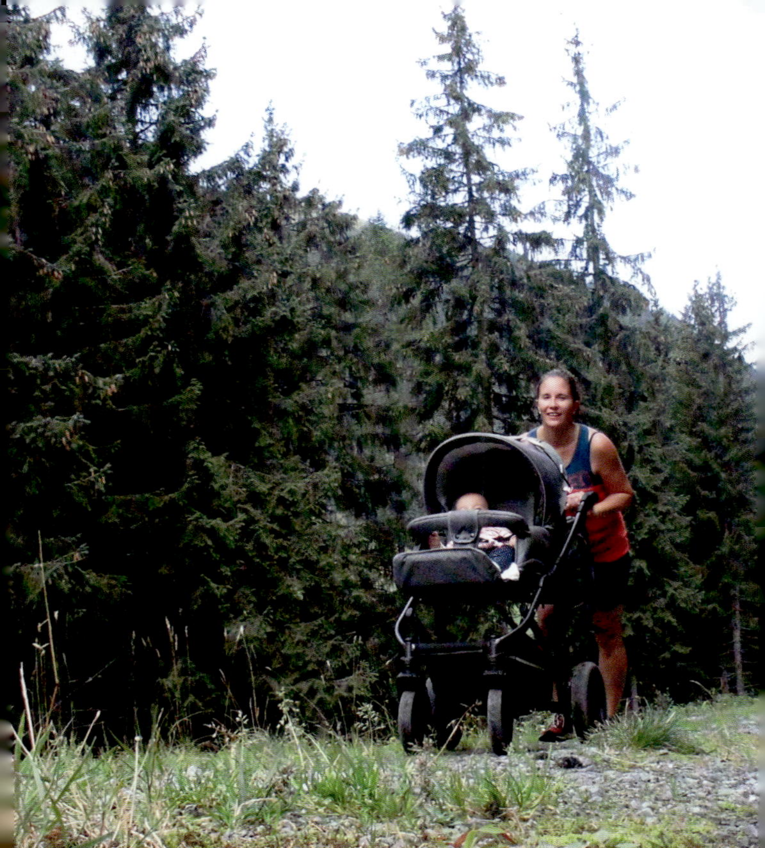

VI. Trainingstouren

Frische Luft für euren Liebling, Training für euch und jede Menge gemeinsame Spaßzeit in der Natur!

Diese Touren sind „zach“, sie gehen konstant und meist sehr kraftraubend bergauf. Ein wunderschönes Panorama, oft eine Spielmöglichkeit für die Kleinen, eine Einkehrmöglichkeit oder einfach nur ein gutes Gefühl belohnen die Anstrengung!

Achtung! Diese Touren sind nicht für den Wanderbeginn oder für erste Touren nach der Geburt geeignet, sondern erst nach etlichen Trainings und auch nur mit Bergerfahrung mit dem Kinderwagen. Bedenkt bitte immer eure Kraft und die Verantwortung für eure Kleinen mit, auch am Retourweg benötigt ihr bei den Wegen in diesem Kapitel Kraftreserven. Deshalb lieber umdrehen, wenn ihr merkt, dass eure Kräfte an die Grenzen gelangen. Nächstes Mal geht's dann wieder weiter. Auch die Sicherung des Kinderwagens ist unumgänglich, bitte im Anhang unter Sicherheit nachlesen.

Somit – allen Verrückten – viel Spaß ;)

Alle Trainingstouren:

Anforderung:	Schwer; durchgängig steil bzw. sehr steil bergauf; geschotterte Forststraße, wenn nicht anders angegeben. Alle Touren nur ausgerüstet mit einem geländegängigen Kinderwagen mit Fangriemen und Bremse von Vorteil (schont euren Rücken beim Hinuntergehen).
Wetter:	Trockenes Bergwetter, Schneelage im Frühjahr und Herbst je nach Seehöhe berücksichtigen – sonst wird's noch zacher und auch gefährlich!

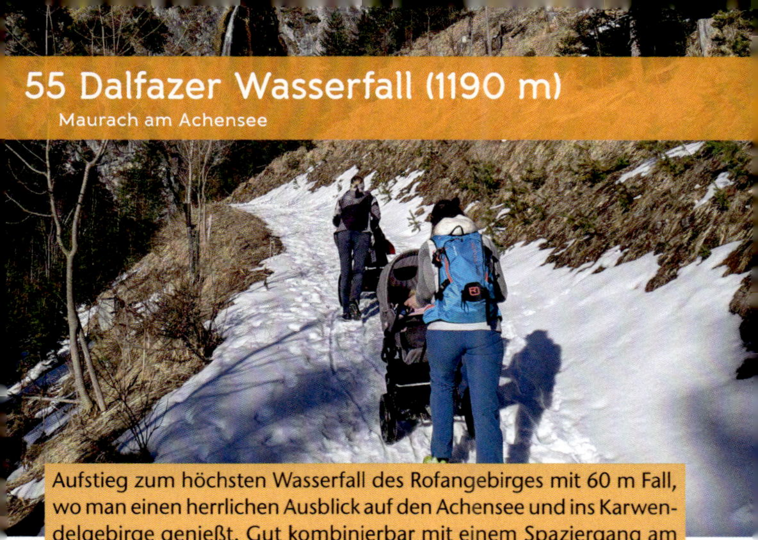

55 Dalfazer Wasserfall (1190 m)

Maurach am Achensee

Aufstieg zum höchsten Wasserfall des Rofangebirges mit 60 m Fall, wo man einen herrlichen Ausblick auf den Achensee und ins Karwendelgebirge genießt. Gut kombinierbar mit einem Spaziergang am Achenseeufer oder einem Sprung in den kalten Achensee.

Wetter: ◐ Anforderung: ● Gesamtdauer: 1 ½ h

Anforderung & Dauer: 240 Hm, Zugang bis zum Hotel Asphalt; Aufstieg: 1 h; 2 km.

Navi: 6212 Eben am Achensee, Achensee Str. 63, Parkplatz beim Atoll Achensee

Ausgangspunkt/P: Kostenpflichtiger Parkplatz Atoll Achensee, Seite Sportplatz Richtung Berg; Richtpreis: € 3/2 h bzw. € 5/4 h.

Wegbeschreibung: Beim Parkplatz bergseitig vor dem Sportplatz die Achenseestraße überqueren und dann auf der Straße links zum Kinderhotel hinauf gehen. Nach dem Hotel rechts dem Forstweg Richtung „Dalfazer Wasserfall" bis kurz vor die Aussichtsplattform folgen. Die letzten Meter zur Plattform sind zu schmal für den Kinderwagen und müssen zu Fuß bewältigt werden. Gleicher Rück- wie Hinweg bzw. ab den Häusern rechts entlang des Baches absteigen, Achenseestraße überqueren und links am Seeufer retour zum Ausgangspunkt (Asphalt).

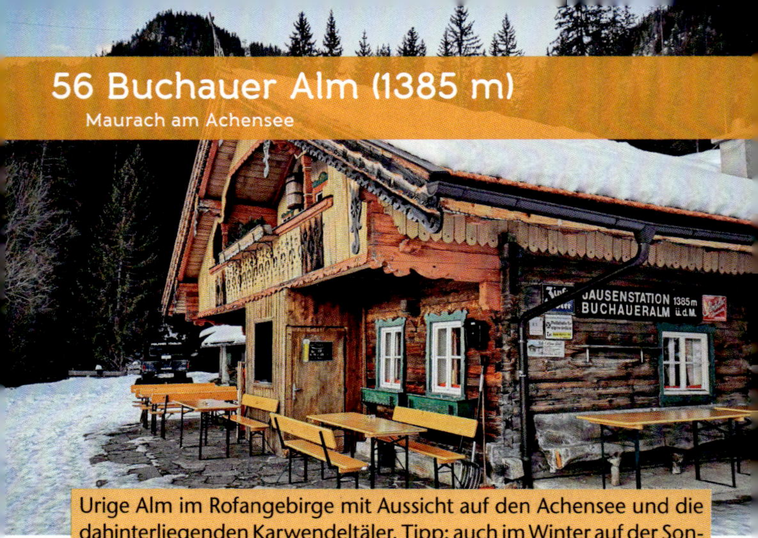

56 Buchauer Alm (1385 m)

Maurach am Achensee

Urige Alm im Rofangebirge mit Aussicht auf den Achensee und die dahinterliegenden Karwendeltäler. Tipp: auch im Winter auf der Sonnenseite gelegen, allerdings nur möglich mit der Rodel bei ausreichender Schneelage und wenn die Talabfahrt gesperrt ist (Schi- und Tourengeherverkehr!).

Wetter: Anforderung: Gesamtdauer: 2 ¼ h

Anforderung & Dauer: 370 Hm; Aufstieg: 1 ½ h; 2,8 km.

Navi: 6212 Maurach, Achensee Str. 10 – Parkplatz Rofan Seilbahn AG.

Ausgangspunkt/P: Kostenloser Parkplatz der Rofan Seilbahn AG; höchstmöglicher Punkt.

Wegbeschreibung: Vom Ausgangspunkt die letzte Straße rechts bis zum Forstweg nehmen. Diesem links bergauf Richtung „Buchauer Alm" folgen, gut beschildert. Gleicher Rück- wie Hinweg.

57 Farmkehralm (1521 m)

Inneralpbach

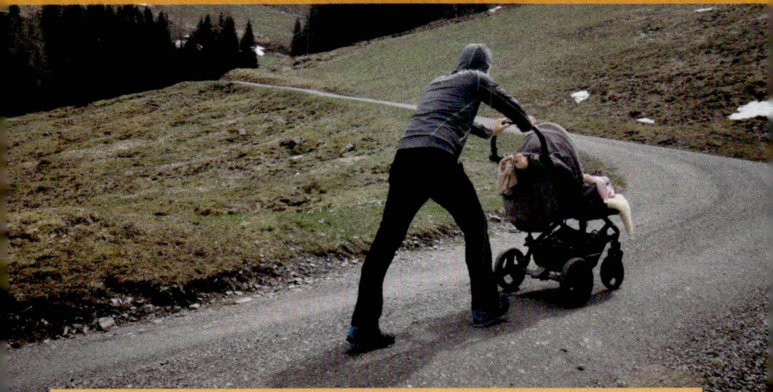

Mit Blick auf den höchsten Berg des Bezirks Kufstein, den Großen Galtenberg, liegt die urige Alm am Talende des Greiter Grabens. Immer am Bach entlang geht's über ein paar Almen durch Wald und offenes Almgebiet.

Wetter: Anforderung: Gesamtdauer: 2 ¼ h

Anforderung & Dauer:	400 Hm; ab Greiter Alm teils holprig; Aufstieg: 1 ½ h; 4,3 km.

Navi: 6236 Alpbach, gegenüber Alpbach 455 - Tourengeher-Parkplatz Greiteregg.

Ausgangspunkt/P: Kostenpflichtiger Tourengeher-Parkplatz Greiteregg, Richtpreis: € 3/Tag von 1.12. bis 30.04.

Wegbeschreibung: Geradeaus der Straße, welche ab dem Schranken in eine sehr gute Forststraße übergeht, folgen. Immer dem Bach bzw. Schildern „Farmkehralm" entlang. Im Wald nach der Greiter Alm ein Schild und einen breiten Waldweg links des Forstwegs ignorieren und gerade am Forstweg weitergehen bis zur Alm. Gleicher Rück- wie Hinweg.

58 Möslalm (964 m)

Wörgl

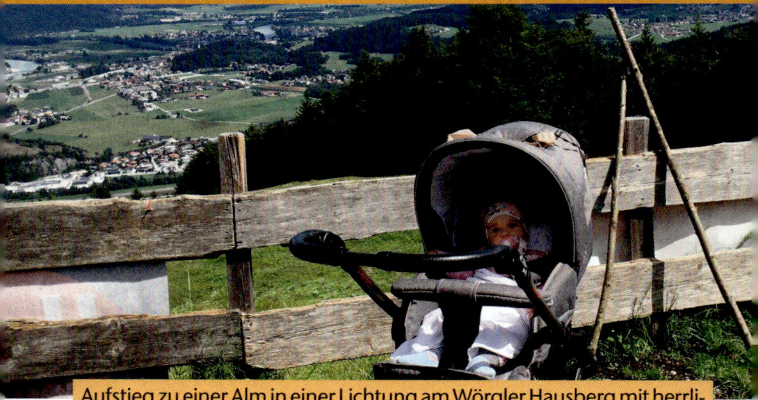

Aufstieg zu einer Alm in einer Lichtung am Wörgler Hausberg mit herrlicher Aussicht ins östliche Inntal mit Pölven und Pendling sowie Innschleife. Möglichkeit zum „stroll & hike" auf den Möslalmkogel (1109 m). Im Winter kann die Tour mit einer Rodelpartie verbunden werden.

Wetter: ☀ ☃ ◑ Anforderung: ● Gesamtdauer: 2 ¼ h

Anforderung & Dauer: 430 Hm; ein sehr steiles, leicht abfallendes Stück; Aufstieg: 1 ½ h; 4 km.

Navi: 6300 Wörgl, Sepp-Gangl-Straße 28 – gegenüber Kurzparkzone Friedhof.

Ausgangspunkt/P: Kostenlose Kurzparkzone (180 min) an der Friedhofsmauer.

Wegbeschreibung: Vom Parkplatz zurück zur Straße und dieser links zum Berg bis zur Abzweigung Berghäusl folgen. Hier beginnt die Forststraße zur Möslalm, gut beschildert. Mit der Trage Möglichkeit zur Gipfelbesteigung des Möslalmkogels in nicht einmal einer halben Stunde, hierzu Schildern ab der Alm folgen. Gleicher Rück- wie Hinweg.

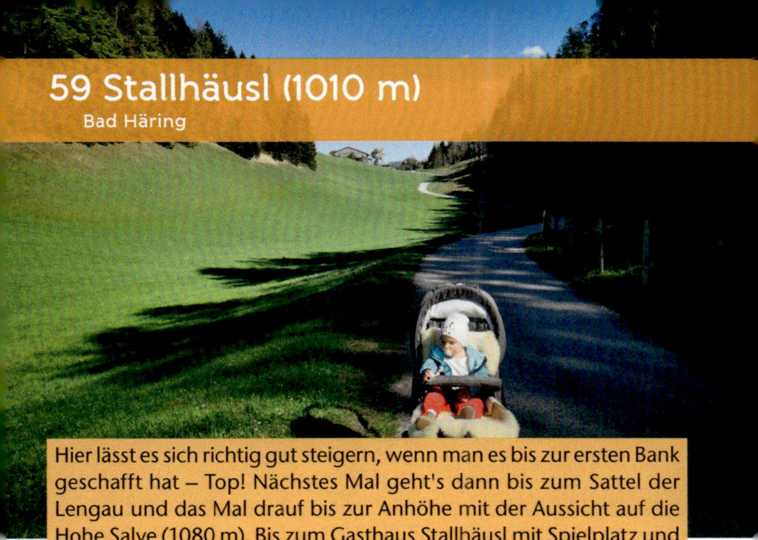

59 Stallhäusl (1010 m)

Bad Häring

Hier lässt es sich richtig gut steigern, wenn man es bis zur ersten Bank geschafft hat – Top! Nächstes Mal geht's dann bis zum Sattel der Lengau und das Mal drauf bis zur Anhöhe mit der Aussicht auf die Hohe Salve (1080 m). Bis zum Gasthaus Stallhäusl mit Spielplatz und Panoramaterrasse hinunter ist es dann kein Problem mehr und die Verlängerung mit der Trage auf das Juffinger Jöchl als „stroll & hike"-Tour nur mehr eine Frage der Zeit.

Wetter: Anforderung: Gesamtdauer: 2 ¼ h

Anforderung & Dauer: 340 Hm aufwärts und 30 Hm abwärts; Hälfte Asphalt; Aufstieg: 1 ½ h; 4 km.

Navi: 6323 Bad Häring, Tanzweg – Wanderparkplatz am höchsten Punkt.

Ausgangspunkt/P: Kostenloser Wanderparkplatz.

Wegbeschreibung: Vom Parkplatz rechts der Straße weiter aufwärts folgen. Rechts die Brücke überqueren und nun am Bach immer den Schildern „Gh. Stallhäusl/Juffinger Jöchl" folgen. Am Almplateau Lengau rechts die Forststraße hinauf nehmen. Auf der Anhöhe angekommen ist rechts ein Abstecher mit der Trage aufs Juffinger Jöchl (½ h; 150 Hm, 0,6 km) möglich, bevor es geradeaus hinunter zum Stallhäusl geht. Gleicher Rück- wie Hinweg.

60 Wildbichl Alm (1050 m)

Rettenschöss

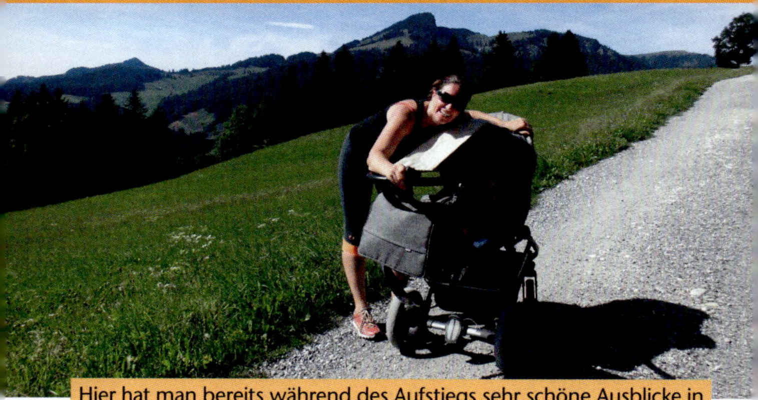

Hier hat man bereits während des Aufstiegs sehr schöne Ausblicke in die umliegenden Berge sowie dann auf der Hütte ein Panorama zum Zahmen Kaiser und ins Inntal bis Kufstein. Im Winter auf eigene Gefahr auch mit der Rodel möglich, keine offizielle Rodelbahn.

Wetter: Anforderung: ●   Gesamtdauer: 2 h

Anforderung & Dauer:	280 Hm; Aufstieg: 1 ¼ h; 2,9 km.

Navi: 6342 Rettenschöss, Ritzgraben 6 – Parkplatz Ritzgraben.

Ausgangspunkt/P: Kostenpflichtiger Parkplatz Ritzgraben, Richtpreis: € 2/Tag.

Wegbeschreibung: Vom Parkplatz kurz auf der Straße zurück und nach der Brücke rechts beginnt die Forststraße. Den Schildern „Wildbichler Alm" immer bergauf folgen, anfangs geht's kurz durch den Wald, dann fast nur auf offenem Almgelände hinauf. Gleicher Rück- wie Hinweg.

61 Hinterschiesslingalm (1020 m)

Scheffau am Wilden Kaiser

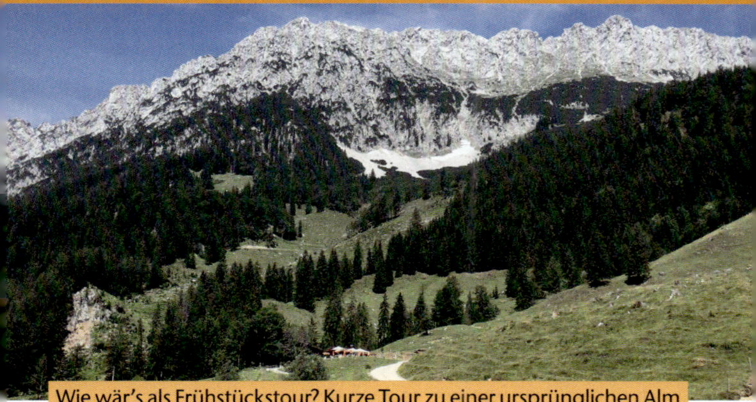

Wie wär's als Frühstückstour? Kurze Tour zu einer ursprünglichen Alm am Fuße des Wilden Kaisers. Für den knackigen Anstieg wird man mit einer wunderschönen Aussicht und dem Wilden Kaiser ganz nah belohnt.

Wetter: | Anforderung: | Gesamtdauer: ¾ h

Anforderung & Dauer: 90 Hm; ⅓ Asphalt; Aufstieg: 20 min; 1 km.

Navi: 6351 Scheffau am Wilden Kaiser – Hinterschiesslingalm Parkplatz

Ausgangspunkt/P: Kostenloser Parkplatz Hinterschiesslingalm.

Wegbeschreibung: Vom Parkplatz der Straße weiter bergauf folgen. Auf der ersten Anhöhe links Richtung Hinterschiesslingalm weiter sehr knackig durch den Wald, bevor sich das Almplateau öffnet und man auch schon die Alm sieht. Gleicher Rück- wie Hinweg.

62 Hexenwasser (1150 m)

Söll

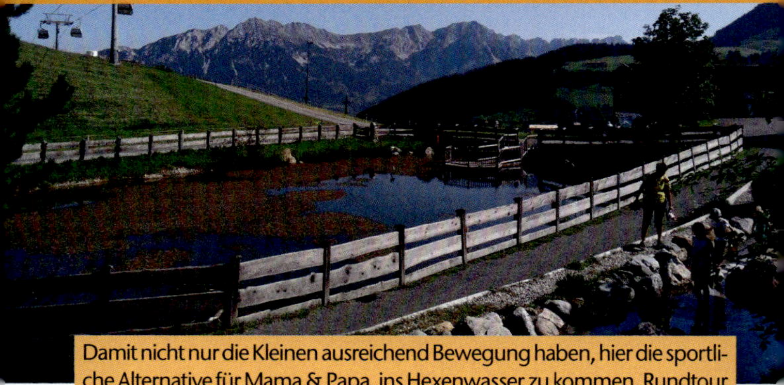

Damit nicht nur die Kleinen ausreichend Bewegung haben, hier die sportliche Alternative für Mama & Papa, ins Hexenwasser zu kommen. Rundtour nach Hochsöll und wer möchte, kann oben noch eine Runde durch die Stationen der Wassererlebniswelt drauflegen. Abstieg über den kürzeren Hexenritt.

Wetter: ◑	Anforderung: ●	Gesamtdauer: 2 ½ h

Anforderung & Dauer: 410 Hm, bergab 350 Hm; kurzer Waldweg und Asphaltstücke;
Aufstieg: 1 ½ h; 4,6 km; Abstieg: 1 h; 3,4 km.

Navi: 6306 Söll, Stampfanger 21 – Parkplatz der Bergbahn Söll.

Ausgangspunkt/P: Parkplatz der Bergbahn Söll, Seite zum Berg.

Wegbeschreibung: Vom Parkplatz direkt dem Bach aufwärts entlang. Bei der ersten Möglichkeit nach der Talstation rechts überqueren und der Straße durch die Unterführung gerade hinauf folgen. Sobald es geht, rechts in den Wanderweg wechseln und ab hier weisen die Schilder „Hochsöll" den Weg zum Hexenwasser. Für den Rückweg empfiehlt sich der Hexenritt, hierzu unterhalb der Mittelstation rechts den Weg nach Söll wählen und diesem bis ins Tal und zum Parkplatz folgen.

63 Haagalm (1349 m)

Penningberg/Hopfgarten

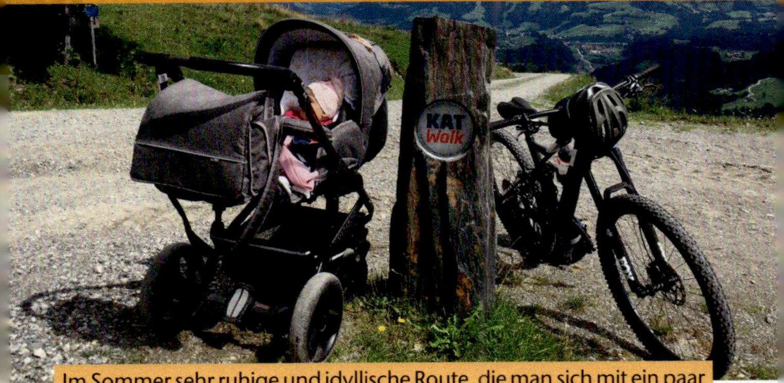

Im Sommer sehr ruhige und idyllische Route, die man sich mit ein paar Schwammerlsuchern und Radlern teilt. Möglichkeit, für den Anfang nur bis zur Hälfte zur Kühbrandalm zu gehen. Im Winter ist der Weg eine der schönsten Naturrodelbahnen.

Wetter: Anforderung: Gesamtdauer: 2 ¼ h

Anforderung & Dauer: 360 Hm; Aufstieg: 1 ½ h; 3,6 km.

Navi: 6361 Hopfgarten, Nähe Asten – Naturrodelbahn Haagalm

Ausgangspunkt/P: Kostenloser Parkplatz Naturrodelbahn Haagalm.

Wegbeschreibung: Vom Parkplatz weiter auf der Forststraße immer den Schildern „Haagalm" folgen. Zuerst sehr steil durch den Wald mit kurzer Verschnaufpause über eine Lichtung, dann sehr steil weiter bis nach der Kühbrandalm. Die zweite Hälfte ist eher langgezogen und nur mäßig steil, geht aber immer noch konstant bergauf. Vor dem Almgebiet lichtet sich der Wald und gibt den Blick auf die andere Seite, Kelchsau und Hohe Salve, frei. Man erreicht die Haagalpe und dann die Haagalm. Gleicher Rück- wie Hinweg.

64 Maisalm (905 m)

Aschau im Chiemgau

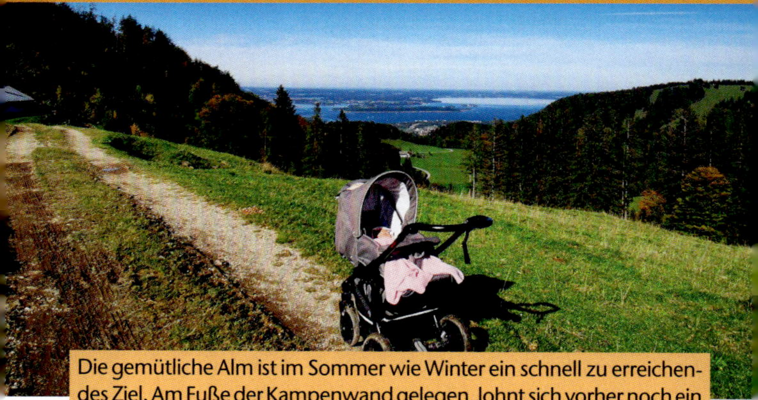

Die gemütliche Alm ist im Sommer wie Winter ein schnell zu erreichendes Ziel. Am Fuße der Kampenwand gelegen, lohnt sich vorher noch ein Abstecher Richtung Haindorfer Berg für einen Ausblick zum Chiemsee. Im Winter lässt es sich hier auch mit kleineren Kindern sehr gut rodeln.

Wetter: Anforderung: Gesamtdauer: 1 h

Anforderung & Dauer 90 Hm aufwärts und 30 Hm abwärts; Aufstieg: ½ h; 1,5 km.

Navi: D-83229 Aschau im Chiemgau – Wanderparkplatz Aigen.

Ausgangspunkt/P: Kostenloser Wanderparkplatz Aigen.

Wegbeschreibung: Vom Parkplatz der Forststraße weiter hinauf folgen, immer den Schildern „Maisalm“ entlang. Durch den Wald geht es bis zur großen Kreuzung. Wer einen Abstecher mit traumhaftem Ausblick zum Chiemsee machen möchte, nimmt die erste rechts hinauf (keine ¼ h; 0,5 km; 40 Hm). Zur Alm geht es die zweite rechts bergab und sobald sich der Wald lichtet, sieht man die Hütte rechts unten. Gleicher Rück- wie Hinweg.

Zum Gebrauch des Wanderführers:

Erklärung zum Hauptteil (Wanderungen):

Anforderung:

In der Anforderung wird die Wegbeschaffenheit und die Steigung beschrieben.
Die Farbe gelb ist der üblichen Kategorisierung der Wanderwelt vorangestellt, denn was zu Fuß als leicht eingestuft werden würde, ist mit dem Kinderwagen oft bereits mittelschwierig. ➔ siehe Sicherung.

- **Gelb** = leicht mit dem Kinderwagen, meist auch „Buggytauglich".

- **Blau** = mittelschwierig mit dem Kinderwagen, jedoch meist leicht zu Fuß. Ein geländegängiger Kinderwagen wird empfohlen. Mittlere Steigungen, holprige Teilabschnitte.

- **Rot** = schwierig mit dem Kinderwagen, jedoch meist mittelschwer zu Fuß. Die Wegbeschaffenheit ist teilweise schlecht oder ausgewaschen. Die Steigung ist mit dem Kinderwagen kräfteraubend. Ein geländegängiger Kinderwagen ist unumgänglich, eine Handbremse empfehlenswert.

- **Schwarz** = mit dem Kinderwagen schwierige und sehr anstrengende Touren.

Sicherung:

Es ist immer ganz gut, eine Sicherungsschlaufe dabei zu haben, z.B. beim Abwärtsgehen für den Fall, dass man ausrutscht. Es wird auch eindringlich darauf hingewiesen, NIEMALS den Kinderwagen mit Baby an Bord allein an abschüssiger Strecke – selbst mit angezogener Bremse – stehen zu lassen.

Im Zweifelsfall, wenn das Baby beim Rastplatz schläft, zusätzlich mit einer Sicherungsschlaufe sichern. Der Stress kann sehr groß werden, wenn man alleine unterwegs ist, ein Kind schon mitgeht und das andere im Wagen liegt. Deshalb empfehlen wir für diese Situation nur einfache Wege.

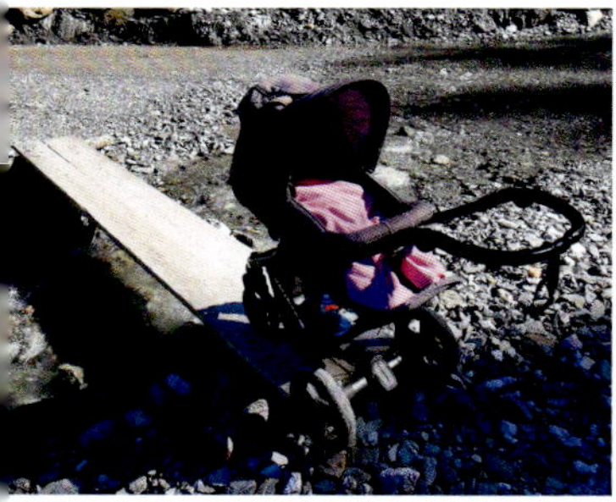

An dieser Stelle auch die dringende Bitte, gehende Kinder bei abschüssigen Stellen immer an der Hand zu führen oder zu sichern. Ebenso die Kraxe mit dem Kind, selbst wenn sie nur kurz abgestellt wird, immer halten! Den Spielbereich immer vorher kontrollieren und mit den Kindern vereinbaren, wo sie sich aufhalten dürfen. Kinder in JEDEM Moment beim Wasser beaufsichtigen. Bitte auf den Wegen bleiben.

Umgang mit Weidevieh:
Die Landwirtschaftskammer Tirol hat dazu einen Folder mit dem Titel: „Die Alm ist kein Streichelzoo" herausgegeben (tirol.lko.at). Im Wesentlichen gilt: Abstand halten, ruhig verhalten, NIEMALS füttern oder streicheln. Hunde gelten für Kühe als Bedrohung!

Hinweise zum Fahren mit der Gondel:
Gondelfahrten und Fahrten auf Passstraßen verursachen immer Druckunterschiede im Ohr. Eine Möglichkeit für Babys, damit klarzukommen ist, während der Auffahrt in kurzen Abständen etwas zu trinken (oder am Schnuller zu nuckeln). Mit Kindern, die Höhenlagen nicht mögen, ist von so einer Fahrt abzuraten. Bitte bei kurzen Bergstraßen ausprobieren, ob euer Baby das mag.

Gondelfahrten sind leider teuer, Preisangaben unter Infos je Wanderung. Bitte immer die Homepages der Seilbahnen checken, ob es spezielle Tage, wie z. B. Lady-Days, mit Vergünstigungen gibt. Weiters bietet auch das Vorteilsheft des Tiroler Familienpasses Gutscheine zur vergünstigten

Benutzung einiger Seilbahnen. In manchen Urlaubsregionen, wie z. B. dem Alpbachtal, gibt es bei Übernachtungen in dieser Region eine Gästekarte, mit welcher die Seilbahnen kostenlos bzw. andernorts vergünstigt benützt werden dürfen.

Dauer: Die Dauer bezieht sich immer auf die reine Gehzeit ohne Pausen bis zum Ziel. Mit dem Kinderwagen ist man meist langsamer unterwegs, deshalb sind die Gehzeiten, gerade bei Steigungen und schlechter Bodenbeschaffenheit, großzügiger bemessen. Die Kilometerangaben in Bezug auf die Dauer können daher variieren.

Wetter:

Moderate Temperaturen, nicht zu heiß und nicht zu kalt. Im Sommer nicht in der Mittagszeit gehen.

Nieselwetter: Manche Wege, vor allem jene im Wald, sind auch bei bewölktem Wetter oder leichtem Regen gut möglich.

Winter: Diese Tour ist auch im Winter bei Schneelage geeignet. Rodelbahnen sind i.d.R. nicht mit dem Kinderwagen zu befahren, hier ist es besser, das Baby im Fellsack auf eine Rodel mit Rückenlehne zu setzen. Bei allen Winterwanderungen ist bei Schneelage ein geländegängiger Kinderwagen notwendig, auch wenn die Anforderung leicht ist.

Plantschmöglichkeiten: Wird angeführt, wenn es die Möglichkeit zum Plantschen oder Baden gibt.

Skizzen/Kartografie: Die Skizzen sollen einer groben Orientierung dienen. Sie sind keine millimetergenaue Abbildung der Realität. Es wurden nur jene Straßen, Wege und markanten Punkte eingezeichnet, die für die Wegfindung wichtig erschienen. Achtung: Alle blau strichlierten Linien sind NICHT mit dem Kinderwagen begehbar, sondern nur zu Fuß. Die Wege sind normalerweise auch in einschlägigen Wanderkarten zu finden.

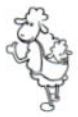
Trage-/Kraxentouren: Grundsätzlich sind alle Wege mit Trage mög-

lich. In der Überblickstabelle sind jene Touren mit dem Trageschaf gekennzeichnet, wo es auch mit der Trage angenehm zu gehen ist, eine schöne alternative Tragetourmöglichkeit gibt bzw. man die Wanderung mit „stroll & hike“ z. B. auf einen Gipfel verlängern kann.

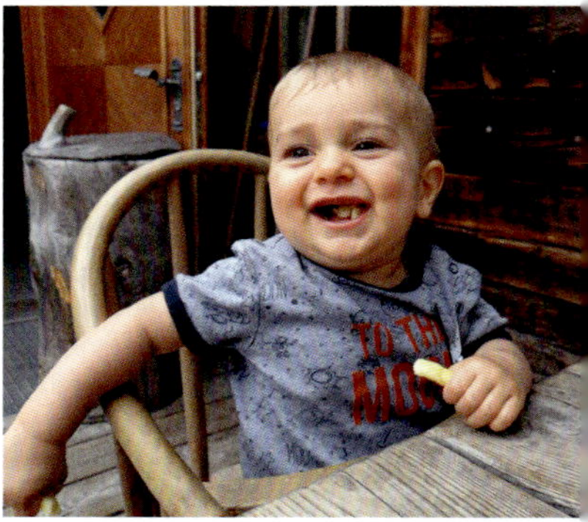

Legende

- ★ interessante Plätze
- ▲ Gipfel
- Plantschen / Badeplatz
- Spielplatz
- Kirche, Kapelle, Gipfelkreuz
- —— Wanderweg
- - - - Verlängerung
- - - - Fußweg (nicht barrierefrei)
- bewirtschaftete, aber auch teilw. unbewirtschaftete Almen, Gasthöfe oder Cafés

Abkürzungen

AP	Ausgangspunkt
Bhf.	Bahnhof
bew.	bewirtschaftet
ganzj.	ganzjährig
geöff.	geöffnet
geschl.	geschlossen
Ghf.	Gasthof
Hst.	Haltestelle
P	Parkplatz
RW	Rundweg
tgl.	täglich
TW	Themenweg
Mo … So	Montag … Sonntag

Zur Ausrüstung

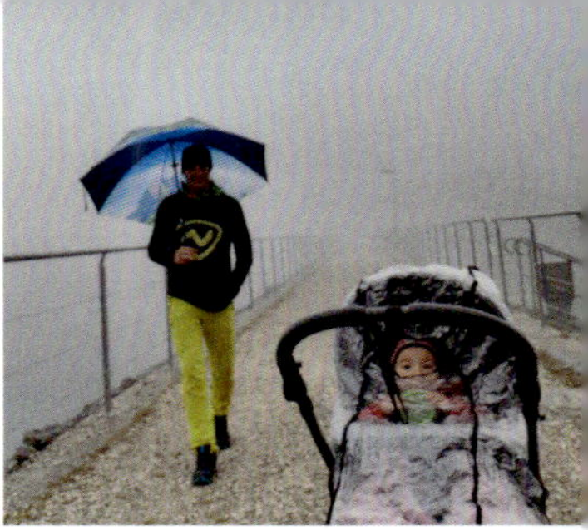

Eigentlich braucht man für die Kleinen alles, was auch sonst bei längeren Spaziergängen oder Ausflügen zu den Großeltern/Freunden oder Spielkameradinnen mitzunehmen ist. Bitte auch Verpflegung und Bekleidung für sich selbst nicht vergessen.

1. Verpflegung

Wichtig ist, für jeden immer ausreichend Getränke und etwas zu essen mitzunehmen. Reines Wasser ist der beste Durstlöscher (Leitungs- und Brunnenwasser ist, wenn nicht anders angegeben, in Tirol trinkbar – wiederbefüllbare Flasche nicht vergessen). Stillende Mütter haben es bei Wanderungen relativ leicht, außer auf die eigene Flüssigkeitszufuhr müssen sie auf wenig achten.

Oft ist es ganz nützlich bzw. bei Fläschchenkindern unerlässlich, etwas abgekochtes und/oder warmes Wasser in einer kleinen Thermosflasche mitzuhaben. Neben dem Zubereiten von Fläschchen und/oder Brei, ist es gut, oft eiskaltes Bergwasser auf Trinktemperatur zu bringen oder Mittagsmahlzeiten zu erwärmen – diese lassen sich aber auch gut bereits zu Hause erhitzen und bleiben in einem Baumwolltuch eingewickelt einige Stunden warm. Ab der Beikostreife sind handgerechte Knabbersachen ((z. B. Baby-)Kekse, Waffeln oder Obst) für zwischendurch immer nützlich und versorgen auch die Mama mit ausreichend Energie. An der frischen Luft haben fast alle einen größeren Appetit als zu Hause. Ein raunzendes, aber grundsätzlich gesundes Kleinkind im Freien hat meist entweder einen knurrenden Magen oder es ist müde, der Kinderwagen und ein gepackter Rucksack entschärfen hier schnell.

Ausrüstungs-Checkliste:

- Wechselkleidung
- Regenschutz, Gatschanzug
- Kappen (im Sommer auch in Höhenlagen)
- Babydecke oder warmer Fußsack (Daune oder Fell)
- 1–2 Stoffwindeln
- Warme Jacke
- Gutes Schuhwerk mit Profil
- Tragetuch bzw. Stofftrage als Zusatz für zwischendurch
- 2–3 Windeln und Feuchttücher
- Sonnenschutz (auch Wind- und Wettercreme)
- Mückennetz für Kinderwagen und Mückenschutz
- Verbandszeug und „Zaubersalbe" ... (z.B. Pechsalbe, für alle kleineren und größeren Wehwehchen)
- Evtl. Schnuller und Schlafbär oder -tuch etc.
- Sicherungsschlaufe: Siehe Sicherung bei „Zum Gebrauch“.
- Evtl. Wärmeflasche

Der passende Kinderwagen

Obwohl wir bereits viele Kinderwagen getestet haben, mussten wir feststellen: DEN passenden für jede Lebenslage gibt es nicht. Am besten ist es danach auszuwählen, in welchem „Gelände“ man sich hauptsächlich bewegen wird. In der Stadt, mit Bussen und in Einkaufszentren und Parks oder eher in der „wilden“ Natur?

Alle unsere als „leicht“ (gelb) gekennzeichneten Touren sind mit einem „Stadtkinderwagen“ gut begehbar. Ab der Schwierigkeitsstufe "mittel" ist ein geländegängiger Kinderwagen notwendig.

Tipps für einen geländegängigen Kinderwagen:

- nicht zu schwer (macht sich bei den Höhenmetern bemerkbar),
- stabil,
- mit größeren und breiteren (Luft-)reifen ausgestattet,
- feststellbare Schwenkräder und
- zusätzlich zur Feststellbremse mit Handbremse ausgestattet.

Danke...

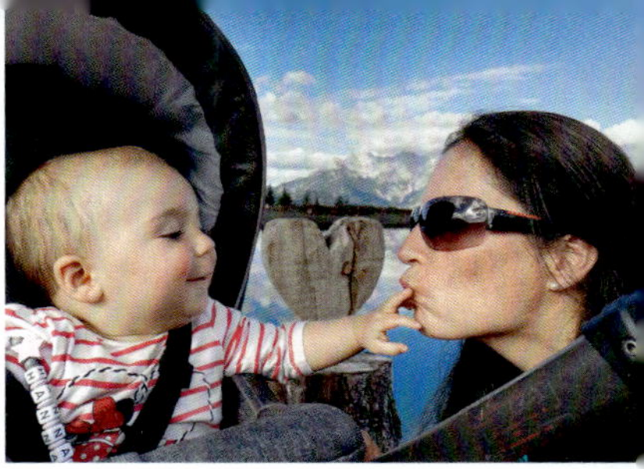

Unserer Tochter Hannah, meinem Partner & Papi von Hannah, Franz, meinen Eltern, Paula & Josef, sowie meinen Schwiegereltern, Paula & Fritz, Hannah's Godi, Sophia, meiner Nichte, Mia, Babsi mit Dominik & Patrick, Bianca, Claudia, Dani mit Lukas, Evi, Gaby, Karin, Lisi mit Paul, Marion & Michael mit Valentina, Moni, Sabi, Steffi mit Valentina, Sylvia mit Sarah, Theresa und meinen TEH LM Freunden.

Abbildungsverzeichnis

Alle Fotos, bis auf die unten angeführten, wurden von der Autorin erstellt:
Die Autorin: Sophia Thaler
Tour 14, 1. Bild: Sabine Volland-Moosburger
Tour 17, 2. Bild: Franz Dollinger
Tour 18, 3. Bild: Nikola Hausberger
Tour 27, 2. Bild: Barbara Ager
Tour 30: Elisabeth Schneider
Tour 37, 1. Bild: Franz Dollinger
Kapitelbild Kapitel 6: Franz Dollinger
Tour 55: Michael Gasteiger
Zum Gebrauch: Nikola Hausberger
Umschlag Jahreszeitenfoto, Sommer: Franz Dollinger

Doppelkinderwägen

Bitte beachten, dass bei Steigungen viel mehr Gewicht zu schieben ist, die Einschätzungen sind ohne Gewähr. Folgende Touren gehen unseres Erachtens technisch NICHT bzw. nur eingeschränkt: Tour 6 (Durchgang bei Schranken zu schmal), Tour 10 nur die Variante ins Tal, Tour 13 Hin-/Rückweg-Variante, nicht der Mühlbachweg, Tour 34 Westrunde, der Auwald ist nicht erreichbar. Bezüglich Breite sind folgende Touren NICHT möglich: 21, 28, 35, 39, 42, 46, 47, 50. Über Rückmeldungen freuen wir uns.

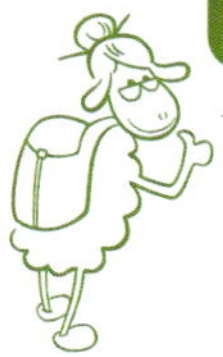

Notizen, Stempel, ...

Alphabetisches Register

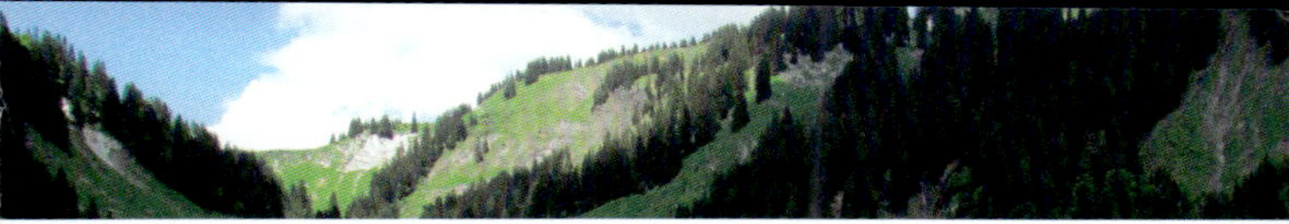

Abenteuer Natur

- **im Salzkammergut oder**
- **in Vorarlberg**

Spannende Ausflüge, Wanderungen & kleine Bergtouren
erholsame Panorama- und Kindererlebniswege u.v.m.

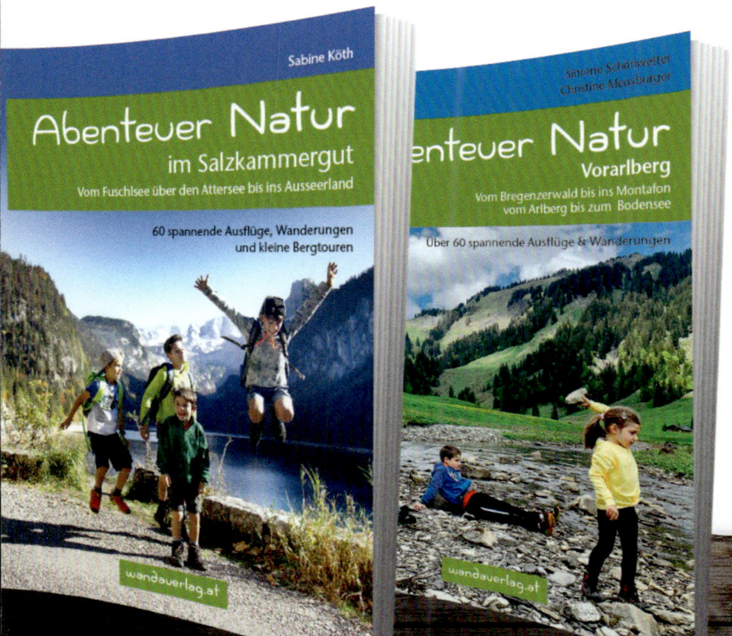

ISBN: 978-3-902939-10-4
ISBN: 978-3-902939-07-4

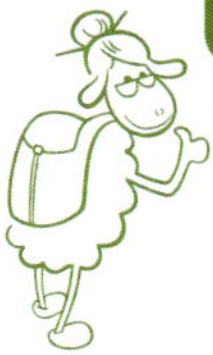

Notizen, Stempel, ...

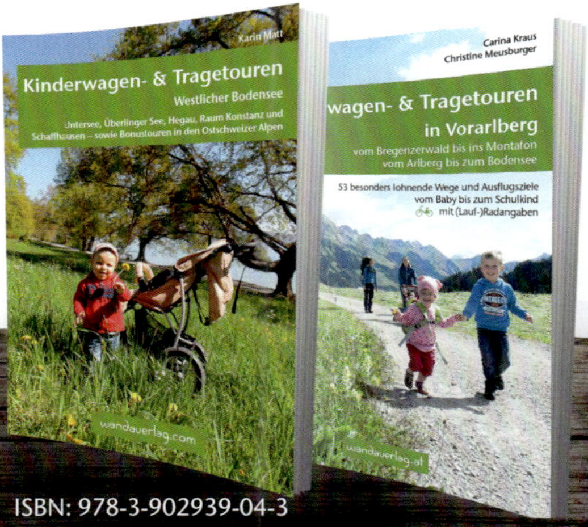

Ideen für weitere Ausflüge

ISBN: 978-3-902939-04-3

ISBN: 978-3-902939-06-7

...verschafft Zeit zum Genießen

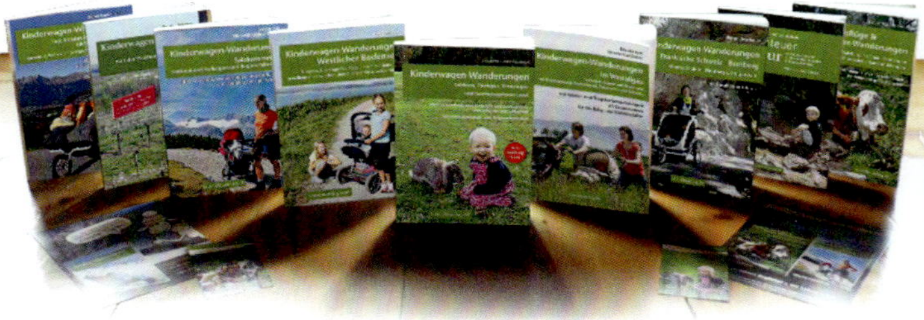

Der wandaverlag ist ein kleiner, unabhängiger Verlag am Fuße des Untersbergs. Jeder Wanderführer entsteht durch großes persönliches Engagement und viel Leidenschaft für ein perfektes Buch.

Was uns am Herzen liegt:

- Durch unsere akribischen Recherchen, genauen und trotzdem nicht zu langatmigen Angaben, durch unser übersichtliches Layout und die vielen kleinen Einzelheiten möchten wir Zeit zum Genießen verschaffen – unserer Leserschaft zuliebe.
- Wir unterstützen mit unseren Büchern die Initiativen Fair Trade und Clean Clothes – der Fairness zuliebe.
- Wir legen Wert auf umweltschonenden Druck – der Natur zuliebe.
- Durch die Angabe von öffentlichen Verkehrsverbindungen möchten wir ein umweltfreundliches Anreisen fördern – der Umwelt zuliebe.

Vielen Dank für euer Vertrauen! Wir freuen uns über jede Rückmeldung zu unseren Büchern und Wanderwegen.

Elisabeth Göllner-Kampel
(Verlegerin & Wanderbuchautorin)